JN272124

塩谷弘康・大橋憲広・鈴木龍也・前川佳夫
林 研三・奥山恭子・岩崎由美子 著
Shioya Hiroyasu, Ohashi Noriyuki, Suzuki Tatsuya, Maekawa Yoshio
Hayashi Kenzo, Okuyama Kyoko & Iwasaki Yumiko

共生の法社会学

フクシマ後の〈社会と法〉

法律文化社

はしがき

　法学・法律学に限らず，およそ学問を学ぶうえで，その学問がどのような性格をもち何のために学ぶかを知っておくことが，学習への意欲と能率を高めることは言うまでもない。ところが，法社会学の場合には，実定法学に対する基礎法学の一つであり，社会現象としての法が社会の中でどのようなかたちで存在し，他の諸因子と絡み合って作用しているのかを経験科学的方法で解明する学問である，という「一応の共通理解」はあるものの，実際の研究の対象や手法はさまざまである。「法社会学者の数だけ法社会学がある」と言われる所以である。

　そのため，憲法や民法であるような「標準的なテキスト」はいまだ存在しておらず，はじめて法社会学を学ぶ者には，どこか頼りなく感じられるかもしれない。しかし，このことを裏返せば，法社会学が「パンのための学問」ではなく，自由闊達な議論を呼び起こす創造的な学問であることの証だと考えることもできるだろう。

　もともと，法社会学は，ローマ帝国以来続いてきた帝国支配が名実ともに崩壊した20世紀初頭のヨーロッパにおいて，「概念法学」に対抗する「自由法学」とともに，その方法論として誕生したと言われている。当時の日本は，資本主義経済の発展に伴う社会矛盾が激化した大正デモクラシー時代を迎えていた。その時代状況が，法社会学を導入する契機となり，かつ，それが展開される土壌となったことは，法社会学という学問の性格の一端を示している。

　それから1世紀を経た現在，哲学者・梅原猛氏が「文明災」と呼んだ原発事故が起き，近代文明は根本からの見直しを迫られている。人々の価値観が変わり，既存の法と社会との間に亀裂が生じている今ほど，現実を見据えつつ，社会と法の関係をダイナミックに把握する法社会学の真価が発揮される時はないのではなかろうか。

　私達が，法律文化社から法社会学テキストを出版するのは，『社会と法――法社会学への接近』（1995年），『レクチャー法社会学』（2001年）に続いて3冊

目となる。本書を含めこの3冊で取り上げてきたテーマやその著述には，この20年間の世相と私達の問題意識の変遷がはっきりと映し出されている。

　1冊目は，比較的多くの素材を集め，「日本の法現象の具体的分析にもとづいて，そこからより普遍的な法社会学理論や方法論の構築」(『接近』) を目指していた。しかし，21世紀のとば口で出した2冊目では，「今日の日本社会，いや国際社会においては，むやみに体系性を求める以前に，今少しこの事象を見つめて，流れを知ること（流れを認めることではない）が必要ではないだろうか」(『レクチャー』) として，「今後予想される大きな変化」の方向性を見定め，その後の飛躍に備えることとした。

　しかし，時代は私達の予想を遙かに超えてしまい，私達はいま目の前で展開している現実を避けて法を語ることができなくなってしまった。東日本大震災および東京電力福島第一原子力発電所事故（3・11）をなぜ起こしてしまったのか，被災者・被害者を本当に救済できるのか，私たちの社会と法の在り方が厳しく問われている。深い悔恨の念を抱きながら，また，近代の国家や法の再検討という途方もなく大きな課題に身動ぎしながら，私たちがいまできることを形にしたのが本書である。

　最後になるが，本書の企画立案から完成に至るまで，数年間にわたり粘り強く伴走していただいた法律文化社の秋山泰氏には深く御礼を申し上げたい。そして，故黒木三郎先生を始めとする法社会学の先達に敬意を表しつつ，本書を世に送り出したいと思う。

　　3・11から3回目の春を迎えて

塩谷弘康

林　研三

目　次

はしがき

*1*章　フクシマ後の社会と法 ………………………………塩谷弘康…… *1*
  1　3・11が問いかけたもの　20世紀型社会の終焉 ………………………… *1*
  2　近代日本のあゆみ ………………………………………………………… *2*
  3　3・11をもたらした構造的要因 …………………………………………… *5*
  4　変わらないこの国で ……………………………………………………… *8*
  5　地域（ローカル）に根ざした循環共生社会へ ………………………… *10*
  6　本書が目指したもの ……………………………………………………… *14*
    †Person 1　マックス・ヴェーバー（1864〜1920年）…大橋憲広…… *18*

*2*章　紛争と法 ……………………………………………………鈴木龍也…… *20*
  1　事例から考える　敷金の返還紛争 ……………………………………… *20*
    1　事　例（*20*）　2　解　説（*22*）
  2　紛争，紛争処理と法 ……………………………………………………… *24*
    1　紛争とその社会的な文脈（*25*）　2　法や裁判と紛争（*27*）
    3　紛争の過程と第三者の関与（*28*）
  3　紛争処理手続としての裁判とADR ……………………………………… *31*
    1　裁　判（*31*）　2　ADR（裁判外紛争処理）（*33*）
  4　紛争や裁判から見える法と社会 ………………………………………… *35*
    1　川島「法意識」論における法・裁判と社会（*36*）　2　和田仁孝「交渉型裁判モデル」論における法・裁判と社会（*37*）
  5　紛争がつなぐ法と社会 …………………………………………………… *40*
    ★TOPIC　断想：法意識考 …………………前川佳夫＝林研三…… *43*

*3*章　現代社会の弁護士 ………………………………………大橋憲広…… *47*
  1　プロフェッションとしての弁護士 ……………………………………… *47*

iii

1　職業の特質（47）　　2　法曹養成制度（49）　　3　自治と懲
　　　戒制度（51）　　4　弁護士の内在モメント——公益性・当事者
　　　性・価値合理性・事業者性（55）　　5　弁護士へのアクセス（57）
　2　事業者としての弁護士 ………………………………………………… 61
　　　　1　弁護士の報酬（61）　　2　弁護士の経済（63）　　3　法律事
　　　務所（64）　　4　弁護士人口（66）
　3　弁護士をめぐる新たな動き　プロフェッションのゆらぎ ………… 69
　　　　1　大規模法律事務所（69）　　2　組織内弁護士（71）　　3　外
　　　国法事務弁護士・外国法共同事業（75）　　4　弁護士と隣接法律
　　　専門職（79）

　　　　　★TOPIC　東日本大震災と弁護士 ………………… 大橋憲広 …… 83

4章　司法制度改革と司法のゆくえ ………………… 塩谷弘康 …… 86

　はじめに　司法制度改革はいま ……………………………………………… 86
　1　司法制度改革10年の光と影 ……………………………………………… 87
　　　　1　原発事故と司法の責任（87）　　2　司法制度改革の背景と経
　　　緯（89）　　3　司法制度改革の概要（91）　　4　成果と課題——
　　　裁判員制度を例に（93）
　2　原発と司法 ……………………………………………………………… 103
　　　　1　原発訴訟とは（103）　　2　もんじゅ訴訟（104）　　3　原告
　　　はなぜ勝てないか（106）
　3　わが国の司法の根本問題 ……………………………………………… 109
　　　　1　わが国の司法の課題（109）　　2　司法制度改革と司法官僚制
　　　の克服（115）
　おわりに　市民のための司法を実現するために ………………………… 117

　　　　　†Person 2　川島武宜（1909〜1992年） ………… 林研三 …… 120

5章　立法学と法社会学 ……………………………… 奥山恭子 …… 123

　1　なぜ立法学を問題にするか …………………………………………… 123
　　　　1　「立法学」は法社会学のテーマか（123）　　2　法政策と立法
　　　学の関係性（124）
　2　立法はどんな要因でなされるか ……………………………………… 125
　　　　1　社会事情の変動（125）　　2　価値観の変移（126）

3　立法の意義 …………………………………………………………………… *127*
　　　　1　法解釈は立法学の代替となり得るか（*127*）　2　立法理念と
　　　　現実の齟齬——理念倒れ・脱法的抜け道の存在（*128*）
　4　原子力災害と立法 ……………………………………………………………… *129*
　　　　1　原発事故の特異性（*129*）　2　原発災害の立法的措置による
　　　　復興救済（*129*）

　　　　　　　†**Person 3**　戒能通孝（1908〜1975年）…………… 林研三…… *132*

6章　フィールドワーク論 ……………………………………… 林研三…… *135*

　はじめに　調査とは何か？ ……………………………………………………………… *135*
　1　フィールドワークの実践例 ……………………………………………………… *139*
　　　　1　私の調査経験（*139*）　2　フィールドワークの「難しさ」（*143*）
　2　法社会学におけるフィールドワーク論 ……………………………………… *146*
　　　　1　川島武宜・渡辺洋三・六本佳平（*146*）　2　近年のフィールド
　　　　ワーク論（*149*）
　3　フィールドワークと「実感」 …………………………………………………… *153*
　　　　1　「自然のもの」と解釈学的方法（*153*）　2　「実感」と「全的認
　　　　識」（*157*）
　おわりに　フィールドワーカーの「つぶやき」 ……………………………………… *161*

　　　　　　　†**Person 4**　オイゲン・エールリッヒ（1862〜1922年）‥林研三…… *165*

7章　フクシマを生きる ………………………………………… 岩崎由美子…… *167*

　はじめに　原発災害は終わらない ……………………………………………………… *167*
　1　放射性被ばくの基準をどう考えるか …………………………………………… *171*
　　　　1　基準値はどのように作られるのか——学校再開問題から（*171*）
　　　　2　「年20ミリ帰還案」はどのようにして決まったのか（*175*）
　　　　3　チェルノブイリの教訓をどう生かすのか（*177*）
　2　原発事故と「新しい権利」「原発事故子ども・被災者支援法」の成立と課題… *179*
　　　　1　市民団体と法律家との協働（*179*）　2　「被ばくを避ける権
　　　　利」，「避難する権利」（*179*）　3　「予防原則」の導入（*181*）
　　　　4　原発事故子ども・被災者支援法の課題（*182*）
　3　被災当事者による基準づくり　ローカルなつながりを再建する試みから… *183*

1　市民自らが測定することの意味（*183*）　　2　農業者と消費者
　　のつながりを再建するためのローカル・ルール（*185*）

おわりに ……………………………………………………………… *191*
　　　1　「怯えの時代」に生きる（*191*）　　2　立ち上がる人びと（*192*）
　　　3　「地を這う視点」からの学び（*196*）

　　　　　　　†Person 5　末弘巌太郎（1888〜1951年）…………岩崎由美子…… *200*

　索　引

1章　フクシマ後の社会と法

1 ── 3・11が問いかけたもの　20世紀型社会の終焉

　21世紀の入り口のわずか10年の間に，世界中を震撼させる大きな事件が立て続けに起きている。東西冷戦終結後のアメリカ一国支配体制を揺るがせイラク戦争開始とアフガニスタン侵攻の口実を与えた「アメリカ同時多発テロ事件」（2001年9月11日），サブプライムローン問題に端を発したアメリカのバブル経済崩壊から世界中に拡がった，百年に一度といわれる「世界的金融恐慌（リーマン・ショック）」（2008年9月15日），そして，千年に一度といわれる大津波と人類史上最悪の原発災害をもたらした「東日本大震災及び東京電力福島第一原子力発電所事故」（2011年3月11日）などである。

　これらの事件は，一見，無関係に生起しているように見えるが，歴史の底流では相互に結びついており，日本と世界が直面する危機・矛盾を鮮明に映し出している。それは端的に言えば，資源・エネルギーの大量生産＝大量消費＝大量廃棄によって経済成長を成し遂げてきた20世紀型社会の終焉であり，明治維新以降，日本が歩んできた近代国家の歴史的転換である。

　私たちは，前著『レクチャー法社会学』（法律文化社，2001年）の序章で，グローバル化とローカル化が同時進行する市場と社会との狭間にあって，近代国家が大きく揺らいでいることを指摘したが，いま私たちの眼の前で展開されているのは，近代国民国家のメルトダウンとでも呼べるような事態である。それでは，どのようにして，8・15（第二次世界大戦敗戦）に次ぐ敗戦とも評される3・11は起きたのだろうか。経済とエネルギーに関わるトピックを中心に，日本の近代国家としての歩みを簡単に振り返りながら，3・11に至る道筋を追い，3・11をもたらした要因について考えていきたい。

2 ── 近代日本のあゆみ

　18世紀半ばから19世紀にかけての石炭をエネルギー源とする第一次産業革命によって工業化が進み資本主義経済は大きく発展し，日本は，明治維新を契機として，資本主義経済体制の中へと組み込まれていった。後発資本主義国である日本は，幕藩体制を解体して天皇を頂点とする中央集権的な絶対主義国家を作り上げ，殖産興業と富国強兵を旗印に，上からの近代化（西欧に範を求めた法典編纂や帝国議会開設もその一つ）を強力に推し進めていった。欧米列強が，新しい市場・原料供給基地を求めて世界各地へと進出（侵略）していったのに対抗して，日本も，日清戦争（1984年），日露戦争（1904～1905年），そして，第一次世界大戦（1914～1918年）を通じて，東アジアへの権益を拡大していった。

　19世紀後半，第二次産業革命が起きて重化学工業が発展し，第一次世界大戦では，戦車，飛行機，艦船といった石油を原動力とする新兵器が登場して，20世紀が石油の世紀であることを印象づけた。日本は，中国市場を独占することによって未曾有の好景気に沸き立ち，農業国から工業国へ，債務国から債権国への転換を果たしたが，大戦終結によって列強国の生産力が回復すると不景気に陥り，たびかさなる恐慌（戦後恐慌，金融恐慌，震災恐慌，昭和農業恐慌）と関東大震災（1923年）の打撃を受けた。生糸の価格下落（生糸の対米輸出減による）と米価下落（豊作と朝鮮・台湾からの米流入による）は，「米と繭」の二本柱で成り立っていた農村経済に壊滅的な打撃を与えた。とりわけ，東北大凶作（1930～1934年），昭和三陸大津波（1933年）による東北農村の疲弊は著しく，飢饉や身売りが深刻化した。

　世界恐慌を機に形成されたブロック経済に対抗して大陸の生命線「満蒙」を死守するため，日本は，満州事変（1931年）を起こして満州国を建設し，約22万人の農民を入植させたが，国際社会の反発を買い，国際連盟を脱退して孤立を深めた。中国北部にも勢力を伸ばして日中戦争を惹き起こす一方で，石油等の資源を求めて武力南進を進めたが，ABCD包囲網により石油の輸入を絶たれ，日米開戦により第二次世界大戦に巻き込まれていった。

　だが，アメリカとの工業力・軍事力の圧倒的な差を前に，「神州不滅」の神

話はあっけなく崩壊し、本土空襲、沖縄地上戦、広島・長崎の原爆投下を経て、ようやく降伏を受諾したが、それは、「核＝原子力の時代」の幕開けでもあった。

戦後日本では、アメリカの占領下、急速な民主化が進められ、国民主権、基本的人権の保障、平和主義（戦争放棄）を掲げた日本国憲法が制定された。しかし、米ソ（東西）冷戦の進展とともに、日本は自由主義国家のアジアにおける「反共の砦」として位置づけられ、朝鮮戦争（1950～1953年）の勃発を機に、警察予備隊（のちの自衛隊）を創設して再軍備化を進めていった。そして、1952年、サンフランシスコ講和条約と日米安全保障条約（安保条約）が発効して、日本は国際社会への復帰を果たし主権を回復した。[1]

敗戦直後、植民地の喪失や空襲による破壊によって、日本経済は危機的状況に見舞われていたが、朝鮮戦争を契機とする「朝鮮特需」により重化学工業が大きく進展して、1953年には早くも戦前の水準まで回復した。1960年には国民所得倍増計画がたてられ、1968年にはGNPが世界第二位となり、「東洋の奇跡」と呼ばれる高度経済成長を遂げた。三種の神器（テレビ、洗濯機、冷蔵庫）や自動車などの耐久消費財が一般家庭にも普及し、人びとは物質的な豊かさを享受したが、その一方で、環境破壊が進み、四大公害病（熊本・新潟水俣病、イタイイタイ病、四日市ぜんそく）などの公害病が全国で多発した。また、農工間の所得格差が拡大して農村から都市への人口流出が進み、過疎・過密問題が発生した。さらに、1960年代には、貿易自由化が進み、食生活の変化もあって食料自給率は大幅に低下（カロリーベースで、1960年度の78％から1970年度の60％へ低下し、2012年度は39％にすぎない）し、1970年には米の減反政策が始まった。

高度経済成長路線をひた走った日本が大きな転機を迎えたのは70年代初頭である。1970年、いわゆる公害国会（第64回臨時国会）が開かれて公害関連14法案が成立し、1971年には環境庁が発足した。また、1971年から73年にかけて四大公害訴訟で原告勝訴判決が相次ぎ、ようやく公害・環境問題に眼が向けられるようになった。世界的に見ても、環境問題についての初の大規模な政府間会合「国連人間環境会議（ストックホルム会議）」が開かれ、ローマクラブが『成長の限界』を発表して、環境汚染や人口増加がこのまま続けば100年以内に成長の限界に達するという警鐘を鳴らしたのも、1972年のことだった。

しかし，日本は相変わらず高度経済成長の夢を追い続け，新全国総合開発計画（1969年）や日本列島改造論（1972年）により，新幹線，高速道路など高速通信網や大規模工業団地の整備を進めていった。ところが，1973年，第四次中東戦争を契機とする第一次オイルショックに見舞われて大規模開発プロジェクトは頓挫し，▶2 70年代以降，深刻な過疎化や経済低迷に悩む地方に，原発が次々と建設され本格稼働していったのである（1970年度末：2基，52.3万kw⇒1980年度末：22基，1511.7万kw）。

日本経済は安定成長（低成長）期に入ったものの，省エネ，減量経営，産業構造の転換（重厚長大産業から軽薄短小産業への移行）によって，73年と79年の二度のオイルショックを乗り切ると，集中豪雨的輸出（70年代はカラーテレビ，鉄鋼，80年代は自動車，半導体，VTR）によって黒字幅を伸ばし，「ジャパン・アズ・ナンバーワン」（エズラ・ヴォーゲル）と言われたが，その一方で，アメリカとの貿易摩擦が激化した。

1980年代に入ると，新自由主義に基づく「小さな政府」を唱えるアメリカ・レーガン政権は，レーガノミックスにより，大幅減税，軍事費支出増大，規制緩和などを行ったが，かえって財政と貿易の双子の赤字に苦しむことになった。そこで，ドル高・高金利を是正してアメリカの赤字を解消するため，G5（先進5カ国蔵相・中央銀行総裁会議）の間でプラザ合意（1985年）が交わされ協調介入が行われた。その結果，円高が急速に進行したにもかかわらず，日本企業は合理化や海外への工場移転などによって高い競争力を維持していたため，アメリカの対日赤字は膨らむ一方だった。アメリカから市場開放と内需拡大を迫られた日本は，「前川レポート」▶3（1986年）により，内需主導型の経済成長，輸出入・産業構造の抜本的転換，金融資本市場の自由化・国際化の推進などを打ち出した。しかし，内需拡大のために空前の公共事業投資が行われ，金融緩和策が実施された結果，国内の余剰資金は不動産や株式へと流れ，バブル景気（1986〜1991年）を生みだす要因となった。

東欧革命，ベルリンの壁の崩壊（1989年），湾岸戦争（1990〜1991年），ソビエト連邦崩壊（1991年）によって東西冷戦は終結し，アメリカによる単独覇権が確立すると，情報通信システムの世界的統合（IT革命）や金融自由化の進展と相まって，経済のグローバル化（アメリカ化）が急速に進展していく。

バブル経済崩壊後の日本は、「失われた10年」と言われる長期不況に陥り、銀行・証券会社の倒産が相次ぎ、企業がコスト削減を進めたことから、就職状況は悪化し、非正規雇用が増加していった。また、不良債権処理のために多額の公的資金が投入され、巨額の公共事業が実施されて、国の財政収支は悪化の一途を辿った（国債や借入金、政府短期証券をあわせた「国の借金」の残高は、2013年12月末時点で1018兆円に達している）。

　2001年に誕生した小泉政権は、新自由主義の立場から、「構造改革なくして景気回復なし」の掛け声のもと、「官から民へ」「中央から地方へ」を柱にした構造改革に着手し、中小企業倒産・リストラの増加、労働法制の規制緩和、社会保障費の抑制などが進み、「格差と貧困」が大きな社会問題になった。構造改革によっても不景気を脱せず、長期不況が続き（「失われた20年」）、社会全体が閉塞感に覆われるなかで、私たちは3・11を迎えたのである。

▶1　とはいえ、沖縄の日本返還は20年後の1972年であり、返還後、米軍基地の沖縄への集中化が図られた（国土面積の約0.6％の沖縄に在日米軍基地の約74％が集中し、県土の約11％を占めている）。また、日米地位協定により、在日米軍基地の施設や区域内では、アメリカ法が適用され裁判権もアメリカがもっており、完全な主権を回復しているわけではない。
▶2　新全総に基づく「むつ・小川原開発計画」では、世界最大規模の石油コンビナートや大規模臨海工業地帯の整備を予定していたが、計画頓挫後は、ウラン濃縮工場、核燃料再処理工場、低レベル放射性廃棄物埋設センター、高レベル放射性廃棄物貯蔵管理センター、MOX燃料工場などの原子力関連施設が進出している。
▶3　中曽根内閣の私的諮問機関として設けられた、「国際協調のための経済構造調整研究会」の報告書で、座長が前川春雄元日銀総裁だったことから、「前川レポート」と呼ばれている。

3 ── 3・11をもたらした構造的要因

　いまだに継続中の原発事故については、東電、民間、政府、国会の4つの事故調査会がそれぞれ報告書を出しているが、見解は必ずしも一致しておらず、真相の解明は今後の課題として残されている。ここでは、原発事故の原因論や東電・政府の責任論はひとまず措いて、3・11をもたらした日本社会の構造的要因について指摘しておきたい。

第一の要因は，経済成長至上主義とそれを支えたエネルギー政策である。日本は，戦前戦後を通じてひたすら物質的な豊かさを追い求め，その結果，世界有数の経済大国となり，私たちは便利で快適な生活を享受できるようになった。その経済成長を支えてきたのがエネルギーであり，「資源小国日本」にとって，飛躍的に増え続けるエネルギーの確保は戦前からの死活問題だった。高度経済成長期のエネルギー革命により，エネルギーは石炭から石油に転換し，オイルショック以降，石油に比べて安定的にウランが輸入できる「純国産エネルギー原子力」へとシフトしていった。3・11以前，「原子力政策大綱」（2005年10月14日閣議決定）では，①2030年以後も発電電力量の30〜40％程度以上を原子力でまかなう，②核燃料サイクルを推進する，③高速増殖炉の実用化を目指すといった目標を立て，「エネルギー基本計画」（2010年6月18日閣議決定）では，2030年までに最低でも14基の原発を新増設することを謳うなど，「安全で安価でクリーン」な原子力への依存を高めていったのである。

　第二の要因は，高度な科学技術とそれに対する「安全神話（信仰）」である。近代科学が生み出した原発は，核兵器と同様，原子核反応により発生する膨大なエネルギーを利用しているが，技術としては完成されたものではない。なぜなら，放射性物質を無害化することはできず，いったん過酷事故が起きると人為的に制御することができず，さらに，「トイレのない高級マンション」と揶揄されるように放射性廃棄物の貯蔵方法すら確立していないからである。つまり，原発は，「未完成で失敗が許されない技術」であり，それゆえに，政府・行政，専門家，電力会社，マスコミなど「原子力ムラ」の住民によって「安全神話」が作られ，数々の事故が隠蔽されてきたのである。

　人類が「パンドラの箱」を開けてしまった背景には，国家と独占資本による核技術の政治的経済的利用があった。1945年，アメリカは軍・産・学を挙げての国家プロジェクト「マンハッタン計画」により原爆を開発したが，1949年にソビエトが原爆開発に成功して，アメリカの核技術の独占は崩れてしまった。そこで，1953年12月，アイゼンハワー大統領は国連演説「原子力の平和利用（Atoms for Peace）」で，原子力発電など原子力の非軍事・商業利用を世界規模で積極的に推進していく決意を表明した。敗戦後，日本では原子力の研究が禁止されていたが，サンフランシスコ講和条約の発効により解禁され，1954年3

月,後に首相となる中曽根議員が主導して原子力研究開発予算を国会に初めて提出した。3月1日,アメリカのビキニ環礁水爆実験によって第五福竜丸などが被爆させられ,原水爆禁止の声が高まると,反米批判を和らげ核の独占体制を維持するため,1955年11月,日米原子力協定が締結され,アメリカからの研究原子炉用ウラン譲渡が決まった。同年12月には,「自主・民主・公開」を旨とする原子力基本法が制定され,アメリカによる原発技術と核燃料の提供のもとで原発開発が始まった。▶4

　一方,軍事面では,日米安保条約に基づき,日本はアメリカの「核の傘」に入り,「非核三原則(核兵器をもたず,つくらず,もちこませず)」(1968年)を国是とし,核武装を差し控えつつも核武装の潜在的能力を保ち続け,アメリカもそれを容認してきた。日本が,欧米諸国が撤退し,もんじゅ事故などによりすでに破綻をきたしている「核燃料サイクル」に固執し続けるのは,エネルギーの確保だけが目的ではなく,核兵器に転用可能なプルトニウムの生産を意図したものだと指摘されている。

　このように,日本が「国策」として原発を推進してきたのは,「エネルギーの安全保障」と「核武装の潜在的能力の保持」の二つの理由によるものであり,その結果,唯一の被爆国であり,また世界有数の地震国であるにもかかわらず,日本には54基(世界第3位)もの原発がつくられたのである。原子力(核)をめぐる軍事・民事両面にわたる日米同盟(「日米原子力同盟」)の存在が,第3の要因である。

　そして,4つ目の要因は,中央と地方との関係である。日本は,近代化以降,共同体や基礎自治体の権限を奪い,極端なまでの中央集権化を進めてきた。90年代以降,地方分権が進められてきたが,平成の大合併や三位一体改革によってむしろ地方は弱体化しており,中央集権体制は是正されていない。また,ヒト,モノ,カネ,サービス,情報のすべてを中央に一極集中し,地方は,労働力,食料,エネルギーの供給基地として位置づけられてきた(たとえば,福島県では,首都圏に電気を供給するため,戦前から只見川水力発電などの電源開発が進められ,その結果,県内の発電電力量の9割近くは首都圏に供給に向けられ,首都圏の電力の約3割をまかなっていた)。中央と地方の関係は対等ではありえず(「内なる植民地」),支配と従属の関係が形成されてきた。

ひとたび事故が起きれば甚大な被害をもたらす原発が人口密集地につくられるはずもなく，電力需要とは無関係に，過疎化や経済の低迷に悩む地方に対して，アメ（電源立地交付金や固定資産税など）とムチ（強引な用地買収や反対派住民の切り崩しなど）を使い分けながら，原発を押し付けてきた。地方は，疲弊した地域の活性化の切り札として期待したが，真の活性化にはつながらず，交付金等が減少すると原発の増設や寿命延長を認め，「麻薬」のような原発への依存を深めていったのである。

▶4　今回事故を起こした福島第一原発の原子炉は，いずれもアメリカGE（ゼネラル・エレクトリック）社が設計したマークⅠ型と呼ばれるBWR（沸騰水型原子炉）で，1号機はGM社，2号機と3号機は東芝，4号機は日立が製造したが，格納容器が小さく津波に対応していないなど，構造的欠陥があったことが指摘されている。

4 ── 変わらないこの国で

　3・11直後，既成の価値観やものの見方・考え方が音を立てて崩れ，それは新たな時代の到来を予感させるに十分なものだった。原発の安全性は「つくられた神話」に過ぎず事故は予測可能な人災であったこと，国は国民の生命や財産を保障してはくれないこと，権威ある組織や専門家は自らの権益を守るための発言を繰り返していたこと，マスメディアが政府や東電のスポークスマンに過ぎないことなどが，次々に明るみに出た。
　反原発・脱原発の声は日本中を覆い，数十万人が参加した自発的デモが官邸を取り囲み，大飯原発4号機が再稼動した2012年7月1日までの1ヵ月半（5月15日～6月30日），国内すべての原発がストップした（1970年に当時2基しかなかった原発が検査のために停止してから42年ぶり。その後，2013年9月16日に大飯原発4号機が定期検査のため停止し，再び「稼動ゼロ」になる）。原発停止によっても電力会社が主張するような計画停電は発生せず，電力不足のウソが明らかになり，脱原発は現実のものとなるかと思えた。
　しかし，原発震災から2年半を経過した現状はどうだろうか。2011年12月16日，野田首相は，事故調査委員会の報告書も出ないうちに原発事故収束宣言を

行い，国内の原発再稼動への道筋をつけるとともに，ベトナム，インドネシア，ヨルダンなどへの原発輸出を進めていった。その一方で，民主党は，「エネルギー・環境会議」を組織し，各地での意見聴取会や討論型世論調査などを行い，その結果，国民は2030年までの脱原発を選択した。しかし，経済界の反発とアメリカの圧力によって，2030年代に原発ゼロを実現するとする「革新的エネルギー・環境戦略」（2012年9月）の閣議決定は見送られ，安倍政権は，原発ゼロを白紙に戻し原発の再稼動と建設を進め核燃料サイクルも維持することを決め，原発再稼動に向けた動きを加速している。結局，だれも原発事故の責任をとらないまま，なし崩し的に3・11以前に回帰しているのである。

これとは対照的に，むしろヨーロッパにおける脱原発に向けた動きが顕著である。ドイツでは，3・11直後に，原発を推進してきたメルケル首相が2022年までに原発を廃止する方針に戻ることを決め，イタリアでは，2011年6月に行われた原発再開の是非が争われた国民投票で反原発票が95％を占めた。また，スイスでも，国内にある5基の原発を2034年までに廃炉にし，改修や新設をしないことを国家目標に定めた。

日本の場合，原発再稼働・建設や原発輸出に対する世論は批判的ないし消極的だが，その意向が政治に反映しない仕組みになっている。さらに，安倍政権は，自民党による「一強多弱体制」のもとで，特定秘密保護法を成立させ，国家安全保障会議（日本版NSC）を設置し，日本国憲法改正，集団的自衛権の容認にまで踏み込もうとしているが，これは民意を反映したものと言えるのだろうか。衆議院（2012年12月）と参議院（2013年7月）の総選挙で自民党が圧勝したとはいえ，個別の政策についてまですべて「白紙委任」しているわけではなく，議会制民主主義の欠陥と言わざるを得ないだろう。

また，変わらないのは原発政策だけではない。アベノミクスの，「大胆な金融政策」，「機動的な財政政策」に続く三本目の矢である，新たな成長戦略「日本再興戦略― JAPAN is BACK ―」（2013年6月14日閣議決定）は，徹底したグローバル化によって，デフレの脱却・経済の再生を目指している。経済界も，東日本大震災を奇禍として「創造的復興」を唱え，TPP（環太平洋連携協定）への交渉参加により海外進出を進めようとしている。しかし，経済成長やグローバル化はいつまでも続くものだろうか。そして，それは私たちの暮らしを本当

の意味で豊かにしてくれるのだろうか。

▶5　1号機から3号機の原子炉が「冷温停止状態」に達し、事故収束に向けた道筋ステップ2が完了した宣言し、その後、避難指示区域への住民の早期帰還を進めていったが、収束宣言そのものは、2013年3月13日、安倍首相によって事実上撤回された。
▶6　東京新聞2013年9月22日付によれば、アメリカは、「日本の核技術の衰退は、米国の原子力産業にも悪影響を与える」「再処理施設を稼働し続けたまま原発ゼロになるなら、プルトニウムが日本国内に蓄積され、軍事転用が可能な状況を生んでしまう」ことを理由に、閣議決定を回避するよう求めたとされている。

5──地域（ローカル）に根ざした循環共生社会へ

　3・11後の日本がどのような社会を志向すべきかについて、ただ一つの正解があるわけでもなければ、明確な合意があるわけでもない。しかし、私たちがどのような選択をするにしても、過去に学び将来を見通しながら、いま日本と世界が直面している数々の危機や課題を解決していくものでなければならない。

　世界規模での危機の第一は、グローバル型金融資本主義の危機である。資本主義は、商業資本主義から産業資本主義、そして1980年代半ば以降、金融資本主義へと変化してきた。先進諸国ではすでに商品やサービスが飽和状態に達して実物投資の利潤率が低下しており、欧米の巨大金融機関は、金融工学を駆使して数々の「デリバティブ（金融派生商品）」を生み出し、巨額の利潤を獲得してきた。金融経済は実体経済を大きく上回る規模にまで成長したが、国際金融市場はマネーゲームの場と化して、バブル経済の発生と崩壊を繰り返しており、アメリカ型金融資本主義＝カジノ資本主義の破綻はもはや明らかである。ドルを基軸通貨とした世界経済体制を見直し、投機資本をグローバルに規制して実体経済を立て直し、国民生活の安定と社会不安・将来不安の解消に取り組んでいかなければならない。

　第二の危機は、エネルギー危機である。2005年のピークオイル（石油の生産ピーク）に続き、2025年ころにはピークガスとピークコールを迎えると言われている。メタンハイドレードやシェールガスといった天然ガス開発への期待も

高まっているが，実用化には採算性などの課題があり，新たな環境汚染も懸念されている。2020年代にピークに達する原子力は，事故やテロの危険性があるうえ，平時でも，ウランの採掘から原発の製造・運転，放射性廃棄物の処理に至るまで放射線被ばく者を生み出す「犠牲のシステム」によって支えられている。それゆえ，今後は，エネルギーの消費削減，効率的利用，再生可能エネルギーへの転換に本格的に取り組むことが求められている。

　第三の危機は，環境問題，とりわけ地球温暖化問題である。温暖化の原因については諸説あるが，「国連気候変動に関する政府間パネル（IPCC）」の第5次評価報告書（2013年9月）は，20世紀後半に観測された地球温暖化の主因は「95％の確率で人間」と結論づけ，CO_2など温室効果ガスの排出削減対策をとらなければ，今世紀末には最大で平均気温が4.8度，平均海面が82cm上昇し，異常気象が増加すると警告した。地球温暖化の進行は，生物多様性を減少させ，食料・水・エネルギーの不足を招き貧困問題を深刻化させて，ひいては人類の生存そのものを危うくさせるものであり，先進国のみならず発展途上国も含めて，温室効果ガスの削減に取り組む必要がある。

　一方，日本に眼を転じると，将来に大きな影響を与えるのが人口問題である。日本では，他の先進国を大幅に上回るペースで，人口減少と高齢化が同時進行している。人口減少・超高齢社会がもたらす影響については，労働力人口の減少や市場の縮小による経済成長の低迷，社会保障分野における現役世代の負担増，家族構造の変化による社会的扶養の高まり，地域活力の低下，子どもの健全な成長への悪影響などのマイナスの面だけではなく，環境負荷の低減，ゆとりある生活環境の形成，一人当たりの社会資本の増加，受験競争の緩和などのプラスの面も指摘されており，現時点で断定的なことは言えない。ただ，少子化対策が効果を上げたとしても人口構造は急速に変化しないため，日本は歴史上経験したことのない人口減少・超高齢社会に突入することは確実であり，将来世代にツケを残すことがないように，財政構造や社会経済システムをいまから転換していくことが喫緊の課題になっている。

　それでは，このような世界的な危機や日本の課題に対応しうる，また，3・11をもたらした構造的要因の解消につながる社会とはどのようなものだろうか。

これまで述べてきたように，人口減少・超高齢化が進み物質的な豊かさを享受している成熟社会においては，高度経済成長期のような右肩上がりの経済成長を望むことはできないだろう。「脱成長／減成長」が現実のものとなりつつある今，私たちが取り組むべきは，大量生産＝大量消費＝大量廃棄型から循環型へと社会経済システムの転換を図り，エネルギーや資源の消費，自然環境に対する負荷を最小限に抑制して持続可能な社会を構築していくことである。先進国の消費とライフスタイルを修正しない限り，環境問題や南北問題は永遠に解決されることはない。▶8

　その際に留意すべきは，"Think globally, Act locally（地球規模で考え，身近な地域から行動せよ）"という言葉に示されているように，「地域」から発想していくことである。情報は瞬時に地球を駆け巡り，世界中のモノが手に入る時代になっても，現実に暮らしが営まれるのは，自然とコミュニティを基盤にした「地域」である。私たちのライフ（生命，人生，生活）は地域から切り離しては存在しえないが，経済グローバル化の進展により地域が存亡の危機に瀕している。まずは地域の人材，技術，自然など多様な資源を有機的につなぎ，地域内で新たな需給関係を構築することを通じて，雇用と所得を生み出す地域循環型経済を目指していかなければならない。

　こうした視点にたてば，当然，エネルギーも，地域外の化石燃料や地下燃料に依存するのではなく，地域に賦存している太陽光・太陽熱，小水力，バイオマス，地熱といった地域分散型の小規模な再生可能エネルギーへと転換していくことになる。大量生産システムには適合的だった大規模化・集中化・一様化されたエネルギー（その典型が原発）は，事故による影響が広範囲にわたり地域の環境，コミュニティ，ライフを破壊することは，3・11の経験から明らかである。「真の文明は，山を荒らさず，川を荒らさず，村を破らず，人を殺さざるべし。」（田中正造）の言葉を今こそ想起すべきだろう。

　もちろん，地域内ですべてのエネルギーや資源を賄ったり，経済循環を完結させたりすることは不可能であるし，ナショナル（国）やグローバル（世界）レヴェルでの人の交流，モノや情報の流通がもたらすプラスの側面も否定できないだろう。それゆえ，ローカル（狭い地域）を基本にしながら，それをリージョナル（広い地域），ナショナル（国），グローバル（世界）が補完するシステ

ムを創ることが求められている。そこでは当然，政治的にも，これまでの中央と地方の関係を改め，地域主権・住民主権を進めていく必要がある。

「地域」「循環」と並ぶもう一つのキーワードは「共生」である。もともと共生は，異なる種類の生物が密接な関係で一緒に生活している現象を指す生物学用語であるが，価値観の多様化が進む中で社会科学の分野でも広く使われており，ここでは，「人と人」の共生（たとえば，子ども・若者，障がい者，外国人，男女などの分野がある）を念頭に置きながら，「人と自然」「世代間」「地域間」「国家間」にも敷衍して用いたい。

人と人とが共生する社会とは，地縁や血縁に基づく伝統的な共同体や同質的な日本的集団主義とは異なり，人が自立した個人として生き方を選択し，異質で多様な他者を互いに理解・受容し，自らの意思で他者とつながりながら社会に参画することが保障されている社会である。日本ではいまだに経済成長至上主義が根強く残っているが，単一の価値尺度に合わせて生きるのではなく，各人がもつ多様な価値観や考え方に従って生きることが，幸せや心の豊かさももたらすのである。▶9

共生社会では，市場（および市場化された社会）とは異なり，「自由」「競争」「効率」などよりも，「平等」「公正」「分配」といった原理が重んじられることになる。なぜならば，高度経済成長期には広く国民の生活が改善され，日本人総中流意識を生み出すことにつながったが，脱成長／減成長の現代では，新自由主義が主張する「トリクルダウン（大企業や富裕層の支援政策を行って経済活動を活性化させれば，富が低所得層に向かって徐々に流れ落ち国民全体の利益となる）」のような考え方は，格差と貧困の拡大を招くだけであり，共生社会の理念とは相容れないからである。また，一人ひとりがもつ多様な価値観を尊重しながら社会を形成するためには，構成員の「参加」や「合意形成」が重視されなければならない。

このような地域に根ざした循環共生社会に対応しうる「法」とはどのようなものだろうか。「新しい酒は新しい革袋に盛れ」との格言に倣えば，法のかたちもいまとはずいぶん異なるものになるだろう。たとえば，法は，これまではナショナルなレヴェルで「法律」として議論されることが多かったが，ローカルとグローバルの両方の視点から再構築していく必要がある。また，所有権絶

対，契約自由，過失責任の三大原則を定め，初期資本主義を支えた市民社会の法（＝民法）は，資本主義の矛盾の深化とともに修正を余儀なくされ，社会法が誕生したが，法が今後どのように展開していくのかも注目に値する。

▶ 7　国立社会保障・人口問題研究所の「将来推計人口」（2014年1月）によれば，日本の人口は，2008年の1億2,808万人をピークに長期の人口減少過程に入っており，2030年の1億1,662万人を経て，2048年には1億人を割って9,913万人となり，50年後の2060年には8,674万人になるものと推計（中位推計）される。また，2060年時点の人口構造は，年少人口（14歳以下）が9.1％，生産年齢人口（15歳以上65歳未満）が50.9％，老年人口（65歳以上）が39.9％と予測されている。
▶ 8　「エコロジカル・フットプリント」の考え方によれば，人類の消費は地球の生物生産力をすでに25％上回っており，人類がアメリカの消費生活をしようとすれば地球は5個以上必要になる。また，世界一の純食糧輸入国である日本の食糧生産に必要な外国の農地は日本の農地の2.5倍以上になっている。
▶ 9　近年，ブータンの「国民総幸福量」やOECD「国民幸福度（より良い暮らし指標）」などの指標が注目されているが，これはGDP（国民総生産）などの経済的指標が，人間の幸福や健康など真の豊かさを測るものではないことに対する反省・批判から開発されてきたものである。国民幸福度調査（2013年）によれば，日本は34カ国中21位であり，「安全」（1位），「教育」（2位），「収入」（6位）は高いものの，「ワーク・ライフ・バランス」（34位），「健康」（29位），「生活満足度」（27位）は下位になっている。

6 ── 本書が目指したもの

　新たな法の展開は新しい社会と同じくいまだ明確な像を結んでいるわけではないが，乗り越えるべき現実の社会の中にこそ，そのヒントが求められるのではないだろうか。現在，あるいは近年の多くの社会現象に注目し，それに法がどう絡み，法と社会がどう作動・変動しているのを考えることは，法解釈学に拘泥しない法社会学の「持ち味」の一つである。もちろん，本書は法社会学の教科書としての性格を有している以上，各テーマについての細分化・専門化した議論は避けるように配慮したつもりである。
　本書において選択されたテーマは，第6章を除けば，現在の日本の法社会学界での「傾向」を斟酌したものであるが，その内容については，各執筆者の思うところを自由に書いてもらった。ただ，私たちは本書を執筆するにあたっ

て，各自がそれぞれの手法で3・11を念頭に置いて執筆するということを了解しあったことは明記しておきたい。

　私たちは，震災前から『レクチャー法社会学』の改訂作業に取り組んできたが，その最中に3・11に遭遇して，大きな衝撃を受けることになった。それは，たまたま執筆者のうちの二人が福島大学に勤務していたというだけではなく，3・11を生み出した社会や法のあり方を根本的に見直す必要に迫られたからである。この想像を絶するような事態を前にして，私たちに何ができるのか。私たちは自分たちの無力さを嘆きながらも，少なくとも現実から目を背けることはしたくないと考え，いま福島で起きていることを学ぶことから再スタートした。約2年間にわたって自主的な研究会を重ね，被災地を訪ね福島を肌で感じながら，各自の執筆に取りかかることにした。

　私たちは今後もしばらくは，3・11を無視した法社会学はありえないと考えている。このことは津波・地震・原発事故等を研究テーマとしなければならないということではないし，本書でもそれをどう取り込むかについては各自の判断に委ねている。

　しかし，3・11をどう捉えるかは，法社会学の喉元に突きつけられた「匕首（あいくち）のような問い」であり，それに答える使命を担っているということは，少なくとも私たちの共通意識になっている。本書のタイトルを，『共生の法社会学――フクシマ後の〈社会と法〉――』とした所以である。

　それでは，次章以下の構成と内容について，簡単に述べておこう。

　第2章「紛争と法」では，敷金の返還紛争を事例に，紛争の過程と第三者の関与，裁判とADR，法・裁判と社会に対する認識に言及しながら，紛争はたとえ個人間の利益をめぐるものであっても，本質的に社会性・公共性をもった存在であり，紛争を通して社会は法を内容あるものとして獲得し，紛争を介して法規範はその内実を獲得することが論じられる。

　第3章「現代社会の弁護士」では，プロフェッションとしての弁護士の特質と事業者としての弁護士の実態とを詳細なデータに基づき紹介する。そして，グローバリゼーションの影響により，弁護士の世界においても，大規模法律事務所，組織内弁護士，外国法事務弁護士・外国法共同事業といった新たな動きが見られ，プロフェッション性が変容しつつあることを明らかにする。

第4章「司法制度改革と司法のゆくえ」では，十数年を経た司法制度改革を振り返り，裁判員制度を例に具体的な成果と課題を論じるとともに，原発訴訟の分析を通じて，わが国の司法は人権の最後の砦となりえておらず，司法官僚制を克服して市民のための司法を実現する必要性を明らかにする。

　第5章「立法学と法社会学」では，法社会学の立場から，社会事情の変動や価値観の変移が立法の要因になること，法解釈だけでは立法の代替にはなりえないことなどが論じられ，併せて，原発事故を踏まえて，立法的措置による復興救済が必要であることが主張される。

　第6章「フィールドワーク論」は，法と社会との関係を知るために不可欠な調査手法の一つ「フィールドワーク」について，著者の経験や実践を紹介する。そして，これまでの自然科学を模範とする実証主義的な「フィールドワークの欠点・問題点」の指摘を批判的に検討し，社会を「実感する」フィールドワークの醍醐味を論じる。なお，本章をあえて独立の章としたのは，私たちが社会現象にどう向き合うのかを考える場合，いわゆる「第三者的立場」，あるいは「主観的と客観的の対峙」を超える立場や視座もあり得るのではないかという思いからであり，これも「3・11とどう向きあうのか」という問いに対する一つの答えと考えていただきたい。

　最後の第7章「フクシマを生きる――グローバルとローカルの相克のなかで」は，原発事故から3年が経過して風化が進むなかでも，多くの県民が避難生活を余儀なくされている福島の現状を描き，住民の健康と安全に関する「避難」や「帰還」に関する放射線被ばくの基準が官僚と一部の専門家によって決せられ，それが住民の間の分断を生み出してきたことを指摘する。そして，被災当事者が福島を生き抜くために，外部の支援を受けながら，つながりを再建するためのローカル・ルールを作り出していることから，市民が意思決定プロセスに関与することを保障する法のあり方を論じていく。

　このほか，各章の間には，TOPIC（トピック）「断想：法意識考」「東日本大震災と弁護士」と法社会学史上の重要人物紹介（ヴェーバー，川島武宜，戒能通孝，エールリッヒ，末弘厳太郎）を Person（コラム）として載せてあるので，各章の理解を深めるためぜひ読んでいただきたい。

　このように本書は，従来の法社会学の教科書とはいささか異なる趣きを有し

ているかもしれない。しかし，法社会学という学問が様々な「時代の波」と絶えず向き合い格闘しもがいてきた歴史に鑑みると，あながち「的外れ」な教科書とは言えないだろう。それどころか，むしろ「正統派」の教科書であると自認しているのだが，その評価は，読者諸氏に委ねたいと思う。

【参考文献】
池澤夏樹ほか（2011）『脱原発社会を創る30人の提言』コモンズ
大澤真幸ほか（2013）『3・11以後 何が変わらないのか』岩波ブックレット
開沼博（2011）『「フクシマ」論――原子力ムラはなぜ生まれたか』青土社
金子勝（2011）『「脱原発」成長論――新しい産業革命へ』筑摩書房
白井聡（2013）『永続敗戦論――戦後日本の革新』太田出版
関曠野（2011）『フクシマ以後――エネルギー・通貨・主権』青土社
鳥谷一生・松浦一悦編著（2013）『グローバル金融資本主義のゆくえ』ミネルヴァ書房
平川克美（2009）『経済成長という病――退化に生きる，我ら』講談社現代新書
広井良典（2013）『人口減少社会という希望――コミュニティ経済の生成と地球倫理』朝日選書
松久寛（2012）『縮小社会への道――原発も経済成長もいらない幸福な社会を目指して』日刊工業新聞社
水野和夫・大澤真幸（2013）『資本主義という謎――「成長なき時代」をどう生きるか』NHK出版新書
藻谷浩介，NHK広島取材班（2013）『里山資本主義――日本経済は「安心の原理」で動く』角川oneテーマ21
吉岡斉（2011）『新版 原子力の社会史――その日本的展開』朝日選書

【塩谷弘康】

†Person 1　マックス・ヴェーバー（1864〜1920年）

　マックス・ヴェーバーの名前は、一度はどこかで目にしたことがあるかもしれない。彼の生きた時代は、近代社会が新たな段階、つまり現代へと変容を遂げる入口の時代であった。国家は経済社会への関与を強め、福祉国家へと進み、1920年前後には、第1次世界大戦やロシア革命が起こった。ヴェーバーの社会学はきわめて多岐にわたっており、また独自の概念体系から成り立っており、その文体の特徴もあって解読には困難を伴うが、いつの時代においてもポピュラーな社会学者である。ヴェーバー社会学の中心的な関心事は、西欧近代に独自の「合理性」であり、これが他の世界にも広がって普遍性を有したということである。合理性とは人間と社会事象が、明晰となり予測（計算）可能となることをいう。合理化の進展とともに人間と社会事象は、利便性を増し、効率化する。これは「呪術からの解放」と表現される。例えば、合理化される以前においては、病気を治すためにまじないやお祈りをおこなった。合理化された医学においては。病因を特定しこれをコントロールする。つまり効果を有する薬剤を使用し、病巣を除去するというように。もっとも、近代化された社会においてもまじない行為や占いなどがおこなわれており、非合理的行為の名残も見られる。合理化の進展は、効率性の進展などポジティブな側面もあるが、他面で行為の目的自体の価値の喪失や人間関係において対立や緊張を生み、疎外を生じる。ヴェーバーは、これを近代人の運命（鉄の檻）と呼び、そこからの解放の方途を示さずして生涯を終えた。

　ところでヴェーバーの社会学における法とは何か。当時注目されていた「自由法」や「生ける法」ではない。前者は、法解釈学が高度に発展を遂げ、一方で社会の変化は急速に進み、法典の無欠缺性（むけんけつせい）を前提としていては、解決できなくなった問題に対する対応であり、後者は、国家が制定した法に対して、社会の中に根を有する法を重視した法の類型である。ヴェーバーが対象としたのは、国家制定法であり、単に秩序の妥当が、保障されている「習律」とは異なり、秩序違反の行為に対して懲罰を加える専属のスタッフによって外部から保障されているものである。

　ヴェーバーは、支配をいくつかの類型に分類している。これらのうちよく知られているのは、「カリスマ的支配」である。この類型は特異な能力を有するとされる民衆指導者に対する非合理的な信仰に基づいている。これに対して法が中心的役割を担うのは、官僚制的支配を典型とする合法的支配である。合法的支配においては、組織が優越し、個々の人間が問題であるのではなく、権限が細分化され相互に依存する部署の位置における人間が問題である。個人の性格の特徴や尊敬できる人格などによって結びついているのではなく、権限によって結合している。それらは専門的知識を有し、正確性、持続性、実効性において他の組織に比べて抜きんでている。ヴェーバーは、これらの特徴を行政機関の官吏制度においてのみ見るのではなく、学校、政党、病院、軍隊など近代組織に見る。官僚制は、利便性、効率性においてきわめて高い性能を有するが、他方で、形式主義、秘密主

義，責任転嫁など，いわゆる「お役所仕事」に見られるマイナスの面がある。

　ヴェーバーの法理論においては，「理念型」による法の類型論が知られている。理念型とは，現実の社会事象を昇華して純粋型を作りこれを分析するものである。たとえば「形式合理的法類型」の一例は，当時のドイツで最高度に発展を遂げた概念法学に代表される法類型であり，法は，一般的な要件メルクマールが，一義的であり，全体は論理形式主義によって運用される。法は欠缺（けんけつ）のない体系をなすと考えられ，抽象的命題の適用という形で行われる。この法類型では現実には労働者層などの社会的弱者には，不利な状況となるため実質的な合理性が求められる。「実質合理的法類型」とは，社会法，つまり労働法，独占禁止法，社会保障法などがこれにあたる。他に法類型として「形式非合理的法類型」や「実質合理的法類型」がある。

　ヴェーバーの社会学における法は，ヴェーバー独自の一般理論の一部を構成している。このため，彼の理論の以上のような視点が紹介されることは多いが，日本法分析における「適用」は多くはないし，ヴェーバー理論は，現実の法と社会分析にストレートに「適用」できるものでもない。ヴェーバーの概念構成の基礎的分析を行い現実の現象への枠組みを提示した古典としては，川島武宜『「権利」の社会学的分析―Max Weberの"Appropriation"の理論を中心として―』（川島武宜著作集第2巻，岩波書店，1982年）があるので一読されたい。

　最後にヴェーバーの理論の取り扱われ方として，もう一つ挙げておかなければならないのは，日本の社会科学において少なくとも最近まで大きな影響力を有していたロシア・ソヴェト経由のマルクスの理論（唯物史観）に対する対抗理論として扱われることがあったことである。歴史法則の存在を前提として，これを理論が「科学」であることの準拠点とし，それに加えて科学性と関連を有しない政治イデオロギーを混入させた一部の法社会学理論に対してヴェーバーの「価値自由」や方法論的個人主義による社会の把握は，大きな批判材料を提供してきた。

【大橋憲広】

2章　紛争と法

1——事例から考える　　敷金の返還紛争

1　事　例

　太郎は苦労したものの何とか地元である愛媛県で就職の内定を得ることができた。卒業式を間近に控えた3月のはじめ，すでに大学のあった京都のアパートを引き払い，実家にもどって新しい生活に胸をときめかせていた。
　そんなある日，太郎のもとに京都時代に住んでいたアパートの管理会社から通知が届いた。太郎は京都時代の4年間を過ごした家賃月額5万円のアパートを借りるに当たって，敷金として30万円を大家に差し入れていたが，通知によれば，それを返還するに当たり，敷引きとして10万円を差し引くほか，畳替えと壁紙の張替えの費用，そしてハウスクリーニング代としてかかった21万円をそこから差し引いて，本来であれば大家側から不足分の1万円を太郎に請求すべきところ，4年間住んでくれたことに感謝して1万円についての請求は行わないというものであった。
　結局のところ敷金の返還はないという通知であったため，敷金の30万円はそのまま返還されると考えていた太郎は大変驚いて父親に相談した。太郎の父親は大阪にある大学の法学部の出身で，現在は愛媛県のとある市役所に勤めているのであるが，父親が大阪の大学に通う間に借りていたアパートについても同様の問題が生じたとのことであった。父親の学生時代のアパートの場合には家賃が4万円であるのに対して20万円の敷金が差し入れられていたが，契約書では，借家返還後に行われる畳替えその他の費用を請求しない代わりに敷金については全額返還しないものとされていたとのことで，法学部時代の学習から必ずしもこのような契約内容がすべてそのまま有効なものとされるわけではないことを知っており，また民事調停という手続についても民事訴訟法の授業の中

で一応の説明を聞いていた父親は，簡易裁判所に調停の申請をしたとのことである。ただし大家側は一応調停には応じたものの，契約内容は有効であるとの一点張りで，調停は成立せず，手間と費用を考えると裁判を起こしてまで争う気にはならなかったため，実質的には泣き寝入りすることになったとのことである。

　太郎は，高校時代の同級生で大阪にある大学の法学部を出てこの春から愛媛県内の銀行に勤めることになっている友人の花子にも相談した。花子の求めに応じて入居時に交わした契約書を確認してみると，賃借人である太郎が借家を退去するにあたっては，太郎が借家を原状に回復する責任を負い，大家の側は敷金30万円のうち10万円を差し引いて太郎に返還するとの記述があった。花子のいうには，敷引特約の有効性には問題があるものの，最近出された最高裁の判決の考え方などからして，敷引部分を取り戻すことは難しいかもしれない。しかし，太郎の契約書では太郎はアパートを引き払うに当たっては原状回復費を負担することとされており，原状回復とは借りる前の状態に戻すということではなく自然な損耗は回復しなくていいということであるから，畳替えや壁紙の張替え，ハウスクリーニングなどの費用を太郎が負担することにはならないのではないかとのことであった。また，比較的最近になって制度化された少額訴訟という裁判手続があり，基本的に1日の出廷で終結し，かつ自分で容易に手続を進められるため，これを用いてはどうかとのことであった。

　花子のアドバイスを受け，太郎は，畳替えその他の費用は原状回復費には含まれず，これを敷金から差し引くことはできないはずであると主張するとともに，敷引特約については消費者契約法10条により無効であるとの主張をして，敷金30万円全額の返還を求める少額訴訟を提起した。すると，管理会社から，30万円全額を返還するとの通知とともに，指定の口座に入金があり，一件落着となった。

　太郎としては，30万円全額が戻ったというのは予想以上の成果で，その点ではうれしいのだが，敷引き等の通知を受けて以来の精神的な消耗を考えると，管理会社や大家に対しての怒りは今になっても収まらないというのが正直な気持ちである。他方，管理会社の方としても，大家が30万円全額を返すというのでそうしたが，自分たちの主張は正当だと思う気持ちに変わりはなく，それを

曲げることについてはやはり納得のいかない気持ちである。

2 解　説

　敷引特約とは，借家人の退去に当たって大家が敷金を返還する際，大家が一定額を差し引くという特約で，特に関西に多いといわれている。また，敷金返還をする際には敷金から原状回復の費用が差し引かれるのが一般的であるが，原状回復とは借りる前の状態に戻すということではなく，借りている期間の自然な劣化等を除き，借家人が特別に加えた毀損等があればこれを回復するということである。もっとも，そのような意味での原状回復にとどまらず，ハウスクリーニングの費用，さらには畳替えや壁紙の張替えの費用などが敷金から差し引かれることも珍しくなく，特にそのような特約がある場合にはその有効性が問題とされる。

　このうち敷引特約については，2011（平成23）年3月24日の最高裁判決（民集65巻2号903頁）において，借家人側が敷引特約を明確に認識して契約を締結したのであれば，敷引きの額が高額すぎるなどの特別の事情のない限り有効であるとの判断が示された。また借家人に対し原状回復を超えて費用負担を求める特約については，2005（平成17）年12月16日の最高裁判決（判時1921号61頁）において，賃借人に通常損耗についての原状回復義務を負わせる特約が有効とされるためには，賃借人が負担することになる通常損耗の範囲が契約書の条項自体に具体的に明記されるなど，その旨の特約について明確に合意されていることが必要であるとの判断が示されている。これらの裁判例が示すように，この分野は近年において判例法の展開が見られるところである。しかし，このような関係についての法的規範は依然として曖昧な部分を多く残しているし，借家契約を結ぶに当たっては特約等について十分な説明がなされないことが多く，またたとえ十分な説明があったとしても貸し手と借り手の間の情報格差や交渉力のアンバランス等から借家人がその特約の合理性に納得しないままに契約が結ばれるということが稀ではないため，借家契約終了時には，明示的に争うかどうかは別にして，借家人の側に少なからず不満を生じさせる事態が生じることとなる場合が多い。ここには紛争の火種が常にくすぶっているのである。

　敷金は，借家関係が終わり，借家人が借家を引き払ってから家主により借家

人に支払われるものであるとされているため，敷金をめぐる争いは，返還された敷金の金額が少ないとして借家人側から争っていかなければならないという構造的特質がある。そして，敷金の返還で問題となる金額は学生のアパート等については10万円，20万円，30万円というものであるから，われわれの日常の生活においてはかなり大きな金額ではあるものの，弁護士を頼んで普通の裁判で争うと費用倒れになりかねないという微妙な金額であり，不満を抱いた借家人側も裁判にまで訴えることは稀であった。

太郎の父親が利用した民事調停は，調停委員が関与しつつ当事者の合意を図るものである。裁判とは違って，あまり費用がかからずにすむ紛争解決のための手続ではあるが，調停においては調停委員の判断を両者に強制することはできず，両当事者が合意しなければ調停は成立しない。

1998年に施行された新民事訴訟法により，少額を争う比較的単純な訴訟を簡易迅速に行うため，少額訴訟という制度が設けられた。これまでも簡易裁判所における民事訴訟手続が同様の目的のために行われていたが，この少額訴訟においてはその中でも少額なものについて，基本的に1日の出廷で訴訟が終結するなど，金額に見合った簡便な訴訟手続がとられており，敷金返還等の訴訟が多く起こされている。

さて，太郎がアパートを引き払うに当たって生じた敷金返還をめぐるトラブルは，結局のところは裁判を経ることなく，大家側が譲歩し，敷金全額が太郎に返還されるという形で解決したが，これは両当事者ともに不満を残したままの「解決」にすぎなかった。

ここで例に挙げた借家関係をめぐるトラブルはわれわれがしばしば遭遇するものであり，そのうち退去時における敷金返還や原状回復費その他の負担をめぐるトラブルは特に耳にすることが多いものである。このようなトラブルに遭遇した場合に，われわれはもちろん経済的な利害ということを考えるが，それだけでなく，明確な権利や義務というようなものではないものの，自らが考える「筋」とか「常識」とでもいうべき判断基準を基礎にして，落としどころを探る。そして相手がそれとかけ離れた対応をしようとするなら，胸中にある漠然とした正義観とでもいうべきものを掻き立てられることになるし，自らの人格がおとしめられているような感覚にも陥る。

また，紛争の解決を目指すなかでは，もちろん当事者の話し合いが最も大きな意義を持つということができようが，当事者の話し合いで解決する場合でも助言者や仲介者が有効に機能することが多いし，制度化された紛争処理手続が使い勝手の良いものとして用意されているかどうかは紛争処理の負担を大きく左右する。制度化された紛争処理手続の中でも裁判は費用や時間がかかり，最も使いにくいものかもしれないが，当事者に対してその過程への参加や裁判結果の執行を強制する力を有することから，現実的には裁判を提起しない場合にも，いざとなれば裁判を提起できるということが紛争処理に常に大きな影響を与えている。また，当事者の話し合いの中では国家的な法規範だけに依拠するのではなく，紛争当事者を取り巻く人間関係など様々な要素が考慮に入れられるが，そのような考慮も国家的な法規範のあり方をにらんでのものであるという意味では，国家的な法規範はやはり大きな影響を与えている。もっとも，国家的な法規範もわれわれの規範意識や価値意識と無関係に成立しているわけではない。そうだとするとそれらはどのような関係にあるのだろうか。また紛争はそのような関係の中でどのような役割を果たしているのであろうか。
　本章では紛争の解決に当たって法はどのような役割を果たすのか，また逆に紛争あるいは紛争処理は法にどのような影響を与えるのかを考える。
　なお，不正に対する国家的制裁の問題を扱う刑事裁判も，その歴史を見れば明らかなように，加害者と被害者の間での紛争解決の問題と実は密接に関係する制度であるが，以下では，当事者が直接に対峙して争うという形をとる民事裁判を念頭に置いた検討を行うことにする。

2 ── 紛争，紛争処理と法

　法は行為規範としてわれわれの行動を規律すると同時に，裁判規範として紛争解決のための基準としても用いられる。そしてわれわれの日常的な法のイメージはどちらかといえば後者の裁判規範たる側面を中心に形作られている。社会のなかで現実に作動している行為規範としての法と国家法とのズレや浸透という問題を視野に入れることは，「生ける法」という問題の提起が法社会学的な研究の端緒をなすものであったことからも分かるように，法社会学的な視

角からの法の研究，そして法学的世界観の批判にとって大変重要な意味を持つが，裁判における紛争解決の基準として法が機能する場面が，法が法として作動する主要な場面の一つであることもまた疑いの余地がない。裁判における紛争の処理と法との関係を検討することは法社会学の主要なテーマの一つであり続けている。

もっとも当然のことながら，そのような検討においても，裁判の過程のみではなく，それを取り巻く社会的な存在としての「紛争」を取り上げ，そのような「紛争」過程のなかでの裁判や，そこにおける法のあり方を問題にすることになる。そうすることによって，社会における法や裁判の位置や機能，その作動の仕組み等についての批判的な再検討が可能になるはずである。法と紛争処理との関係を裁判における法適用の場面のみに狭く限定して考えがちな法学的世界観を相対化して広い視野から法や裁判と紛争の関係を捉え直すことが，この問題に関する法社会学的な考察の出発点となる。

1　紛争とその社会的な文脈

さて，裁判を中心に考えるのであれば，そこで問題にすべき「紛争」とは訴訟もしくは訴訟の実体をなす，かなり明確な形で存在している二当事者間の争いということになろう。しかしながら，より幅広い観点から社会のなかでの裁判の役割を考えようとするなら，紛争処理という視点からそれを考える場合でも，裁判という場にまで浮上してこない社会のなかにある様々な対立や軋轢をも問題にし，そのようものとの関係をも含めて裁判や法の意味を考えなくてはならなくなる。そのような立場から紛争はどのようものとして捉えられることになるのだろうか。

まず，六本佳平による紛争の定義を拠り所にして考えてみよう。六本は，紛争よりも幅広い概念としての「あらそい」を，「対立の状況にある二つの行為主体が，この対立の状況を認識しかつ相互に他者の行為を念頭に置きつつ，自己の欲求充足を目標として行為する結果生ずる相互行為系」［六本1983：5頁］と定義する。単に客観的な対立状況があるだけでは「あらそい」ではない。「あらそい」となるためには，対立状況を自覚し，また相互に相手を意識しつつ行う行為でなければならないとされているのである。そして六本は，あらそ

いのなかでも「市場のシェアをめぐる二つの企業間の競争」や学者の間の論争等と区別されるものとしての紛争を，「(1)具体的かつ特定的な行為主体の間における，(2)生活上の真剣な利害の対立に基づくあらそいであって，(3)相手方の行為自体に対する働きかけを伴う直接的なあらそい」［六本 1983：6頁］と定義する。これによれば，相手との生活上の真剣な利害について，自己の利益のために，その対立状況を意識しつつ，直接・間接，何らかの形で相手に対して相互に，そして対立的に働きかけることが紛争であるということになるだろう。

　もちろん，紛争の当事者が自己の利害，さらには相手方と衝突する欲求をはじめから確固たるものとして自覚しているとは限らない。相手方や利害の対立状況，さらには自己の欲求等に関する当事者の認識は，紛争の全過程を通じて確固たるものとして一貫しているというよりは，本質的に流動的なものということができよう。また，紛争の中で認識が深まるということも，必ずしも相手と調和的な方向への深まりが約束されているわけではないとはいえ，一般的に見られることといっていいであろう。

　また，紛争が紛争たる意味を持つためには，紛争当事者に一定の共通理解があることが前提となることも忘れてはならない。われわれは猫と「けんか」をすることはできるが，それは紛争ではない。紛争というのは一定の相互了解を基礎とし，そしてまた一歩進んだ相互了解の可能性の扉が少なくとも閉じられてはいないなかでの闘争であり，葛藤である。そのような相互了解の主要な部分をなすのは，ある種の規範意識や価値観，そしてその前提をなすプリミティブであるとともに強固な規定性を持つ正邪の観念等であり，それらは地縁的な，あるいは何らかの利害等に基づいた小さな帰属集団から，大きなものでは国家や場合によっては共通の価値に支えられ様々な範囲で存在する「幻想的な」コミュニティ等を実体的な基礎として，重層的に，そして場合によっては矛盾しつつ存在し，妥当している。また，それらは少なくとも今日においては国家的な法とも密接に関係している。紛争は一面において，個人と個人の間において，個人間の利害に関して発生し，個人の関心と決定の中で展開するきわめて個人的な現象であるが，他面において，そこには本質的に社会的な次元における価値や規範への訴えが内包されざるをえず，本質的に公共的な次元での関心を呼び起こす性格を有している。すなわち，紛争が当事者間の交渉により

「解決」される場合であっても，紛争当事者は彼らを取り巻く職場や地域のコミュニティ，あるいは常識や社会規範という形になって現れる抽象的な「社会」等々を意識して紛争を争い，また「解決」する。そのような意味では，紛争は常に社会的な行為として存在するということができる。紛争について法社会学的に検討する際には，紛争の持つこのような社会的な性格を十分に意識し，そこにおける法や規範の働きに目を向ける必要がある。

2 法や裁判と紛争

　紛争の社会的な文脈において国家法や裁判にはどのような位置づけが与えられるのだろうか。

　今日において，法，特に国家法は本来的には文化的な価値の奥底の問題からは距離を置き，われわれの生活のどちらかといえば表層の部分を規律すべきものとされている。しかし今日においても，社会と法の関係を静態的に見るなら，民事裁判の対象となるようなわれわれの生活のかなりの部分においては，基本的には，われわれの生活のなかで生み出され生活のなかで共有されている規範や価値が国家法を支え，逆にまた国家法がそのような生活上の規範や価値を強化する関係が成立しているといえよう。

　もちろん，その動態に踏み込むなら，「生ける法」という問題が突きつけるように，国家法とわれわれの生活次元での社会規範が矛盾し，相抗争すること，さらには社会レベルでの規範が集団間で異なり，相互に衝突するというような事態は，ある意味では常態的なものとして存在する。そのなかで裁判は，一方では国家法的な規範体系を前線において社会に「押しつけ」ていく作用を果たすが，それだけではなく，社会次元での規範の生成や変容を国家法に回収し，上で述べたような社会と法の静態的な関係の安定化を下支えする機能をも果たしている。そのようなものとして裁判は国家によって統括されなければならないものとなっている。社会における紛争は，様々な次元，様々な形での規範や価値の衝突であるが，それは社会にとっての障害であるとともに，上記のような法と社会のダイナミズムを成り立たせる潤滑油でもある。

　今日において国家法は，内容的に当事者の意識に高度に内面化されてきているが，加えて，内容的には十分に内面化されていない場合においても，国家法

に従う行為をすべきであるという形式的な遵守の意識としての定着の度合いを深めている。とはいえ，他方で，国家法はわれわれの生活上の規範を基礎としてのみ成立しうるという側面を持つ。もちろん，国家法は，社会的な諸価値や諸規範における矛盾や対立を単に整序するだけではなく，意識的無意識的な方向付けや変更をも行い，かつ常に葛藤や協調の動的な過程にある。しかしながら，国家法は，今日においても，少なくとも容易に操作可能な社会的な道具という意味合いには収まらない形で社会的な諸価値や諸規範から基底的な存在拘束を受けているということを忘れてはならない。

　紛争は以上のような社会的な価値や規範と国家法との関係のなかでどのような役割を担っているのだろうか。まず，紛争を通してはじめて，抽象的な可能態として存在していた価値や規範の内容の一部が現実的なものとして生成，発現するということが重要である。紛争のなかでこそわれわれの持つ規範意識や価値観の内容が本人自身にとっても，社会的なものとしても，一定の具体性を持ったものとして立ち現れることになる。もっとも，先に述べたように，社会的な価値や規範は今日においては国家的な法規範から独立のものとしては存在しえない。国家的な法規範は，われわれの現実の生活における規範意識や価値意識を強制力を持って嚮導すべきものとして大きな影響を与える。国家的な法規範は，最終的には裁判において国家的な強制力を発揮しうるという圧倒的な優位性を背景にして，具体的な紛争過程において作用するだけでなく，そのような事態を背景にしてわれわれの生活に介入し，そこにおける生きた社会的な諸関係に大きな影響を与える。もちろん，これもまた先にも述べたように，逆に国家的な法規範はわれわれの価値意識から遠く離れては存在しえず，われわれの生活や価値観の変容に伴って変容していく。そして国家的な法規範の変容は立法による制定法の改変という形で行われることもあるが，現実的には裁判を含む紛争処理過程のダイナミズムのなかで行われることが多い。そこにおいても紛争が社会と法をつなぐ役割を果たしている。

3　紛争の過程と第三者の関与

　もう一度紛争の表層的な対立の場面に立ち戻ろう。上で述べた定義からするならまだ紛争とも「あらそい」ともなっていない，その萌芽とでもいうべきも

の，いわば何らかの困難な事態，トラブルが生じたとしよう。その場合，その解決を目指し，われわれは独自に原因を探り，解決の道を模索することになる。そこで他の者による侵害的な行為や他の者との利害の対立等が発見されれば，解決に当たっての方針等を（それほど自覚的に明確にというわけではないにしろ）考え，場合によってはその相手との交渉を行っていく。

　このような「紛争」の発生について，和田安弘は，当事者に認知されていない侵害（「未認知侵害」）が〈ネーミング（問題化）→ブレーミング（帰責化）→クレーミング（要求化）〉を経て「紛争」となっていく過程としてモデル化して描いている（以下の説明を含め，［和田安弘 1994：102-106 頁］および［和田安弘 2002］）。ここで「ネーミング」とは，被害者の主観において自らが侵害されているという事態が存在しないという状態から，それを認知し問題視するという状態へ変容が生じることであり，「ブレーミング」とは，「問題視された事態が誰によって引き起こされているのかその責任主体を特定すること」を意味する。そしてこのようにして特定の主体が侵害状態を生じさせていると認識した主体が，その侵害についての「救済要求をその相手方にたいして提示する」ことによりトラブルが表面化する。この相手方に対して救済要求を提示するに至る主体の変容が「クレーミング」である。そしてクレームの内容を相手方が一部でも拒むとトラブルは「紛争」となり，相手方との交渉の段階に至るとする。

　侵害状態があったとしても，それが「紛争」に至ることは量的には少ないだろうし，「紛争」が生じたとしても，当事者の交渉により合意（妥協や泣き寝入り等も含め）によって解決される場合がほとんどであろう。上記の紛争過程モデルは，紛争が明示的なものとして社会的に発現することなく沈静化していく場合との対比において，紛争が紛争として生成していく社会的な条件その他について分析をするための有効な枠組みを提供していると思われる。そしてこの紛争過程モデル自体は主体の個人的なレベルでの変容に焦点を合わせたものであるが，ネーミング，ブレーミング，クレーミングという個人的な変容を問題にすることにより，逆に，その背景にあってわれわれの意識を規定する社会的な前提がそれらに強く関わっており，紛争が社会的な文脈の中でのみ意味を持つということがかえってよく見えてくるように思われる。

次に，紛争が生じた後の過程に目を転じよう。紛争が紛争として顕在化した後において，紛争の解決に向けてわれわれは直接に相手方と交渉することもあるが，身近な誰か，あるいは利用可能な専門家や相談のためのセンターなどに援助を求めることも多い。場合によってはそれら第三者に仲介をしてもらうなどしながら交渉を進めることもある。紛争解決のための制度化された手続を利用することもあろう。個人や機関などの第三者が紛争の「解決」に関与する場合において，第三者は紛争当事者のうちの一方を支援するという形で関わることもあるし，両当事者から等距離の援助者や裁定者として関わることもある。

　第三者が紛争の「解決」のために中立的な援助者や裁定者として関わる制度化された過程は，第三者機関の関与の仕方やそのような過程への当事者の参加への強制のあり方，過程を経て得られた結論のもつ強制力の有無などから，裁判，調停，仲裁の三種に分類することができる。裁判においては，一方の者が訴えた場合には実質的に他方も必ず応じなければならず，また裁判官が下した（確定した）判決に当事者は従わなければならない。それに対して，仲裁においては，当事者は仲裁を受けることを強制されることはないが，仲裁に応じることに（事前に）合意した場合には，仲裁者の裁定に従わなければならなくなる。調停は，当事者に対する拘束力のある決定をなすものではなく，基本的には当事者の合意形成のための介入，援助を行う過程である（この分類では「あっせん」も調停に含まれる）。

　制度化された紛争「解決」過程は，それを国家その他の公的機関が行う場合と，私的な機関が行う場合に分けられる。また，前者の場合にも，裁判所が行うものと行政の機関等が行うものがあり，後者の私的な機関が行う場合でも，法的な枠組みが用意され，それに準拠して行われる場合と，そうでない場合に分けられる。最後のものを制度化された紛争解決過程のなかに入れていいかどうかは問題であるが，そのようなものの中には社会的に影響力のある団体により恒常的な機関として運営されているものもある。

　裁判以外の紛争解決過程においても基本的には国家法に準拠した判断がなされるといっていいであろう。特に今日においては，社会的に制度化されていない形での私的な仲介等による紛争処理の場面であっても，その「正当性」のためには少なくとも国家法を無視した判断はなしえないであろう。もっとも，当

事者の意向や業界内での「慣行」等をどの程度加味できるかはそれぞれの紛争解決過程の性格に応じて相当に異なる。

3 ── 紛争処理手続としての裁判と ADR

1 裁 判

　法的な紛争処理手続の中核にあるのは何といっても裁判である。両当事者が平等に攻撃防御を行い，かつ真実に基づき，また公平で正当な法規範の適用により結論が導かれるように，細部まで洗練された訴訟手続が法定され，導かれた結論については国家の強制力による執行が担保される（ものとされている）。そして，このような裁判の存在を前提としつつ，それと並んで調停や仲裁という紛争処理手続も公的に制度化された紛争解処理手続として古くから行われている。

　紛争処理手続としての裁判について特に顕著な特徴は，それが国家の強制力に支えられた形で行われるということである。民事裁判は民事的な市民相互の紛争の処理手続であるにもかかわらず，紛争の一方当事者が裁判に訴えたなら他方当事者は応じることを実質的に強制されるとともに，裁判の結果についても国家により強制的に実現されうるものとされている。裁判を行うことは，法運用の正統性と暴力に裏づけられた強制力を独占する（したがって，当事者の自力救済は禁止される）国家の公共的な責務の一つとされ，基本的にはその手続は万人に等しく開かれている。

　民事裁判は，私的自治が原則的な位置を占める私法領域についての裁判であるから，手続の進行等についてはできるだけ当事者のイニシアティブが尊重されねばならない。しかし，裁判は，民事裁判であろうとも，国家的な公共性実現の過程であるとともに，国家による直接的に権力的な過程として存在しているから，そこでの手続においては厳格な中立性や公正性も求められる。

　また，民事裁判においては，裁判所は事実を発見し，それに法を適用して当事者の権利義務を明確にするものとされている。まず，事実をどのように発見するかが問題になるが，これについては裁判所が積極的にその責任を負う（職権探知主義）というのではなく，「訴訟において判決の基礎となる事実および取

り調べるべき証拠方法は，当事者が提出したものに限られる」との弁論主義がとられている。当事者のイニシアティヴが発現すべき場面であること，およびいわば真実に近い者が競うことにより正しい事実認定に近づくことができるというのがその理由である。

　また，現実的な運用がどうであるかはともかく，判断者である裁判官に生き生きとした判断材料が提供されるとともに，迅速な裁判が行われるべく，「弁論の聴取および証拠調べが，最終的な裁判を行う裁判官の面前で実施されなければならない」との直接主義，および「当事者が口頭弁論期日に出席し，訴訟資料を口頭で裁判所に提出しなければならない」との口頭主義がとられている。そして，訴訟手続を一般市民に公開しなければならないとの公開主義がとられることによって，裁判の透明性が担保されることとなっている（以上，民事訴訟法上の諸原則については，引用部分も含め［松本・上野 35-72頁］）。また，裁判の中立性ということに関しては，裁判官が三権分立に根ざした制度的な保障の下にあるということも重要である。

　もっとも，現実の裁判過程において十分な中立性や公平性が担保されているかどうかは問題である。民事裁判においても，特に一方の当事者が国家であるとか，民間企業であっても巨大事業の公共性を持ち出すような場合には，「政治的な考慮」を抜きにしては理解できないような判決を目にすることもないではない。しかし，少なくともそのような状況を批判する手がかりは本来的には以上のような原則の中にも用意されているはずである。

　なお，裁判はあらゆる問題について開かれているというわけではない。裁判で扱われるかどうかという点に関しては，場所的および人的管轄権の限界の問題があるのに加えて，おおよそ二つの重要なフィルターがある。まず，訴訟内容に関する限界として，もっぱら宗教事項に関する事柄の請求を扱う紛争などは，法律の適用により終局的な解決ができないものとして，裁判所は裁判権を行使できないものとされている［松本・上野 2008：75-78頁］。次に，訴訟を提起するためには訴えの利益がなければならないとされる。裁判は相手方にもそこへの参加を強制するものであるから，訴え提起の正当な利益がない場合にはこれを受け付けない。そしてこのこと自体は当然のことではあるが，どちらかといえばこれまでは訴え提起の正当な利益を狭く解することにより新しい権利主

張を門前で押し止めてしまうことが多く，裁判の限界という議論を生む一つの契機ともなっていた。

　裁判は基本的には公平性が厳格に求められる複雑な技術性を帯びた手続であるため，そこでは弁護士という専門家の援助を受けることなく手続を進めることが困難であるということも含め，われわれ市民にとっては利用しにくい手続である。特に，費用と時間がかかることについて批判されている。

　このため，裁判自体の迅速化を図るなどの改革が行われてきているが，加えて少額訴訟という新しい訴訟手続がもうけられた。少額訴訟は60万円以下の金銭の支払いを求める訴えについて提起することができ，原則として1日の審理で判決が下される。ただし，相手方はこれに応じずに通常の訴訟手続を求めることもできる。証拠が最初の期日に調べられるものに限定されるなど，公正さという点では限界があるが，少額の比較的単純な紛争についての迅速で利用しやすい訴訟制度を目指して新設されたものである。申立手数料は，本章冒頭の事例で取り上げた30万円の請求であれば3000円で，それに加えて数千円程度の切手代がかかるのみである（もちろん訴訟代理人を頼めばその費用がかかるが）。判決に対しては，簡易裁判所に異議の申立てをすることができるが，地方裁判所への控訴をすることはできない。

2　ADR（裁判外紛争処理）

　ADR（Alternative Dispute Resolution）の定義については曖昧な部分があるが，ここでは裁判外紛争処理を指すものとし，民間の機関により行われるものも含め，一定の制度化がなされているものについて以下に検討する（「裁判外紛争解決手続の利用の促進に関する法律」は「裁判外紛争解決手続」を「訴訟手続によらずに民事上の紛争の解決をしようとする紛争の当事者のため，公正な第三者が関与して，その解決を図る手続」と定義している）。

　裁判外紛争処理のなかには裁判所や行政機関，あるいは民間機関が行う調停がある。民事紛争に関して比較的幅広く用いられる調停手続としての民事調停が代表的なものであろう。本章の「事例」で挙げた借家をめぐる紛争についても民事調停を申し立てることができる。一方が調停を申し立てた場合には相手側も基本的には期日に裁判所に出頭しなければならないものとされ（実際の強

制力はないに等しいが)，裁判官と調停委員 2 名からなる調停委員会が当事者の主張を聞きながら当事者双方の合意を図る。合意により調停が成立すれば，確定判決と同じ効力を持つことになるが，当事者双方が合意しない場合には調停は不成立となる。費用は安く，事例のように30万円を争う場合には申立手数料1500円の外に切手代（相手方の数により異なる）が若干かかるだけで調停手続を利用することができる。

　なお，2004年に「裁判外紛争解決手続の利用の促進に関する法律」が制定され，紛争当事者が紛争解決のために民間の裁判外紛争処理制度の選択をしやすくするため，「民間紛争解決手続」（法律上は「民間事業者が，紛争の当事者が和解をすることができる民事上の紛争について，紛争の当事者双方からの依頼を受け，当該紛争の当事者との間の契約に基づき，和解の仲介を行う裁判外紛争解決手続」と定義されている）についての認証制度をもうけるなどしている。

　ADR のもう一方の重要な類型が仲裁である。仲裁といえば国際取引における仲裁がまず思い浮かぶかもしれないが，われわれに身近なものとしては，各弁護士会（すべてではない）が設置・運営する「紛争解決センター」(名称も統一されていない) における仲裁がある。これらのセンターではまずは当事者の合意による解決を目指すものの，それが難しく，かつ両当事者が仲裁手続に入ることに合意した場合に仲裁が行われ，下された仲裁判断は確定判決と同じ効力を持つものとされる。なお，仲裁については，2003年に仲裁法（それまで民事訴訟法にあった仲裁に関する規定を独立させた）が制定されており，「仲裁手続および仲裁手続に関して日本の裁判所が行う手続」を定めている。

　ADR においては適切な専門家の関与を得ることが可能となる場合があり，一定の解決方法を強制する仲裁の場合であっても裁判よりは柔軟な解決方法を用いることが可能である。また，一般的には費用や時間も裁判に比べればかからない。さらに，裁判においては法規範の適用による権利義務関係の確定という視点から扱うべき問題の振り分けが行われ，紛争当事者の生の思いが判決に反映されにくいのに対して，ADR においては当事者の思いを汲んだ解決を得やすいといわれている。

　このような ADR の拡大には二つの要因が考えられる。一つは裁判の機能不全を埋めるものとして ADR が必要とされているということである。裁判にお

いては一般的には公正さを担保する厳格な手続が要求されるため、ある種の紛争類型については簡易な手続の裁判や裁判外紛争処理手続が本来的に必要とされていることは間違いないだろう。もっとも、裁判の機能不全の中には、本来は一般的な裁判制度のなかにおいて解決されねばならないはずのものが含まれていることも事実である。もし国がこれを放置して、裁判所運営の財政的負担軽減等のために、安易にADRに寄りかかろうとしているのであれば問題である。もう一つは、これまでは隣人や組織内の関係者などを介しての私的な紛争解決により解決されていたような紛争がうまく解決されなくなり、そのような「社会関係資本」の衰退を補う、柔らかく制度化された紛争処理手続が求められるようになってきているということである。なお、日本においてこのような需要が裁判の利用につながらないというのは本章の関心からしても興味深い現象である。

4 ── 紛争や裁判から見える法と社会

　裁判は社会と法の接点であり、裁判や紛争処理に対する認識の変化は法や社会についての認識の変化を反映する。現にある裁判制度や紛争処理のあり方をどのように批判し、あるべき裁判や紛争処理の形をどのように描くかということは、個人レベルにおいてその論者が前提とする社会と法についての認識を反映するのはもちろんであるが、いわば社会の自己認識の一部をなす学問的な研究領域全体としての大きなトレンドにおいても時代の社会や法についての認識を反映するものとなる。後者についていえば、きわめて乱暴な整理ではあるが、裁判をめぐる戦後の法社会学的な言説の大きな流れは、近代主義的な社会認識を基礎とするものから、ポストモダン的な社会認識を基礎とするものに大きく変化したということができよう。以下においては、それぞれの代表的な論者の議論を紹介し、具体的にその時代の裁判や紛争処理についてどのような問題が意識されていたのか、またそのような問題把握の裏にはその時代の日本の社会や法についてのどのような認識があったのか、見てみることにしよう。

1 川島「法意識」論における法・裁判と社会

　法学，あるいは少なくとも法社会学において，戦後しばらくの間は，「戦後民主主義」とか「近代化」というような言葉が象徴するような，戦前の（そして戦後においても残存している）「共同体的な」社会関係を克服し，自律的な個人を軸とする近代的な関係を社会の実態においても作り出すということを実践的な課題とする研究が主流を占めていた。

　その代表者，戦後法社会学の出発点を築いた川島武宜は，1967年に刊行された『日本人の法意識』の「はしがき」において，この書物で「わが国に広汎にのこっている『前近代的な』法意識」に焦点を置いたことについて，「それが変わることなく停滞的に存在しているなどという，ばかげたことを考えまた前提にしているわけではない」が，「今日もなお，前近代的な法意識は，われわれの社会生活の中に根づよく残存し，『社会行動の次元における法』と『書かれた法』とのあいだの深刻重大なずれを生じて」おり，「現在の時点では，今現れつつある近代的法意識を指摘するのと同じくらいに，或いはそれ以上に，前近代的法意識を指摘することが，われわれの家族生活・村落生活・取引生活・公民としての生活を前進させるために緊要である，と考える」（以上，［川島 1967：226-227頁］）からであると述べている。

　そして川島は，日本における「法意識」の最も重大な問題を「伝統的に日本人には『権利』の観念が欠けている」という点に見いだすとともに，「民事訴訟の法意識」について，「わが国では一般に，私人間の紛争を訴訟によって解決することをためらい或いはきらう，という傾向がある」［川島 1967：324頁］と特徴付け，その主たる理由は費用や時間の問題ではなく，裁判制度と日本人の法意識とのずれにあるとして，以下のように述べる。

　　「伝統的な日本の法意識においては，権利＝義務は，『あるような・ないようなもの』として意識されており，それが明確化され確定的なものとされることは好まない。ところが，（中略）西洋の裁判制度にならった現代のわが国の裁判制度は，紛争事実を明確にした上，それにもとづいて当事者の権利義務を明確且つ確定的のものにすることを，目標としている。（中略）権利義務が明確・確定的でないということによって当事者間の友好的な或いは『協同体』的な関係が成立しまた維持されているの

であるから、右のような訴訟は、いわゆる『黒白を明らかにする』ことによって、この友好的な『協同体』的関係の基礎を破壊する。だから、伝統的な法意識にとっては、訴訟を起こすということは、相手方に対する公然たる挑戦であり、喧嘩を吹っかけることを意味するのである。」［川島 1967：332-333頁］

　若干補足しよう。川島によれば、「法」は当事者の事実上の力の優位によってではなく、客観的な判断基準に従って社会的に正当と評価され、是認されている（ものと認識されている）「権利」の有無により紛争の解決を図るべきものとされる。そして「権利」が当事者を平等に扱うものである点、また上のような「法」のあり方が実力の行使を抑止するとともに政治権力による強制をコントロールする点が重視される。裁判はまさにそのような「法」の適用される場、「権利」により解決が図られる場であり、裁判においては、事実を、そしてそれにもとづいて権利義務を明確にし、権利があるかないかという形での判断により、紛争が解決されねばならないとするのである。
　このような裁判や法、権利などに関する理解の背景に、西欧の近代的な社会や法に関する認識、そしてそれと対照をなす日本の伝統社会についての認識があることは、容易に理解できるであろう（現実の川島理論の総体は複雑で、単純化するのは危険であるが）。

2　和田仁孝「交渉型裁判モデル」論における法・裁判と社会

　上で見た川島の議論は、その前提となる（近代）社会認識、（近代）法認識、紛争処理制度の作動機序の理解等をめぐって様々に批判されてきている（もっとも、そのこと自体が川島理論の奥の深さと質の高さを示しているといえようが）。そのような川島に批判的な議論の中から、ここでは、社会認識を明確に示しながら紛争処理の問題を扱い、川島理論の対極に立ってきわめて刺激的な議論を展開している和田仁孝の紛争処理論を取り上げる。和田は近年の「紛争処理」研究を主導してきたといってもいい研究者であるが、「裁判モデルの現代的変容」という論考［和田仁孝 1994］のなかで、紛争処理と社会や法との関係を明示的に主題化して論じている。
　彼は、まさに川島が近代的なものとして展開した法や裁判のあり方を「近代

法型裁判モデル」と呼ぶ。彼は「近代法型裁判モデル」を，「『権利が侵害されたとの訴えを受けて，当事者の主張・立証活動の中から，法専門家である裁判官が真実を発見し，これに普遍的なルールを適用して紛争を法的に解決し，秩序を維持回復する』といった『イメージ』」［和田仁孝 1994：129-131頁］のものとしたうえで，それを支える重要命題として「真実発見」，「普遍的ルール適用」を挙げる。

　和田によれば，このような近代法型裁判モデルにおいては，普遍性，一般的公正性というメリットを維持するため，対象たる社会的紛争のうちの法的側面だけしか扱わず，また事実についても既存の法基準との関係で意味を持つ「事実」の存否のみを問題とし，かつそれも一定の加工のうえで用いるなど，「法的観点からの問題の縮減」という現象が避けられない。しかし，そのような制約がありながらも近代法型裁判は機能を維持しえてきた。それは近代法型裁判モデルにより本来否定されるべき共同体的調整メカニズムが作用し，近代法型裁判を支えていたからである［和田仁孝 1994：137頁］。社会の共同体的性格が生み出す，権威を受容し権威に服従する心性や，共同体的社会関係が備えている内的な調整メカニズムが，実は共同体的紛争処理メカニズム批判の言説の中核に位置している近代法型裁判モデルを現実的には支える役割を担ってきたのである。

　ところが，和田によれば，現代社会においては「企業その他の組織内部における準共同体的な社会関係が部分的には残存しつつも，近隣関係や親族関係等においても，従来の共同体的社会関係のごとき濃密で粘着的な集合的ネットワークは，もはやほとんど存立しえ」ず，「個人間の関係はきわめてインパーソナルであり，機能的であり，拡散的であり，かつ流動的で」ある。また「具体的な顔を持った個人同士ではなく，企業や様々な団体といった組織的主体との関係も増加してきている」［和田仁孝 1994：138-139頁］。

　このような社会関係においては，近代法型裁判モデルと理念的には相容れないものでありながら現実的にはそれを支えていた共同体的社会関係が有していた特質が消滅し，かつ近代法型裁判モデルが予定していたような自律的な法主体が成立するわけでもないため，近代法型裁判モデルは機能不全に陥らざるをえない。そしてそれは，近代法型裁判モデルに内在する虚構性を露呈させる。

その虚構性とは、「法基準にのみに従って権利の所在を確定できるとする神話的命題の虚構性」である。実は、多くの裁判においては、「双方の主張の合理性を前提とした上で、法基準の枠を超えたところで判断の社会的妥当性を吟味するような作業が（中略）、実際には行われていると言わざるをえ」ず、「人々の権利主張とは、基準によって画一的に構成され計測されるようなものではなく、むしろ個別ケース限りの妥当性確保という戦略的意図から、基準それ自体への意味付与を通じて行われるもの」［和田仁孝 1994：139-141頁］である。

　法専門家の役割に注目するのも和田の議論の特徴である。彼によれば、「共同体的社会関係の崩壊は、エリートとしての法専門家の権威性への無前提な信頼への基盤をも消滅させてきている」。そのため、近代法型裁判において不可避的に生じる、法専門家が用いる専門知識の分かりにくさや、弁護士・裁判官の手への紛争の管理主体の実質的移行という問題に関しての不満と批判が表面化するなど、近代法型裁判モデル下での法専門家への懐疑と批判が拡大する［和田仁孝 1994：142-144頁］。

　以上の議論を受けて、和田は、「公共訴訟における交渉整序・促進機能ないしフォーラム・セッティング機能を、まさに現代的社会状況において適合的かつ機能的なものとして正面から認め、新たな裁判モデルの立脚点としていく方向」を、新しい裁判の目指すべき方向として提唱する。そしてそれは、「結果としての『判決』および対象としての法的紛争実体を志向した近代法型裁判モデルから、訴訟内はもちろん判決後をも視野に含めた当事者間の利害調整・交渉関係の整序のための『過程』志向的裁判モデルへの転換」であり、「法専門家主導の裁判モデルから当事者の主体性の復権を促す裁判モデルへの転換」でもあるという［和田仁孝 1994：150頁］。

　和田は紛争処理（和田に言わせれば紛争交渉ということになろう）について、当事者の視点を重視し、当事者の状況認知という立脚点から議論を組み立てる。したがってまた裁判についても当事者が紛争過程において取り得る一つの手段であるとともに、たとえ判決が下されてもそこが終着点ではなく、判決の執行過程などをも含めた、またその他の手続や、手続外での交渉などとも相互に移行し、かつ融合しうる過程（紛争交渉）の中の通過しうる一コマとでもいうべきものと位置づけられることになる（とりあえずは［和田仁孝 1991：1-7頁］）。ま

た，ここでは紹介できないが，そのような視角から，紛争，交渉，合意等々の基礎的概念についてのドラスティックな読み替えをも行っている．

　和田の議論に対しては，このような議論によっては裁判制度の存在意義自体を説明できず，その存立基盤を掘り崩しかねない点，また，当事者の自主交渉に過度に期待をかけ，結局裸の力関係が紛争過程で威を振るうのを追認することになってしまうのではないかという点などについて，すでに批判がなされている［尾崎 2002：55-57頁参照］．おそらくは，和田理論の評価のためには，本来，その基礎にある道具主義的な法の見方や，現代における法と社会についての見方という点に遡っての検討が必要だと思われるが，ここではこれ以上立ち入ることは差し控える．しかし，彼の紛争処理論が，ポストモダン的な社会認識を基礎として，近代法型裁判モデルを成立させているモダンな社会認識を批判するものであることは，以上の紹介からも明らかであろう．

5 ── 紛争がつなぐ法と社会

　本章の 2 〜 3 節での説明においては，できるだけ法の社会的な被拘束性を前面に出す形での叙述を心がけたつもりである．それは法を極度に道具視する理解を排する必要があると考えたからである．確かに，当事者の視線で見るなら，「人々の権利主張とは，基準によって画一的に構成され計測されるようなものではなく，むしろ個別ケース限りの妥当性確保という戦略的意図から，基準それ自体への意味付与を通じて行われるもの」［和田仁孝 1994：141頁］ということができるであろう．しかしながら，当然のことながら，法は当事者がその正当性確保のためにまったく「自由に」選択し，まったく「自由に」意味付与できるものではない．そのような意味付与の可能性は，流動性はあるにしても，社会的に限定された枠内のものである．また，基準（法規範）自体もそのものとして自立的に存在するのではなく，（相互に矛盾し，場合によっては次第に変化する）個々の意味付与を通じて内容を確証し，あるいは内容を獲得するものとして，社会的に存在するものである．そのような意味で，紛争を通して社会は法を内容あるものとして獲得し，紛争を介して法規範はその内実を獲得するということができる．紛争は個人と個人の間において，個人間の利害に関し

て発生し，個人の関心と決定の中で展開するきわめて個人的な現象であるが，他面において，それは本質的に社会性を持たざるをえないものであるということを，再度強調しておきたい。

　本章の2～3節での説明においては，実は裁判制度についての伝統的な理解（和田の言う「近代法型裁判モデル」に近いもの）に比較的沿った形での裁判や訴訟制度等についての説明を心がけた。それは，裁判制度の理解に当たっては，法や裁判における権力性の問題（当事者間の「実力」行使の抑制および国家による「不当な」権力行使の抑制）が重要であると考えるからである。確かに，近代法型裁判モデルには和田が挙げるような，必然的に内在する諸問題があることは認めざるをえないであろう（もっとも，和田が近代法型裁判モデルの批判において取り上げている問題のレベルは様々で，近代法型裁判モデルをある程度の内的なダイナミズムを伴ったものとして少し柔らかく考えればそこに吸収しうるようなものから，紛争関与者の権力性の問題のように，どのような裁判モデルによっても避けられないと思われるものまで含まれているが）。また，権力性の排除を現実的にどこまで制度的に保障することができるかは問題である。しかし，当事者間の「実力」とは違う社会的な正当性に支えられた基準による解決という理念は，現代の裁判に関しても捨て去ることができないものだと考えるのである。

　法社会学において近年「紛争処理」の議論が活発になったのは，公害問題等のいわゆる「現代型訴訟」の影響によるところが大きい。現代型訴訟の定義は難しいが，公害や環境問題，薬害や消費者問題などについて，多数の当事者が，国や大企業等を相手として，損害賠償に加えてしばしば将来的な給付や制度の新設，事業の差止め等をも求めて提起する訴訟がそのイメージの中心にあることは間違いないであろう。

　福島原発事故後の現時点において「現代型訴訟」の問題について考える場合，どうしても原発の設置等をめぐる紛争が頭に浮かんでくる。各地の原発について設置や稼働の差止め等を求める訴訟が提起されたが，日本の裁判所はこれを適切に扱うことができたのであろうか。原発の安全性というような高度に科学的な知見を必要とする判断を裁判所が適切にすることはできないから，行政的な審査過程においてよほどの瑕疵がない限り裁判所は介入すべきではなく，実際の裁判には問題はなかったとの見解もある。しかし，福島原発事故後

に明らかになった設置審査の実質的な内容（問題）を見るなら，少なくともこれを問題にできなかった現在の裁判のあり方には（裁判官人事等の問題も含め）やはり根本的な問題があると考えざるをえない。本章では「紛争と法」をテーマとしながら，このような問題についてはまったく検討することができなかった。わが国の司法制度のあり方について論じる4章に譲ることにしたい。

【引用・参照文献】
尾崎一郎（2002）「トラブル処理のしくみ」和田仁孝ほか編『交渉と紛争処理』日本評論社
川島武宜（1967）『日本人の法意識』岩波書店（ただし，引用は『川島武宜著作集 第4巻』岩波書店，1982年による）
松本博之・上野泰男（2008）『民事訴訟法〔第5版〕』弘文堂
六本佳平（1983）「紛争とその解決」『岩波講座 基本法学8　紛争』岩波書店
　　──（1997）「日本の法社会学における紛争処理研究の展開」日本法社会学会編『紛争処理と法社会学』有斐閣
和田安弘（1994）『法と紛争の社会学──法社会学入門』世界思想社
　　──（2002）「トラブルの展開──紛争の展開過程」和田仁孝ほか編『交渉と紛争処理』日本評論社
和田仁孝（1991）『民事紛争交渉過程論』信山社
　　──（1994）「裁判モデルの現代的変容」棚瀬孝雄編『現代法社会学入門』法律文化社

【鈴木龍也】

★ TOPIC　断想：法意識考

▶川島武宜『日本人の法意識』
　およそ50年前の1960年代後期，この国が高度経済成長のまっただ中にあって，就業人口の多くが農林漁業に代表される第一次産業から第二次産業（工業）へ移動していった頃，川島武宜は，日本人の法意識を批判的に解明してみせた。「私の関心の対象は法意識である，しかもわが国に広範にのこっている「前近代的」な法意識である」と書き出す川島のこの小著は，法意識というものについての一般読者向けの最初の書物であった。すなわち，わが国の社会生活には「前近代的な法意識」が根強く残り，継受法である西欧の近代法の理念が上滑りになっているのではないかとの指摘である。日本人の「裁判嫌い」，権利意識の脆弱さを指摘するその見解は，数年後に全国的な盛り上がりをみせる住民運動や学生運動の高揚を予告するかのように，近代的な権利主張の正統性を高く評価していた。

▶法意識とは何か？
　法意識とはいったいなんだろうか。川島によれば，法に関係する意識的または無意識的心理状態を指すとされ，またその後「法意識研究」をおし進めた六本佳平は，「社会の一般構成員が法に対してもっている感じ方・考え方」を指すとしている。
　では，この法意識という三文字熟語の先頭に置かれた法とは何だろうか。「法とはなにか」という問は，あらゆる法学者を悩ませ，困らせ続ける大問題であるとはいえ，「法意識研究」は，法をどうとらえるかによってその内容を大きく変化させ，その研究の方向付けも変えていくことになる。

▶法は「君主の命令」
　かつて，といってもイギリス，フランスをはじめとする西欧諸国においてはいまから数百年前，いわゆる前近代の時代に，法といえば，それは君主の命令を指していた。この時代の法意識はどんなものかと問われるならば，それは君主の命令に忠実に従うこと，もしくはその命令を遵守することを意味した。現代の用語で表現すれば，さしずめ遵法精神，コンプライアンスこそが法意識の中核を占めていた。遵守すべき法の内容は似て非なるものであったうえ，君主の命令に「逆らえば死！」という掟が広くまかり通っていたのである。
　イギリスでは，13世紀以降議会制が発展成長するが，近代以前の西欧に広く見られた君主制時代においては，議会の立法も君主の承認を必要としていた。このことは，100年あまり前に主としてプロイセン憲法を下敷きにして作られた「大日本帝国憲法」（1889年）が立憲君主制を採用して立法権を天皇におき，帝国議会は協賛するにとどまるとしたこととまさに軌を一にしている。

▶権利と法
　一方，イギリスにおいて，マグナカルタ（1215年）から権利章典（1689年）へという「近代化」過程の進展の中に確認されるように，権利というものは，はじめは君主統治に抵抗し反抗する領主たちが手にした「武器や道具」のひとつだった。権利を持ち，それ

を行使するとは,君主の方針に逆らうことを意味した。逆に言えば,当時,イギリスの領主層は,君主を制約し,場合によっては倒すために権利を要求したのだった。

この前近代から近代への移行期において,法意識と権利意識は,時に相重なり,時に相対立する,補完的あるいは対立的位置に立つふたつの意識だった。しかし近代市民革命は,法意識と権利意識とをひとくくりにして扱えるものに変えていく。すなわち近代社会における法は,それまでの法とは異なり各人の行動を規制すること自体を目的とせず,あくまでも各人を幸福にし,その集合体としての社会をより理想的なものに近づけることに目的をおくとされ,人びとの近代的な権利意識の高揚こそが,よりよい法を生み,よりよい法意識を生み出すとされていく。

▶近代市民社会の変容

しかし,市民革命を経た近代市民社会の形成発展は,当初のもくろみのようには進行しなかった。すなわち,西欧において19世紀に本格化する工業化とそれに伴う資本主義経済の成長は,「近代私法の原則」を確立していったが,この自由・平等・独立を基礎とする抽象的かつ形式的な法原則は,それを遵守すればするほど,結果として,社会のなかの実質的な貧富の差は拡大するというパラドックスにおちいった。そして誰の目にも明らかになる「社会問題」(都市における貧困問題)の解決を求めて,当時の人びとは個人の自由権を基盤にすえた権利(主張)のみに依拠するのではなく,より「大きな政府」による調整(規制)を待望しはじめる。やがて20世紀にはいると,労働者や経済的弱者救済を目的とする「社会」権が成立し,あるいは「社会」主義国家が誕生する。

これに対して,19世紀半ばに当時の「グローバル化」の洗礼をうけることになった日本は,上述のごとく,後発工業国家プロイセンの手法を導入して立憲君主制を採用するとともに,強力な政府を中軸とする富国強兵国家の形成を目指した。そして1880年代にもりあがった自由民権運動が頓挫すると,人びとが権利意識をもちその権利を主張することによって社会をよりよくするという考え方は力を削がれ,強い行政権を手にした「お上による弱者救済」と富国強兵化が進められていく。

▶1960年代の法意識

川島がみごとに指摘していたように,立憲主義にもとづく戦後憲法が施行され,「高度経済成長」がすすむ1960年代になっても,日本人の法意識は,自らの権利を主張することよりも,戦前から続く「上からの社会統制のための法」を遵守することのほうに傾いていた。それは,政府による統治やその他の有力者による支配,身分制秩序にあらがい,旧権力を倒し,よりよい社会(秩序)を構想しようとしてつくられた近代市民法や近代法の精神とは大きく異なるものだった。

それは,ときどきの統治権力や政府の恣意によって変化する「でたらめな法やルール」であっても,それらを遵守することが「法治国家」の姿であるとする「お上の説明」に奇妙に納得してしまう心性とどこかで相通ずるものがあるようにみえる。そのような日本人の心性(mentalité)は,あたかも西洋古典音楽における通奏低音が激しく変化する旋律をよりふくらみをもつものに変えていくように,この日本社会を支える人びとの意識として良きにつけ悪しきにつけ戦前戦後を貫いて持続していたのだろうか。

他方,その後の法意識研究は,法をただ単に守る,遵守することそれ自体を日本人の多くが心の底では「潔し」とせず,「法がなくても正常にうごいてく社会が理想」と考えて

★ TOPIC 断想：法意識考

いることを明らかにした。もしそうであるとすれば，「日本人の法意識」のなかには，どこかに「法＝お上の命令」という見方が働き，それへの「庶民の直観的反発」が働いているのかもしれない。

▶これからの法意識

　法意識を学び，分析する際に重要なのは，個人個人の利己心と遵法精神とがどのように相克するかということよりも，いまここにある法と，今後のあるべき法とのくい違いに目を向け，そのどちらを尊重するか，という点に焦点をあてることであろう。

　近代市民革命が人類史に長く続いた身分制の桎梏を打破し，よりよい社会を形成するために採用した「権利義務の体系としての近代市民法」がもつ価値は，いまもなお高く評価されるべきである。ただし，この近代市民法という権利義務の体系は，「利他の峻別」だけではなく，「利他の共同性」を当然のごとく内在させていることを忘れるべきでない。そしてこの共同性のあり方を絶えず検証し，次世代へむけての共同性の構想を不断にあらたにしていかなければ，近代社会や近代の法システムを維持存続させていくことはできない。

　21世紀に生きるわたしたちは，この「市民社会を，よりふくらみを持った，また現代の感性にあった形の市民社会として構想し直していくことが，求められている」（棚瀬孝雄）のである。

▶川島の法意識論への批判

　川島の『日本人の法意識』については，現在にいたるまでいくつかの批判が生まれてきている。そもそも川島の「法意識」は，上記の六本の言うような法一般への「感じ方・考え方」か，それとも個々の法律への意識なのかはっきりしない。

　さらに，西欧を模範とする法意識のあり方の追求は，「単線型社会進化論」になりがちではなないかと批判されている。また，模範とされた西欧社会においても，はたしてどの程度，権利意識や法意識が確立し実践されていたか，これにも疑問符がつけられている。現実の西欧社会の法意識は，川島が描いたものと一致しない部分が大きいのである（ここでは省略するが，こうした批判に対して川島説にたつ側からの反批判もあることを記しておく）。

　川島は当時の日本社会に広くみられる「前近代的な法意識」が「裁判嫌い」という現象，すなわち民事訴訟率の低さをもたらしたとした。このような川島の説明を「文化説」とも呼ぶ。これに対して，この民事訴訟率の低さを別の要因から説明する「文化説批判」がその後展開された。

　その第一は「機能不全説」である。これは戦後に比べて戦前のほうが訴訟件数は多かったことを取り上げ，日本人が裁判を回避するのは，訴訟に時間と費用がかかりすぎるためであると説明する。そして裁判回避の背景には裁判官，弁護士数の不足，弁護士費用の不透明さ等があるという。つまり司法制度の不備によって制度が機能不全を起こし，そこに「裁判嫌い」の神話が生まれたとするのである。

　第二は「予測可能説」である。これは1960年代から70年代にかけての交通事故（当時年間死亡者数は一万人を超え続けた）をめぐる損害賠償訴訟件数の変化を重視する説明である。つまり，60年代に急増した訴訟が70年代になると急減するのは，自動車損害賠償法の整備や民間保険会社による損害賠償額の定額化等により，判決による損害賠償額の予

測が容易になり，人びとはあえて訴訟に踏み切る必要を感じなくなっていくとする説明である。

そもそも，個人の権利意識が高まったからといっても，そのことが直ちに訴訟率の上昇に結びつくわけではないだろうが，司法制度の不備や経済合理性の追求等の他の要因によって裁判が回避されることも大いにあり得ることであろう。

▶川島法意識論は無用？

それでは，川島の法意識論は現在では全く顧みる価値はないのであろうか。その答えをここでは性急には出せない。それは上記の批判についての反批判を顧慮するからではない。川島の法意識論が到達すべき目標とした西欧近代の法意識が，たとえ現地にも実在しない「絵空事」であったとしても，川島が示した問題意識は21世紀に入った現代の日本にも十分に通用する意義をもつのではないかと考えるからである。

確かに，川島法意識論での遵法精神は「近代法＝国家法」の尊重という傾向を生み，この傾向はわが国に根強く残る「官尊民卑」の風潮とたやすく結びつき，「権力の肥大化」や「密室政治」を生みやすいという指摘もある。しかしながら，上記の「利他の共同」を内在させている「近代市民法」に力点を置けば，川島法意識論は「庶民の直観的反発」を背景としつつ，〈帝国〉（ネグリ＝ハート）に対抗する「マルチチュード」生成・構築に寄与できる余地がまだまだあるのではないだろうか。「産湯とともに赤子も流す」ことは避けたい。

【前川佳夫＝林研三】

3章　現代社会の弁護士

1──プロフェッションとしての弁護士

1　職業の特質

　法に関係する職業は，古くから知られていた。14世紀半ばの大学の成立の時期には，法学は医学，神学と並んで重要な位置を占めた。神学のパリ大学，医学のサレルノ大学と並び法学では，ボローニャ大学がローマ法大全の研究と結びついて今日，名が知られている。封建的な共同体規制が破られ，近代社会においては，身分制的な地位に基づかない職業が成立してくる［大木 1992］。これらの職業は原則として「自由」であるが，3つの職業は，プロフェッションとされ，現代においては公的に規制され，資格が限定されている。日本おいてキリスト教の宗教者は，職業としては宗教的背景からして一般的とは言えないから，「聖職」ということで考えれば，教師に置き換えるのが適当であろうか。
　これらの職業には，いくつかの共通した特徴がみられる。法律家（特に弁護士），医師，教師は，その職業的対象は潜在的なそれを含めて，争いをかかえた者，病のある者，社会の成員として成長途上にあるものであり，他者からの専門的助力を必要とする者である。それぞれの職業的対象にある人々と専門職にある者と間には，知識や経験，権威性などで対等の関係にはない［M. フーコー 1986］。これらの相互の関係は，通常の経済社会における，そして民法が予定する商品取引主体として，立場の相互交換可能な関係とは異なる。診察治療を求める患者は，医師以外に依頼することはできず，医師を信頼して託する以外に選択の余地はない。弁護士，聖職者などとの関係も同様である。これらの契約は，需要供給関係よりも信頼に基づき，職務には公益性が求められる。日本の弁護士法は，「弁護士は，基本的人権を擁護し，社会正義を実現することを使命とする。」（弁護士法第1条第1項）とし医師法第19条第1項は，「診療

に従事する医師は，診察治療の求めがあった場合には，これを拒んではならない。」として応召義務を定める。

次に，専門職は高度で，複雑な判断を要する職務であるからその習得には長い期間を必要とする。医師についてみれば学部在学期間は6年間であり，医師国家試験に合格して免許を取得しても，その後，研修医として見習い的な期間がある。教員も大学院や専攻科などに進学すれば，教育期間は長くなる。弁護士の場合は，現行司法試験制度のもとでは，学部を卒業してから，2年から3年の法科大学院の在学期間があり，現在の合格率と合格までの受験回数からいえば法科大学院修了から時間がかかり，弁護士事務所での修業期間が必要である。したがって，奨学金制度が充実したものでなければ，この間の学費と生活費を負担できるだけの経済的余裕のある階層のみがこれらの職業の供給源になるであろう。

職能集団としての弁護士は，司法修習を修了しただけでは，弁護士の仕事を行うことはできず，日本弁護士連合会（以下，「日弁連」という）に登録しなければならない。これは，米国のアメリカ法曹協会（American Bar Association：以下，「ABA」という）が任意加入の団体であり，各州の弁護士会も強制加入ではないところがあるのと相違する。日本の弁護士は全国の単位弁護士会の会員であり，また，日弁連の会員である。日弁連会員の種類には，正会員のほかに外国法事務弁護士（後述），準会員，沖縄特別会員から構成される。日弁連の内部の機関は，議決機関として総会，副会長，理事の選任などについて審議する代議員会，各弁護士会の会則などの事項について審議する常務理事会，日弁連の規則制定，各種意見書などの事項について審議する理事会があり，任期2年の会長，任期1年で13人で構成される副会長，任期1年の71人の理事，任期1年の5人の監事が役員である。資格審査会をはじめとする7つの法定委員会，人権擁護委員会など5つの常置委員会，その他多数の特別委員会がある。

近時，上記のような法律家や医師などの知識・技術・情報が集中する専門職に対する一般の人々・利用者からの見方には，いわゆる「バッシング」がみられる。司法の分野では国民主権と市場原理がその根拠をなっている。このことへの対応として弁護士について，「それぞれの内部が対等の同僚による集団」としてのコオル性を擁護することによって弁護士法第1条の理念に使えるとい

う選択を示す説［樋口2002］もあるが，これが弁護士や医師の社会的ポジションを考えれば，エリート市民主義・前衛主義などの「啓蒙主義」に陥ることはないのか，考察されるべきであろう．

2　法曹養成制度

　法曹資格を得るためには，原則として司法試験に合格し，最高裁判所によって設置されている司法研修所における司法修習を修了しなければならない．法曹養成制度は，一連の司法制度改革において大きな変更が行われた．1つは弁護士の数の増加の実現である．特に経済社会が，新自由主義政策のもとで「事前規制・調整型から事後チェック・救済型へ」と移行に伴って紛争が増加し，また救済の必要も増し，その処理過程における法律家，特に弁護士に対する需要が増加するという予測に基づいて法曹人口の大幅の増加を企図するものであった．この方策は，経済セクターとそれを体現する支配的政治セクターからの要請であり，それを人々が希求したということではない．また，弁護士（日弁連）から，そして法学部の一部からも強い抵抗があった．この制度は，米国のロースクール制度を参考として制度設計され，当初の計画では司法試験受験者の7割から8割が合格し，年間およそ3000名の法曹を世に送り出すものとされた．この数字が，米国・ドイツ・イギリス・フランスの中で最も対人口比で弁護士人口の少ないフランスのそれを目標としているという説もあるが，何を根拠としたのかは，明らかではない．2013年の司法試験合格率は約25％，合格平均年齢は29歳であり過去5年間は低下傾向にあったがわずかに上昇した．司法試験の大きな目標の1つは，法律を専門としない多様な分野からの人材を法曹に迎えるといことであったが，既習コース（2年制）の合格率は約38％であったのに対して，未修者コース（3年制）は，約17％であったので目標を達成していない．社会人を多く受け入れる法科大学院や地方の法科大学院の合格率が低くなっていること，また受験回数制限などから，法科大学院の入学者も減少しており，文部科学省は74校（撤退を予定しているものを含めれば，これよりも減る）ある法科大学院を合格率や入試実績などの一定の条件で補助金を減額することで統合・撤退を誘導するところまで来ている．

　日本の法科大学院を制度設計するに当たって参考とした米国の法曹養成制度

は，日本と大きく異なっている。そもそも大学の学部段階では，法学部は存在せず，3年間の法科大学院において教育が行われている。法科大学院（Law School）を修了して，各州が実施する司法試験に合格すれば，弁護士としての資格を得る。これらの法科大学院は，ほとんどの場合，ABA の基準に沿っている。司法試験は，年に2回，2月と7月に行われる。憲法，契約法，刑法他の科目が課され，合格率は，約60％から約90％である。法科大学院での教育は，よく知られている通り，ケースブックを使用したソクラテスメソード（質疑応答方式）が，1年次に行われ，これは1870年代にバーヴァードロースクールの，C. ラングデルによって始められた。ロースクールの様子は，映画『ペーパーチェイス』のなかで再現されているので参考となる。教育課程の例として，コロンビア大学ロースクール（ニューヨーク州）のカリキュラムによれば，第1学年秋学期の初めに，導入的に英米法の法源，法手続の分析，制定法の解釈などとともに法律実務ワークショップ，民事手続，契約，不法行為を学習し，春学期には，必修科目として憲法，刑事法，法実務ワークショップ，財産法を学習する。選択科目としては，「法と現代社会」，「法と経済」などを学ぶ。上級学年では，様々な法分野とセミナーがある。2011年の入学応募者は，約7500名で，合格率は約16％，女性の占める割合は48％であるから，日本に比べて相当高い。外国籍者は13％，年齢は，21歳から24歳までが77％，25歳から28歳が21％で両者を合わせる98％になる。また入学者の約35％が学部（college）から直接入学している。卒業生の77％が弁護士事務所に就職するが，それ以外にも公共部門への進出がある。やや古い数字ではあるが，2005年度の米国のロースクールの卒業生就職データでは，ABA 公認の188のロースクールの修了生4万2672人のうち就職状態が判明している3万9169人のうち就職した者が，3万5112人であり，その内訳は，法律事務所55.0％，企業13.3％，裁判所クラーク10.6％，政府関係10.5％，公益企業4.8％，研究職1.8％，軍関係1.2％，不明2.0％となっている。就職しなかった者については，上位の研究コースへ行く者860人，無職の者3197人で，そのうち，休職中1197人，非求職中820人，司法試験の受験を目指す者1180人である。なお，米国のロースクールの授業料は高額であり，そのため多くの学生が多額の借入金などの返済に多くの負債を負っている。米国では法律事務所に就職しないで他の社会分野に多くの弁護士

が供給されている。

　日本における現行司法試験制度と法科大学院制度は，その当初の企図からすれば成功していない。法科大学院入学志望者は減少しており，また，前述のとおり法科大学院修了者の司法試験合格率は，2011年に至るまで下がり続けており，2012年に若干上昇した。法科大学院を修了しても法曹資格を得ることができない者が多く出る。こうした人材を社会の中で生かしていく仕組みが必要である。また，法学部出身の合格者が圧倒的に多く，旧司法試験制度によって多くの合格者を出した大学，法科大学院修了者と同等の資格を得ることできるバイパスである「司法試験予備試験」合格者の合格率が，法科大学院修了者の合格率よりも相当程度高くなっている。司法修習修了者の就職難ともあいまって，「司法試験―法科大学院」制度そのものの再検討が必要となった。このため政府は，2012年「法曹養成制度検討会議」を設置し，法科大学院の数の削減を行おうとしている。

3　自治と懲戒制度

　弁護士のプロフェションとしての特質の1つとしての国家に対する独立性は，その「自治」に最もよく表れている。自治の重要な点は，懲戒制度である。懲戒権が国家にあれば，弁護士が国家に対して訴訟を提起することや刑事弁護には大きな抑制として働く。現行弁護士法（1949年）は，弁護士会が懲戒権を有することを規定する。歴史的には代言人に対する懲戒権は裁判官にあり，旧旧弁護士法（1896年）と旧弁護士法（1933年）では，控訴院の懲戒裁判所が有していた。

　現在の制度のもとでは，懲戒請求は懲戒事由があると思われる場合には，当該弁護士（以下弁護士とは，弁護士法人も含む）の所属する弁護士会に対して何人も行うことができる。まず，弁護士会は懲戒請求のあった時，もしくは弁護士会が懲戒事由があると思料する場合に，「綱紀委員会」に事案の調査を行わせる。この時点が，懲戒手続の開始である。綱紀員会が懲戒委員会に事案の審査を求めることが相当であると認める場合に「懲戒委員会」が事実の審査を始める。これが大筋のルートである。同等者からなる団体が閉鎖的であれば，「身内に甘い」こととなることは避けられない。このため，これに対するルートも

設けられている。すなわち，懲戒請求者は，①綱紀委員会が懲戒委員会に事実審査を求めない決定を行った場合，②懲戒委員会が，懲戒しないとの決定を行った場合，③懲戒手続を相当の期間内に終了しない場合，④懲戒処分が不当に軽いと思料する場合，の4つのケースについての対応である。①の場合で，日弁連の綱紀員会が異議申し出を却下または棄却し，日弁連がその旨を決定した場合には，「綱紀審査会（日弁連）」による綱紀審査を申し出る。この綱紀審査会は，法曹ではない学識経験者によって構成される。

他方，懲戒処分を受けた弁護士は，行政不服審査法によって審査請求を行い，日弁連の懲戒委員会は，その議決に基づいて採決を行う。日弁連によって審査請求を却下され，または懲戒された弁護士は，その取消しを求める訴えを東京高等裁判所に提起することができる。制度の特徴として，弁護士会と日弁連の綱紀手続に分かれること，また，日弁連の綱紀委員会の結論に不服がある場合には，綱紀審査会に審査の申し出ができること。そしてこれは，法曹以外の構成員によることである。複雑なプロセスであるので【図表3-1】を参照されたい。

懲戒処分には，①戒告，②業務停止（2年以内），③退会命令，④除名，がある。退会命令と除名の違いは，前者は，弁護士として活動できなくなるが，弁護士となる資格は失わず，後者が同じく3年間弁護士となる資格も失う点にある。実際の懲戒件数は増加しており，懲戒件数の新受件数は，2011年では1885件で，不処分1535件，却下・終了21件，既済の内訳は，戒告38件，1年未満の業務停止26件，1年以上2年以内の業務停止9件，退会命令2件，除名5件である。懲戒処分を受けた会員数は，0.2％から0.35％で推移している。懲戒は，日弁連の機関雑誌『自由と正義』および官報に掲載して公告される。件数の推移および懲戒回数は【図表3-2】を参照されたい。

懲戒処分事由は，以下のようなものである。①預り金の横領，不清算など金銭に関するもの。②上訴期間の徒過，消滅時効の完決，事件処理の遅滞，説明義務違反など。③非弁護士との提携。④利益相反，秘密保持義務違反などの業務上の非行。⑤業務外の非行。

弁護士利用者の立場からは，懲戒処分は軽すぎるのではないか，また『自由と正義』と官報という一般にはあまり手にすることがない媒体で公告されるの

▼【図表3-1】 綱紀・懲戒制度

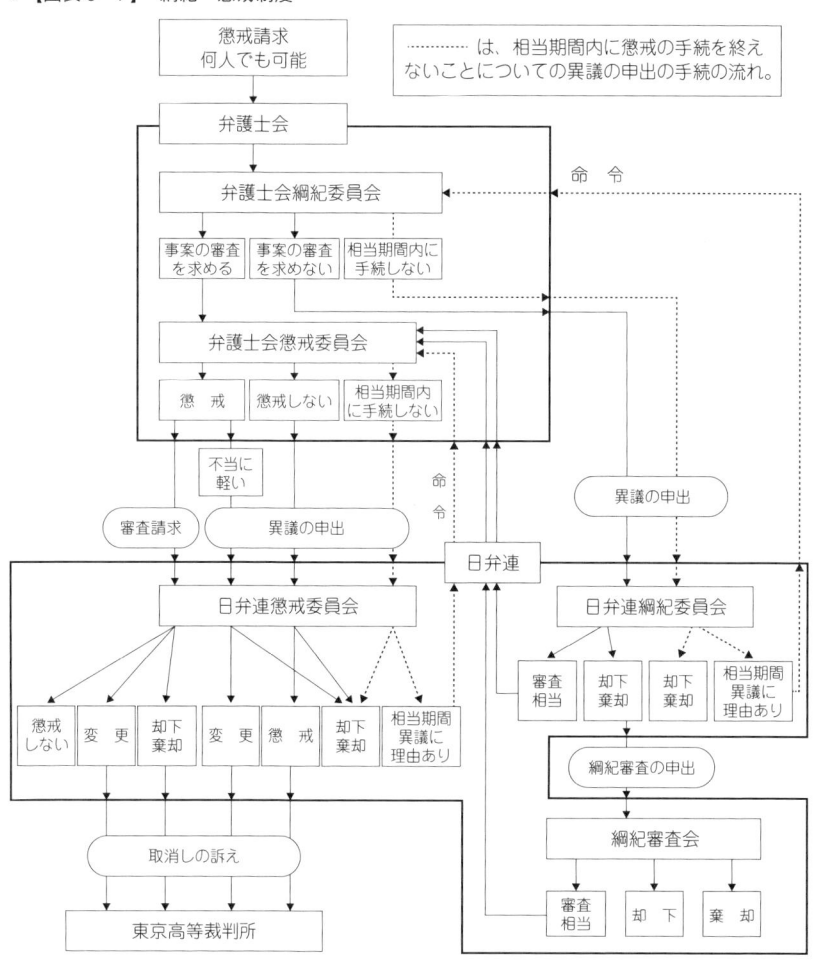

```
┌─────────────┐
│ 懲戒請求     │      ………… は，相当期間内に懲戒の手続を終え
│ 何人でも可能 │      ないことについての異議の申出の手続の流れ。
└─────────────┘
      ↓
┌─────────────┐                                              命　令
│ 弁護士会     │
└─────────────┘
      ↓
┌─────────────────────┐
│ 弁護士会綱紀委員会   │
└─────────────────────┘
 ┌─────┬─────┬─────┐
 │事案の│事案の│相当期│
 │審査を│審査を│間内に│
 │求める│求めな│手続し│
 │      │い    │ない  │
 └─────┴─────┴─────┘
      ↓
┌─────────────────────┐
│ 弁護士会懲戒委員会   │
└─────────────────────┘
 ┌─────┬─────┬─────┐
 │懲　戒│懲戒し│相当期│
 │      │ない  │間内に│
 │      │      │手続し│
 │      │      │ない  │
 └─────┴─────┴─────┘
  ┌─────┐
  │不当に│
  │軽い  │
  └─────┘
 （審査請求）（異議の申出）                              （異議の申出）
                          ┌──────┐
                          │ 日弁連│
                          └──────┘
┌───────────────┐                  ┌───────────────┐
│ 日弁連懲戒委員会  │                 │ 日弁連綱紀委員会  │
└───────────────┘                  └───────────────┘
                                     ┌───┬───┬───┬─────┐
                                     │審査│却下│却下│相当期間│
                                     │相当│棄却│棄却│異議に  │
                                     │    │    │    │理由あり│
                                     └───┴───┴───┴─────┘
┌───┬───┬───┬───┬───┬─────┐
│懲戒│変更│却下│変更│懲戒│却下│相当期間│
│しな│    │棄却│    │    │棄却│異議に  │
│い  │    │    │    │    │    │理由あり│
└───┴───┴───┴───┴───┴─────┘
                                       ┌──────────┐
                                       │ 綱紀審査の申出│
                                       └──────────┘
                                            ↓
                                       ┌──────────┐
                                       │  綱紀審査会    │
                                       └──────────┘
                                        ┌───┬───┬───┐
                                        │審査│却下│棄却│
                                        │相当│    │    │
                                        └───┴───┴───┘
  （取消しの訴え）
      ↓
┌─────────────┐
│ 東京高等裁判所 │
└─────────────┘
```

では，情報が伝わりにくいというもっともな意見がある。【図表3-3】のように1989年から2012年までの懲戒処分を受けた弁護士の累積回数では，約75％が，1回であるが，2回の者が約15％，3回の者が7.5％となっている。処分を繰り返し受ける弁護士がおり，特にそうした弁護士の情報については，一般人が容易にアクセスできるようにするべきである。ちなみに，税理士の処分歴は，国税庁のホームページで公開されており，簡単に見ることができる。日弁

▼【図表 3-2】 懲戒請求件数と事件処理の内訳（全弁護士会）

1995年から2011年までの全弁護士会における懲戒請求件数と事件処理の内訳についてまとめたものである。2011年における懲戒処分は80件であった。会員数との比では0.25％でここ10年間の値との間に大きな差はない。

(単位：件)

	新受件数	既済						不処分	除斥期間満了	却下・終了	
		懲戒									
		戒告	業務停止		退会命令	除名	計				
			1年未満	1～2年							
1995年	576	17	14	1	5	2	39	422	9	80	
1996年	485	16	6	1	3	1	27	402	7	52	
1997年	488	11	19	4	1	3	38	381	9	23	
1998年	715	19	16	4	2	2	43	440	4	40	
1999年	719	17	20	7	6	2	52	479	1	24	
2000年	1,030	17	12	4	7	1	41	690	25	26	
2001年	884	34	20	4	4	0	62	778	19	38	
2002年	840	28	22	10	3	3	66	674	22	49	
										却下	終了
2003年	1,127	27	23	2	3	4	59	822		69	23
2004年	1,268	23	19	2	2	3	49	1,023		1	19
2005年	1,192	35	18	4	3	2	62	893			18
2006年	1,367	31	29	4	2	3	69	1,232			24
2007年	9,585	40	23	5	1	1	70	1,929			30
2008年	1,596	42	13	2	2	1	60	8,928			37
2009年	1,402	40	27	3	5	1	76	1,140			20
2010年	1,849	43	24	5	7	1	80	1,164			31
2011年	1,885	38	26	9	2	5	80	1,535			21

〔注〕
1 暦年（各年の1月1日から12月31日）を基準とする。
2 同一人について複数事案を併合した処理は、1件とする。
3 日弁連による処分・決定の取消し・変更は含まれていない。
4 新受件数については、同一人より同時に複数の弁護士に懲戒請求がなされた場合には弁護士1人につき1件とカウントしている。
5 新受事案は各弁護士会宛になされた懲戒請求事案に会立件事案を加えた数とし、不処分事案、終了事案数等は綱紀・懲戒両委員会における数とした。
6 一事案について複数の議決・決定（例：請求理由中一部懲戒相当、一部不相当）がなされたものについてはそれぞれ該当の項目に計上した。
7 除斥期間満了については、2003年より「却下」・「不処分」に含めた。
8 2003年より「却下・終了」を「却下」・「終了」に区分したが、2005年より「却下」を「不処分」に含めた。

▼【図表3-3】 懲戒処分を受けた弁護士の人数と懲戒回数

懲戒処分を受けた弁護士および弁護士法人の数と懲戒回数について，1989年1月1日から2012年3月31日までの累計をまとめたものである。これを見ると，懲戒処分を2回以上受けた弁護士は約25％となっている。

	人数（人）	割合		人数（人）	割合
1回	600	74.5%	4回	21	2.6%
2回	121	15.0%	5回	2	0.2%
3回	60	7.5%	6回	1	0.1%

連は，会規「懲戒処分の開示に関する規定」において，弁護士等に対して法律事務の依頼，もしくは委嘱を現に行っており，またそうしようとしている者からの請求に対して懲戒処分歴を開示するが，原則として3年以内のものであり，それ以前は開示されない。

弁護士の対応への苦情がある場合のために，各弁護士会は「市民相談窓口」を設置している。苦情の内容別では，2011年の市民窓口の内容別受付件数では，合計1万1129件，対象弁護士数8199人であり，内容は「対応態度3444件」，「処理の仕方2992件」，「処理の遅滞1428件」，「報酬1070件」等となっている。市民窓口への受付件数では，2004年には，8112件であったが，2011年には1万1129件へと増加している。なお，苦情対象の弁護士数は，各弁護士会の弁護士数にほぼ対応している。依頼者が弁護士とその職務について紛争が生じた場合には，弁護士会が行う紛議調停制度があり，これでは2011年には，641件であり，処理の内訳は，成立33.6％，不成立44.7％，取下げ19.7％，その他2.1％となっている。

4 弁護士の内在モメント──公益性・当事者性・価値合理性・事業者性

弁護士は，職務の遂行に当たり，様々な内在モメントを持っている。大きなモメントは，「公益性」，「当事者性」，「価値合理性」，「事業者性」である。公益性とは，先にも触れたとおりプロフェッションとして，公益のために職務を遂行し，私益の追求のみを行ってはならないことを意味する。これは弁護士法第1条1項において規定され，また「弁護士職務基本規程」第1条にほぼそのまま規定され，同第4条（司法の独立の擁護），同第5条（信義誠実），同第8条（公益活動の実践）が，包括的にこれを規定している。次に「当事者性」とは，

弁護士が依頼者の利益を極大化することを目的とすることを意味する。弁護士が依頼者（当事者）に代わる立場，すなわち代理人であるという位置にあるということによる。弁護士職務基本規程では，第21条（依頼者の権利及び正当な利益の実現努力）「弁護士は，良心に従い，依頼者の正当な利益を実現するように努める。」とする。「正当な」という文言は，不当な利益を目的とする事件の受任は，できないことを意味する。第22条1項（依頼者の意思の尊重）においても規定されている。同第22条2項は，「弁護士は，依頼者が疾病その他の事情のためその意思を十分に表明できないときは，適切な方法を講じて依頼者の意思の確認に努める。」として依頼者の自己決定権に慎重な配慮を行っている。具体的には，理解能力が不十分な依頼者の意思の確認につき医師の助力を行うなどが考えられる。価値合理性とは，弁護士が職務を行うに当たってのいわば，「哲学」であり，「正義・公平・平等」などの価値理念を自らが具体的事案に当たってどのように考え，実現するのかということを主体的に選択することであり，それぞれの弁護士によって必ずしも同一ではない。最後に，事業者性は，弁護士が事業を行い，事務所を維持し，自らの生活を維持する存在であることからくるモメントである。事業者性の内容については，次節を参照されたい。

　以上の4つのモメントは，公益性と当事者性が，弁護士法や弁護士職務基本規程に実体化されているとしても，具体的な事案や実務の現場において，どのモメントが他のモメントに対して重点が置かれるのかは，一様ではない。たとえば，懇意にしている長年の知り合いである依頼者が，被告となった事件で，勝訴の見込みがないのにもかかわらず訴訟を長引かせることが依頼者の利益になるので，その意向を入れて訴訟の引き伸ばすことは，社会的コストと司法制度の円滑な運用という点から見れば，つまり，公益性という点では，行ってはならない。これが，模範的選択であろう。しかし，そうしなければ長年の顧客や顧問先を失うかもしれないという場合，事業者性から言えば，現実には訴訟の引き延ばしという選択もありうる。選択を基礎づける価値合理性が問題となる。

　「価値合理性」は，「公益性—当事者性—事業者性」の関係は，それだけでは抽象的であるが，一定の原則を持てば，弁護士自らの行動規準となる。家事事件の具体的現場での経験から，その基準を提示する論考があるので紹介しよう

[道2008]。これによれば，公益性を貫くことは，（最低）合法性をクリアしなければならず，当然ながら違法行為の代理は行わない。その意味で当事者性（依頼者）は，後退する。依頼者の意向が合法的である限りで，その後はコミュニケーションを図り，弁護士自らの考え方（本章の「価値合理性」に相当する）との違いがあれば，自分が最善と考える指針・情報，たとえば裁判所がどのように決定するかなどを提供する。これは，「啓蒙」や「説得」とは異なる。そしてコミュニケーションを尽くしたうえで依頼者との溝が埋まらず，効果的な代理行為を行えない時に，辞任する。弁護士の真骨頂を「自分の正義」ではなく，「誰かの正義」のために働くことであるとするものである。

公益性の重視は日本の弁護士に課せられた使命であるが，公益性や正義の相対的側面を忘れ，ひとたびそれを絶対化すると「悪しき啓蒙」やパターナリズムに陥り，このことが依頼者に対する抑圧やハラスメントとなることには自覚しなければならない。

5 弁護士へのアクセス

「法の支配」を社会にいきわたらせようとすれば，弁護士へのアクセスが人々にとって容易であることが求められる。これまで日本の弁護士は，大都市，とりわけ，東京と大阪に極端に集中していた。弁護士が増員された現在でも大都市集中に大きな変化はない。専門職としての医師や弁護士と同じく法律専門職である司法書士に弁護士ほどの偏在は存在しない。これまで裁判所の支部があるにもかかわらず，弁護士が1人もいないか，1人しかいない「ゼロワン地域」が存在していた【図表3-4】。

2003年には，弁護士事務所が地裁支部単位で0から3人以下の第1種弁護士過疎地域が101カ所，また，2006年には，ゼロ地域が9カ所，ワン地域が34カ所存在した。1996年に，日弁連定期総会において，「弁護士過疎地域における法律相談体制の確立に関する宣言」が行われ，2000年には「日弁連ひまわり基金」による法律センターの開設，日弁連公設事務所（ひまわり基金公設事務所）が始まった。「ひまわり基金」は，東京弁護士会の1億円の寄付と特別会費として一定額をすべての日弁連会員から徴収したものである。本公設事務所は，第1種弁護士過疎地域または法律事務所の数が4から10の第2種弁護士過疎地

▼【図表3-4】 ●弁護士ゼロ支部（50か所）

(1993年7月1日現在)

	地方裁判所	支部		地方裁判所	支部
1	旭川地裁	稚内支部	26	京都地裁	園部支部
2	旭川地裁	名寄支部	27	京都地裁	宮津支部
3	旭川地裁	紋別支部	28	神戸地裁	柏原支部
4	旭川地裁	留萌支部	29	岡山地裁	新見支部
5	釧路地裁	網走支部	30	松江地裁	西郷支部
6	釧路地裁	根室支部	31	松江地裁	浜田支部
7	札幌地裁	滝川支部	32	山口地裁	萩支部
8	札幌地裁	岩内支部	33	徳島地裁	阿南支部
9	札幌地裁	浦河支部	34	徳島地裁	美馬支部
10	函館地裁	江差支部	35	高知地裁	安芸支部
11	青森地裁	五所川原支部	36	高知地裁	須崎支部
12	青森地裁	十和田支部	37	大分地裁	杵築支部
13	秋田地裁	能代支部	38	大分地裁	佐伯支部
14	秋田地裁	横手支部	39	福岡地裁	柳川支部
15	盛岡地裁	二戸支部	40	佐賀地裁	武雄支部
16	盛岡地裁	宮古支部	41	長崎地裁	厳原支部
17	水戸地裁	麻生支部	42	長崎地裁	壱岐支部
18	千葉地裁	一宮支部	43	長崎地裁	平戸支部
19	前橋地裁	沼田支部	44	長崎地裁	五島支部
20	金沢地裁	輪島支部	45	熊本地裁	阿蘇支部
21	岐阜地裁	御嵩支部	46	熊本地裁	天草支部
22	福井地裁	武生支部	47	熊本地裁	人吉支部
23	大津地裁	長浜支部	48	宮崎地裁	日南支部
24	奈良地裁	五條支部	49	鹿児島地裁	知覧支部
25	和歌山地裁	裁御坊支部	50	那覇地裁	名護支部

◎弁護士ワン支部（25か所）

(1993年7月1日現在)

	地方裁判所	支部		地方裁判所	支部
1	盛岡地裁	遠野支部	14	神戸地裁	社支部
2	盛岡地裁	水沢支部	15	神戸地裁	洲本支部
3	仙台地裁	登米支部	16	広島地裁	三次支部
4	仙台地裁	大河原支部	17	松江地裁	益田支部
5	宇都宮地裁	大田原支部	18	高知地裁	中村支部
6	千葉地裁	佐原支部	19	大分地裁	竹田支部
7	静岡地裁	下田支部	20	福岡地裁	八女支部
8	新潟地裁	新発田支部	21	長崎地裁	島原支部
9	福井地裁	敦賀支部	22	熊本地裁	山鹿支部
10	津地裁	伊賀支部	23	鹿児島地裁	加治木支部
11	津地裁	熊野支部	24	鹿児島地裁	川内支部
12	和歌山地裁	新宮支部	25	那覇地裁	平良支部
13	神戸地裁	柏原支部			

●弁護士ゼロ支部はなし（2012年10月1日現在）
◎弁護士ワン支部（2か所）（2012年10月1日現在）

	地方裁判所	支部
1	金沢地裁	輪島支部
2	大分地裁	杵築支部

〔注〕 弁護士ワン支部のうち、大分地裁杵築支部は、非常駐の弁護士法人従事務所がある支部である。

域のうち特に認められる地域において設置され、新規開設、引継ぎ時に所長たる弁護士に500万円までを給付し、また一定の条件で欠損が生じた場合に、最高額1000万円までの給付が受けられる。これらの公設事務所のうちでは、33カ所で任期後定着している。2011年現在、同公設事務所の数は、107カ所で最後に残っていたゼロ地域である旭川地裁紋別市支部管内の紋別市に2011年5月弁護士1人が赴任してゼロワン地域は解消された。ゼロワン地域の推移は【図表3-5】のとおりである。

日弁連の公設事務所には、これら以外に都市型公設事務所があり、各地の弁護士会や弁護士連合会の協力により設置されている。本公設事務所は以下の多くの役割を担っている。①社会的・経済的理由その他により、弁護士アクセスが困難な地域住民のための法的支援、②被疑者国選弁護制度や裁判員制度の実施に刑事弁護の態勢整備と専門性・

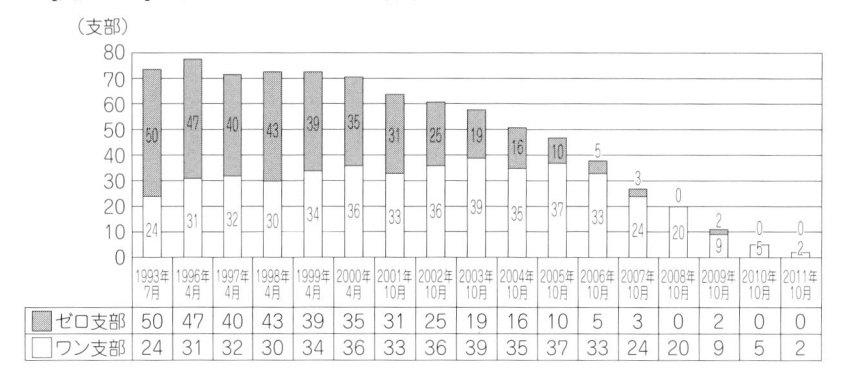

▼【図表3-5】 弁護士ゼロ・ワン地裁支部数の変遷

	1993年7月	1996年4月	1997年4月	1998年4月	1999年4月	2000年4月	2001年10月	2002年10月	2003年10月	2004年10月	2005年10月	2006年10月	2007年10月	2008年10月	2009年10月	2010年10月	2011年10月
ゼロ支部	50	47	40	43	39	35	31	25	19	16	10	5	3	0	2	0	0
ワン支部	24	31	32	30	34	36	33	36	39	35	37	33	24	20	9	5	2

組織性の向上，③過疎地域型公設事務所・日本司法支援センター（法テラス）の常勤弁護士の育成と派遣，④弁護士任官や判事補などの弁護職務経験の支援，⑤法科大学院教育の臨床教育支援，などである。

　ひまわり基金法律事務所のほかに，総合法律支援法第30条第4号「弁護士，弁護士法人又は隣接法律専門職者がその地域にいないことその他の事情によりこれらの者に対して法律事務の取扱いを依頼することに困難がある地域において，その依頼に応じ，相当の対価を得て，適当な契約弁護士等に法律事務を取り扱わせること。」に基づく「法テラス4号事務所」がある。法テラスのスタッフ弁護士は，雇用類似の関係で給与が支給され，これは司法修習同期の裁判官，検察官とほぼ同様であり，この点では公務員に準じる。法曹経験10年以下の者は，3年任期で2回の更新を行うことができ，法曹経験10年を超える者については，2年契約で複数回更新できる。事務所賃料，事務職員の給与が，法テラスから支給される。同弁護士は独立であり，法テラスから指揮命令を受けない。ただ，弁護士が増加して司法過疎地域への事務所設置が増えてくると，当該地の弁護士（会）が，4号事務所の設置に消極的，もしくは否定的な姿勢を示すことが予想され，実際に4号事務所の設置が計画されていたにもかかわらず弁護士会の反対で取りやめになった例がある。

　最近の研究では，弁護士の数と訴訟の件数の間には，正の相関関係があるという指摘もある［馬場2011］。弁護士の増員については，弁護士からは消極的意見が多く，研究者の側からは増員の意見が多いというのが現在の布置状況で

▼【図表3-6】 公設事務所・法テラス4号事務所の設置箇所（累計）の推移

（事務所）　　　　　　　　　　■ 公設事務所　□ 法テラス（4号業務対応地域事務所）

年	公設事務所	法テラス
2000	1	
2001	5	
2002	12	
2003	20	
2004	33	
2005	54	
2006	76	7
2007	82	14
2008	93	15
2009	98	22
2010	102	27
2011	107	31

ある【図表3-6】。

　経済的な理由で訴訟を行えない人々に対しては，弁護士と司法書士費用を一時的に立て替える民事法律扶助制度（立替償還制）が法テラスにおいて行われている。ただ，資力要件は，別表のように定められている【図表3-7】。

　なお，資力要件は，東京23区内，都内23区以外の市と横浜，川崎，鎌倉など神奈川県内の一定の市・町，千葉県の一定の地域などには家賃または住宅ローンを負担している場合には，一定限度で加算される。

　さらに，提起する訴訟に「勝訴の見込みがないとは言えないこと」という条件が付く。費用は，無利子で1月5000円から1万円で返還する。また，2010年から生活保護受給者は，経済的利益がない場合には，償還の猶予，免除が原則として適用されることとなった。

　外国の民事法律扶助制度は，米国では給付制，イングランド・ウェールズでは，負担金があるが負担金を課せられる人は少ない。韓国では，農業漁業民・軍属などには，資力要件はない。また，事業規模は，イングランド・ウェールズでは国庫支出金約1370億円（2000年），米国では，553億円（1999年），フランスでは，210億円（1999年）である。日本では，1億4000万円（1991年）にすぎない。

　代理援助は内容別では，自己破産43.7%，多重債務23.7%，離婚など14.3%となっている。

▼【図表3-7】 資力要件とは
- 申込者及び配偶者(以下,「申込者等」)の手取り月収額(賞与を含む)が下表の基準を満たしていることが要件となる。
- 離婚事件などで配偶者が相手方のときは収入を合算しない。

人数	手取月収額の基準[*1]	家賃または住宅ローンを負担している場合に加算できる限度額[*2]
1人	18万2,000円以下 (20万200円以下)	4万1,000円以下 (5万3,000円以下)
2人	25万1,000円以下 (27万6,100円以下)	5万3,000円以下 (6万8,000円以下)
3人	27万2,000円以下 (29万9,200円以下)	6万6,000円以下 (8万5,000円以下)
4人	29万9,000円以下 (32万8,900円以下)	7万1,000円以下 (9万2,000円以下)

[*1] 東京,大阪など生活保護一級地の場合,( )内の基準を適用する。以下,同居家族が1名増加する毎に基準額に3万円(3万3000円)を加算する。

[*2] 申込者等が,家賃又は住宅ローンを負担している場合,基準表の額を限度に,負担額を基準に加算できる。居住地が東京都特別区の場合,( )内の基準を適用する。

2 —— 事業者としての弁護士

1 弁護士の報酬

　弁護士法第3条は,弁護士の職務を規定し,「弁護士は,当事者その他関係人の依頼によって,訴訟事件,非訟事件及び審査請求,異議申し立て,再審請求等行政庁に対する不服申し立てに関する行為その他一般の法律事務を行うことを職務とする。」としている。裁判所および行政庁に対するもの等が規定されるが,弁護士としての実際の仕事は多岐にわたる。これらは渉外事案,企業などとの顧問契約に基づく顧問,法律相談,弁護士会会務,公益活動などが主なものである。

　報酬は,2004年までは,弁護士会の「報酬基準」が,適用されていたが,同年4月に廃止され,弁護士が自由に定めることになった。ただ,実際にはこれに準じた基準によることが多い。依頼者から見た弁護士費用が,これまでとあまり変化がないとすれば,一般の人々からの金銭的なアクセスの容易さにはそう変化がないと思われる。ここで日弁連が,2008年に実施したアンケート調査

からいくつかを見ることとする。なお，調査対象人数は4041名で回答総数は，1026人（回収率25.4％）で。経験年数3年未満の弁護士は含まない。このアンケートは，設例方式である。依頼者は，どれくらいの費用を見込まなければならないのか，が伺える。着手金とは，弁護士が受任したときに受け取るものであり，報酬金とは訴訟が一定の結果を見たときに相手方からの支払いのなかから弁護士が受け取るものである。その他，依頼者は，必要な場合にいくつかの支払いが行われ，まとめて弁護士に渡しておいて，訴訟が終了したときに清算する。実際には，どの程度の金額となっているのか，設例によるアンケートから紹介する。

【ケース1】
　知人に300万円貸したところ，期限までに返還がないので，弁護士名の内容証明郵便で督促したが，反応がないので提訴し，勝訴して任意で全額回収できた。
《内容証明郵便手数料》
　3万円41.7％　2万円17.4％，1万円15.9％，その他，となっている。
《報酬金》
　30万円前後が50.2％，20万円前後が18.9％，その他，となっている。

【ケース2】
　離婚して3歳の子を引き取り離婚が成立し，慰謝料200万円の支払いを受け，子とその親権を得たうえで養育費として毎月3万円の支払いを受ける場合。
　(a)　離婚調停を受任する場合
　着手金20万円が45.1％，30万円前後が41.5％，その他。報酬金20万円前後45.1％，30万円前後41.5％，その他，となっている。
　(b)　離婚調停不調後に受任し，離婚が成立した場合
　着手金10万円前後42.5％，10万円以下26.3％，その他。報酬金30万円前後36.2％，20万円前後19.6％　その他，である。

【ケース3】
　わき見運転で自動車事故を起こし，被害者に1か月の傷害を負わせ，過失傷害・道路交通法違反被告事件（拘留中）を受任し，保釈が認められ，その後の公判手続きは判決に言い渡しを含め3回あり執行猶予の判決を得た場合。
　公判事件として受任するときの着手金　30万円前後が52.1％，20万円前後が33.2％，その他。

【ケース4】
渉外事務所を除くタイムチャージ制の場合の1時間当たりの報酬
1万円47％，2万円19.1％，その他。
【ケース5】
月額顧問料　　5万円32.2％，3万円30.3％，その他。

2　弁護士の経済

　弁護士の業務にかかわる収入は，民事・刑事の事案処理によるもの，顧問料収入である。その他に，不動産収入，各種公務によるもの法人役員，講演料などがある。支出には，事務所賃料，事務員・勤務弁護士への給与・図書研究費の支払い等である。2010年の調査による数字を図表に示す。

▼【図表3-8】　弁護士の収入

	民事事件収入 合計平均値	刑事事件収入平均値 （国選・私選）	顧問先からの 収入合計平均値
東京	2654万円	64万円	1713万円
大阪・愛知	2133万円	67万円	1205万円
高裁所在地	2789万円	120万円	1305万円
高裁不所在地	2518万円	122万円	1016万円

資料：「自由と正義」62巻［臨時増刊号］より。

▼【図表3-9】　2000年調査までの粗収入・経費・所得の平均値

		粗収入			経費			所得		
		1980年	1990年	2000年	1980年	1990年	2000年	1980年	1990年	2000年
全体	（万円）	1635	3060	3793	932	1636	2207	703	1544	1701
	前回比（倍）		1.87	1.24		1.76	1.35		2.20	1.10
東京	（万円）	1889	3468	4057	1129	1883	2328	760	1785	1887
	前回比（倍）		1.84	1.17		1.67	1.24		2.35	1.06
大阪・愛知県	（万円）	1554	2950	3779	861	1596	2408	683	1402	1518
	前回比（倍）		1.91	1.28		1.85	1.51		2.05	1.08
高裁所在地	（万円）	1424	3032	4534	713	1510	2486	711	1630	2108
	前回比（倍）		2.13	1.50		2.12	1.65		2.29	1.29
高裁不所在地	（万円）	1298	2651	3336	684	1422	1900	614	1314	1494
	前回比（倍）		2.04	1.26		2.08	1.34		2.14	1.14

資料：「自由と正義」62巻［臨時増刊号］115頁。

その他の傾向として，

(1) 確定申告書金額では，最も弁護士が集中している東京が全国平均を上回っているわけではない。高裁所在地が最も高い。

東京が最も高くなっているのは，顧問先からの収入，地代・家賃の平均値である。

(2) 性別による差では，勤務弁護士の場合，女性の方が給与が，少し男性を上回るが，所得では男性の方が高くなっている。

(3) 全般に見ると東京の弁護士が，すべてにわたり他を上回っているわけでないが，東京の大規模事務所の弁護士の収入所得が高額になり，また事務所賃料などに差があり，全体の中でも特別な位置にあることがわかる。

3 法律事務所

「法律事務所」という名称を使用できるのは，弁護士のみである。事務所の弁護士人数規模でみると1人事務所が全体の約6割を占める。経営の形態でも個人経営（1人事務所と経営者弁護士が1人いる事務所）が，約6割である。弁護士が複数いる共同経営の弁護士事務所には，弁護士報酬が各経営者弁護士に属し，各自がその中から事務所事務員の人件費や賃料，事務機械リース料などを支払う「経費共同型」と弁護士報酬が事務所に属し，そのなかから事務所経費を差し引いた残りが収益として分配される「収入共同型」，弁護士法人，その他がある。経費共同型には，一定の金額を毎月負担し，売り上げに応じた額を歩合負担金として支払うやり方など様々なものがある。2009年の調査では，共同経営の弁護士事務所のうち経費共同型が，23.5％，収入共同型の事務所が12.6％である。東京では個人経営の事務所が47.8％に対して，経費共同型と収入共同型の事務所の割合が48.5％となっており，後者が個人経営を上まわる。

弁護士法人は，弁護士を社員とする法人で司法制度改革において法律事務処理の継続性を確保することなどを理由として2002年より設立が可能となった。2012年3月現在の弁護士法人は，581あり，組織率は，14％，使用人弁護士数を含む人数の実勢は，1366人である。

弁護士法人は，高松を除く高等裁判所所在地に主たる事務所を置いており，従たる事務所を置く事務所も多い。従たる事務所には，社員弁護士が常駐して

いなければならない。なお、隣接専門職の法人組織率は、公表されているものでは、弁理士17.9％、司法書士9.3％、行政書士1.3％、土地家屋調査士2.5％である。

弁護士は、どのように働いているのであろうか。週間平均労働時間は、平均値46.5時間で東京・大阪・名古屋・高裁所在地では、高裁不所在地では大きな差はない。1週間に5日労働するとすれば、1日6.64時間となる。弁護士の事務所内での地位による差異では、勤務弁護士の平均値41.9時間、「事務所内での唯一の弁護士たる経営者弁護士」52.6時間と差が出ている。また、弁護士法人である事務所の弁護士が、長い時間となっている。

弁護士事務所は、93.1％が自宅と別に設置しており、自宅を事務所としている弁護士は、70歳以上に多くその約20％である。自宅と別に弁護士事務所を設置している弁護士の1980年から10年ごとの経年変化では、1980年80％。1990年89.4％、2000年90.6％となって増加傾向にある。

弁護士事務所の平均専有面積は、22.1坪、地域別では東京434.8坪、大阪・愛知60.3坪、高裁所在地43.9坪、高裁不所在地38.4坪である。東京が飛びぬけて広いのは、大規模事務所・外国法共同事業事務所の影響である。なお、弁護士1人当たりの平均専有面積は、12.2坪である。弁護士事務所の事務員数は、フルタイムの職員が1人もいないものが、11％、1人が23.6％、2人が19.3％、3人が11.7％である。

また、同一事務所内において弁護士以外の資格有している者の平均数は、弁理士1.4人、外国法事務弁護士0.66人、司法書士0.5人となっている。これらは平均値であるので大規模事務所（渉外事務所）では、大きいと考えられる。

以上から見られるように、事務所から見た弁護士には、弁護士が複数所属する弁護士事務所では唯一の弁護士（経営者弁護士）、複数の経営者弁護士がいる事務所の経営者弁護士（パートナー）、雇用されている勤務弁護士（アソシエート）、客員的立場の弁護士（カウンセルなど）のほか、他の弁護士の経営する事務所で給与支給なしで独立採算による弁護士（いわゆる軒弁）などが存在する。弁護士は、同一の弁護士事務所にとどまるのではなく、ほぼ半数が所属する弁護士事務所を替えている。これは調査対象者は弁護士経験が5年以下になっていることにも影響されている。経営者弁護士となるまでの平均期間は、約7年

である。

4 弁護士人口

「司法制度改革審議会意見書」(2001年) は，司法制度改革の要として，①国民の期待に応える司法制度の構築（制度的基盤の整備），②司法制度を支える法曹の在り方（人的基盤の拡充），③国民的基盤の確立（国民の司法参加）を挙げ，その中で「国民生活の様々な場面における法曹需要は，量的に増大するとともに，質的に高度化することが，予想される。」という判断のもとに，(1)旧司法試験合格者数は，2004年頃には，1500人を目指すべきこと，(2)2010年頃には，新司法試験の合格者数を年間3000人程度を目指すこと，(3)おおむね2018年頃には，実働法曹人口は，5万人規模に達することが見込まれるとした。法科大学院修了者の7割から8割が，司法試験に合格すると見込み法科大学院制度と新たな司法試験が始まった。司法試験合格者数等の推移は，【図表3-10】のとおりである。

　合格率は，2006年度は47.2％であったものの，一貫して減り続け，2012年度にはわずかに上昇している。なお，同年度の司法試験予備試験合格者の司法試験合格率は，68％となっている。合格者数は，年間2000人程度である（2011年までは，旧司法試験合格者とその合計）。前記，司法制度改革審議会の3000人という目標とはかけはなれている。そもそも年間，3000人の目標は，どのような根拠で設定されているのかは，前述のように明らかではない。弁護士数の「適正数」を設定するに当たり，対人口比は，1つの資料になるとしても，司法制度，弁護士隣接の法専門職の職域がその国により一様ではないため，決定的な資料となるわけではない。

　2007年頃より，各弁護士会から年間3000人の目標の見直しを求める意見書が提出され，日弁連も同趣旨で，「法曹人口問題に関する緊急提言」(2008年7月)，「法曹人口問題のあり方に関する緊急提言」(2009年3月)，「法曹人口政策に関する緊急提言」(2011年3月) を公表した。法曹人口抑制論の根拠とされた大きな柱は2つである。1つは，法科大学院における教育が成績評価，修了認定などで不十分なこと，司法研修所での二回試験に合格できないものが増えていること，そして，いわゆる「即独」や「軒弁」の弁護士が増えて必要なOJT

▼【図表3‐10】 法科大学院入学定員，司法試験合格者数等指標となるデータ

単位：校，人，%

区分		16年度	17年度	18年度	19年度	20年度	21年度	22年度	23年度
法科大学院関係	法科大学院数	68	74	74	74	74	74	74	74
	入学定員	5,590	5,825	5,825	5,825	5,795	5,765	4,909	4,571
	募集人員 ①	5,590	5,825	5,815	5,815	5,785	5,755	4,904	4,521
	入学志願者数 ②	72,800	41,756	40,341	45,207	39,555	29,714	24,014	22,927
	志願倍率（②/①）	13.0	7.2	6.9	7.8	6.8	5.2	4.9	5.1
	受験者数 ③	40,810	30,310	29,592	31,080	31,181	25,857	21,319	20,509
	合格者数 ④	9,171	9,681	10,006	9,877	9,564	9,186	7,765	7,105
	競争倍率（③/④）	4.5	3.1	3.0	3.2	3.3	2.8	2.8	2.9
	入学者数 ⑤	5,767	5,544	5,784	5,713	5,397	4,844	4,122	3,620
	既修者コース入学者数	2,350	2,063	2,179	2,169	2,066	2,021	1,923	1,915
	未修者コース入学者数	3,417	3,481	3,605	3,544	3,331	2,823	2,199	1,705
	社会人入学者数 ⑥	2,792	2,091	1,925	1,834	1,609	1,298	993	764
	社会人入学者の割合（⑥/⑤）	48.4	37.7	33.3	32.1	29.8	26.8	24.1	21.1
	修了者数	-	2,176	4,418	4,910	4,994	4,792	4,535	-
司法試験関係	司法試験受験者数	-	-	2,091	4,607	6,261	7,392	8,163	8,765
	うち既修者	-	-	2,091	2,641	3,002	3,274	3,355	3,337
	うち未修者	-	-	-	1,966	3,259	4,118	4,808	5,428
	受け控え者数（既・未合計）（注1）	-	-	85	714	933	982	1,060	1,006
	受け控え率	-	-	3.9	16.2	19.0	19.7	22.1	22.2
	新司法試験合格者	-	-	1,009	1,851	2,065	2,043	2,074	2,063
	うち既修者	-	-	1,009	1,215	1,331	1,266	1,242	1,182
	うち未修者	-	-	-	636	734	777	832	881
	新司法試験合格率	-	-	48.3	40.2	33.0	27.6	25.4	23.5
	うち既修者	-	-	48.3	46.0	44.3	38.7	37.0	35.4
	うち未修者	-	-	-	32.3	22.5	18.9	17.3	16.2
	資格喪失者数（既・未合計）（注2）	-	658	2,230	809	522	30	3	-

〔注〕 1　法務省，文部科学省資料に基づき，当省が作成した。
　　　2　「受け控え者数」は，法科大学院を修了した者のうち，直近の司法試験を受験しなかった者をいう。
　　　3　「資格喪失者数」は，平成23年11月時点で，修了年度ごとの資格喪失者数を累積した数値であり，また，3回不合格となった者だけでなく，合格しないまま5年を経過した者も含んでいる。
　　　4　「法科大学院関係」は，入学年度，「司法試験関係」のうち「資格喪失者数」以外は，試験の実施年，「資格喪失者数」は，修了年度である。

を行えないこと，2つには，訴訟件数の推移や，組織内弁護士の雇用状況の調査結果から，それらが当初の予想よりも増加していないことである。

2011年の日弁連の提言では，2002年の閣議決定における「平成22年時の司法試験合格者数を3000人程度とすることを目指す」という部分をすでに妥当性を欠き増員ペースをこれまでよりも抑えることを提言している。

弁護士人口抑制論の1つの根拠である「質の低下」に関しては，「即独」や「軒弁」が，多く出ており先輩弁護士からのOJT的な訓練ができないことで，質の低下があるのではないかということである。即独の弁護士とは，修習生が弁護士として即時独立する者である。即独弁護士は，おおよその数で，現行61期15人，新61期23人，現62期10人，新62期51人，新63期43人，現64期18人，新64期55人の計221人いると推測され，業務開始の形が即独が一般的ではなかった地域で増えている。軒弁には，弁護士の事務所の先輩弁護士と共同受任する者，固定給を支給されず歩合による者，法律事務所に文字通り籍だけ置くものなどがあり，数的把握は困難である。これらの弁護士には，弁護士事務所に就職できないという理由のほか，積極的にそのような形をとる者もいると考えられる。日弁連は，即独弁護士や軒弁弁護士の孤立化を防ぐためにまた会員の一体性を保つことも含めて，弁護士に対するチューター制度，指導委託制度の実施の要請を各弁護士会に行っている。

即独や軒弁が弁護士集中地域と過疎地域で共通してみられるかは調査されるべきである。司法研修所での試験の合格率低下については，米国においては法学以外の専門的背景を持った学生がロースクールでの3年間の学習で7割から8割が試験に合格して，弁護士として業務を行っていることを見れば，法科大学院と司法研修所での教育が，知識偏重ではないかという見方ができる。医師と同じく弁護士が専門知識だけではなく，「クライアントの話を聞く」，「多面的な視点を取ることができる」など人間的能力が重要であるとすれば，知識以外のスキルの教育・評価に多くの比重を置くことが肝要である。

次に，弁護士に対する需要が予想されたよりも増加せず，訴訟件数も増えていなという根拠に対しては，最近の研究では先述のように，弁護士の増員と訴訟事件代理率は，相関しているという指摘がある。そうであるとしても，従来型の弁護士増，つまりジェネラリスト的な弁護士が，訴訟代理を中心としてプ

ロボノその他の業務を行っているというモデルに定置すれば，現在の弁腰人口の増加は多すぎるという判断がありうる。しかし，弁護士をこれまでの敷居の高いもの，弁護士に頼むと高額な料金が必要ではないか，という一般の人々の意識を払拭するまで，そしてその結果，「法の支配」を浸透させるというまでは，増加する必要があるという見解には正当性がある。

3 ── 弁護士をめぐる新たな動き　プロフェッションのゆらぎ

1　大規模法律事務所

　グローバリゼーションは，社会のあらゆる領域に浸透してきている。弁護士の世界においても例外ではない。前述したようにこれまでの日本の弁護士は，小規模経営の事業者で，業務内容はジェネラリストとして多岐にわたっていた。しかし今日では，企業の合併買収，契約締結をはじめとして外国との渉外案件を取り扱う【図表3‐11】のような巨大な弁護士事務所が登場している。2012年現在，弁護士100人以上事務所は8つありその弁護士人数は合計1998人であり，弁護士事務所全体の中では，1％に満たないから現状では極めて例外的である。しかし，東京の3つの弁護士会の正会員数，東京弁護士会6681人，第一東京弁護士会4102人，第二東京弁護士会4293人の合計である1万5076人と比較すると所属弁護士数では，約13％，第1東京弁護士会と第2東京弁護士会の数と比較すると約半分，東京弁護士会との比較では，3割の人数となっている。なお，弁護士人口3万2088人との比較では，6％であり，福岡高裁管内の8つの弁護士会（九州弁護士連合会）の弁護士人数，約2000人に匹敵する。

　大規模事務所のロケーションは，その業務内容と密接に関係する。東京で一般的な弁護士事務所が多く立地する地域は，新橋，銀座周辺であってこの地域は，東京地方裁判所に近く訴訟代理で出廷するには利便性がある。他方，大規模事務所が多く立地するのは，六本木，赤坂，丸の内地域であり，これらの地域には，大きなスペースを確保できる高層ビルがあることに加えて，外国企業が集まり，在日の公館や商工会議所も多く，国外からの旅行者に便利なホテルが多い。また，これらの事務所は国内に複数の従たる事務所，また海外においても事務所を有する場合が多い。

▼【図表3-11】 大規模事務所（上位10事務所）　　　　　　　　　　　　　(2012年3月31日現在)

1	西村あさひ法律事務所	東京都	465人
2	長島・大野・常松法律事務所	東京都	334人
3	アンダーソン・毛利・友常法律事務所	東京都	316人
4	森・濱田松本法律事務所	東京都	304人
5	TMI総合法律事務所	東京都	242人
6	東京青山・青木・狛法律事務所ベーカー・アンド・マッケンジー外国法事務弁護士事務所外国法共同事業	東京都	122人
7	シティユーワ法律事務所	東京都	114人
8	弁護士法人大江橋法律事務所	大阪府	101人
9	弁護士法人アディーレ法律事務所	東京都	88人
10	渥美坂井法律事務所・外国法共同事業	東京都	81人

〔注〕　1　上記法人のうち、弁護士法人については主たる事務所の名称及び所在地で記載している。
　　　2　弁護士法人の主たる事務所、従たる事務所及びそれらの共同事務所をまとめて1事務所としてカウントしている。

　大規模弁護士事務所は、当初より大規模事務所として出発したのではなく、いくつかの事務所もしくはその一部が統合・集散して大規模事務所へと至ったものである。統合が進行したのは、2000年以降である。最大手の西村あさひ法律事務所は、西村小松法律事務所から西村利郎弁護士らが分かれ、西村眞田法律事務所となり、2004年にときわ総合法律事務所と経営統合し、さらに、これとあさひ法律事務所の国際部門が2007年に統合したものである。あさひ法律事務所は、桝田江尻法律事務所と東京八重洲法律事務所が合併して旧あさひ法律事務所となり、その後、小松・狛・西川法律事務所と合併した、あさひ・狛法律事務所になった後、狛弁護士が離脱しあさひ法律事務所となったものである。この間、西村あさひ法律事務所は、1990年に知的財産部門をTMI総合法律事務所として分離し、2000年には寺本合同法律事務所を吸収している。

　事務所には、弁護士の執務室の他に、会議室、図書館を備え、スタッフとして外国法事務弁護士、弁護士秘書、パラリーガル、タイピスト、さらに税理士、弁理士、司法書士などを擁することもある。西村あさひ法律事務所は、弁護士数約500人、その他のスタッフ約500人であり、計1000人を超える。

　大規模事務所の依頼者は、上場企業・外資系企業であり、個人はほとんどいない。業務の主たるものは、金融、企業買収、知的財産、事業再生、税務など

でありそれぞれに専門化した弁護士がいる。多くの弁護士が，1つの事務所に所属しているので利益相反チェックは，厳格に行われなければならない。弁護士には，パートナー（経営者弁護士）とアソシエート（勤務弁護士）に分かれ，前者は経営に責任を持つ。パートナーには，出資を義務付けるところもある。これら以外に，顧問，客員的ポジションの弁護士であるカウンセル，オブカウンセル，スペシャルカウンセルなどの名称の弁護士が所属する。大規模弁護士事務所に所属する弁護士には，外国，特に米国，またそのうちでニューヨーク州弁護士の資格を持つものが多い。

　以上のような例外的ともいえる弁護士事務所は，今後増加するのであろうか。また，東京以外にもこのような事務所が，発展するのであろうか。経済のグローバル化という要因から言えば，進展はありうる。ただ，世界の大規模弁護士事務所は，1000人以上の弁護士を擁する法律事務所が多くあり，すでにこれらが，世界中に広まっているところに日本の大規模事務所が進出するには，相当な困難が予想される。なお，世界の巨大法律事務所は，ほとんど米国の法律事務所である。また，巨大事務所の弁護士とこれまでの弁護士との間の弁護士としてのアイデンティティは，確保されるのであろうか。公益活動や弁護士会会務などでは，問題が生じるであろうことが予想される。

2　組織内弁護士

　組織内弁護士とは，企業の従業員，使用人，役員として職務を遂行している弁護士および国家公務員，地方公務員で任期付で採用されている弁護士である。これらは弁護士法の旧第30条第1項第2項を改正し，常勤公務員との兼業禁止および兼職中の弁護士業務の禁止を撤廃したことにより可能となった。任期付公務員および企業内弁護士の数は，【図表3‐12】のように増加している。

　企業内弁護士は，2005年の122人から2012年の771人へと飛躍的に増加しているが，地域で見れば，東京の3つの弁護士会で659人，これに大阪弁護士会の47人を加えた706人であり，約92％を占める。業種別では，①証券・商品先物取引業・その他金融業等18.3％，②銀行・保険業15％，③情報・通信業15％，④機械・電気・精密機器メーカー13.6％，⑤卸売・小売業12.7％，その他となっている。企業内弁護士が増加する傾向の背景には，企業法務の高度化，コ

▼【図表3‑12】 組織内弁護士数の推移

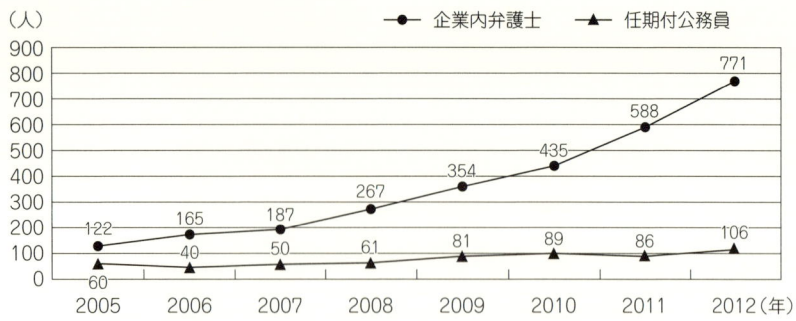

(人) ●─ 企業内弁護士　▲─ 任期付公務員

年	企業内弁護士	任期付公務員
2005	122	60
2006	165	40
2007	187	50
2008	267	61
2009	354	81
2010	435	89
2011	588	86
2012	771	106

〔注〕 1 企業内弁護士数は，日弁連データをもとにJILA（日本組織内弁護士協会）調べによるもの。各年の調査年月については，次頁「弁護士会別企業内弁護士数の経年変化」の表参照。
　　 2 任期付公務員数は，日弁連調べによるもので，調査年月について以下のとおり。
　　　2004年8月，2005年5月，2006年12月，2007年～2012年は6月現在。

ンプライアンス，トラブル予防と対応業務の増加がある。従来より，企業の法務部その他の部署の弁護士資格を有しない者が，これらの業務を担当しておりその専門性・能力は，一定の分野では高かった。また先端的な案件や訴訟関係の業務顧問弁護士や社外弁護士が，担ってきたが，弁護士が企業内に入るようになってきた。日弁連は，2009年に，「企業内弁護士の採用に関するアンケート」を行った。5215社中1196社（回収率22.93％）におけるデータのいくつかを図表に示す。回答は，弁護士がいると答えた企業【図表3‑13, 14】と弁護士がいないと答えた企業に分かれる。

　弁護士が公務員となることができるようになったのは，「一般職の任期付職員の採用及び給与の特例に関する法律」(2000年) と「地方公共団体の一般職の任期付職員の採用に関する法律」(2002年) による。前者第3条は，「任命権者は，高度の専門的な知識経験又は優れた識見を有する者をその者が有する当該高度の専門的な知識経験又は優れた識見を一定の期間活用して遂行することが特に必要とされる業務に従事させる場合には，人事院の承認を得て，選考により，任期を定めて職員を採用することができる。」とする。給与については，通常の俸給表よりも高額な俸給表が適用される。弁護士登録を行ったまま任期付公務員になる場合には，各弁護士会を通じて日弁連に公務就職の届け出をなさなければならない。弁護士登録を行ったまま公務員となっても国家公務員と

3章 現代社会の弁護士

▼【図表3-13】 弁護士が所属する部署【複数回答可】

【回答数 47】

a	法務部・課	37	78.7%
b	知的財産部・課	0	0.0%
c	コンプライアンス部・課	6	12.8%
d	総務部・課	1	2.1%
e	秘書部・課	1	2.1%
f	部署は限定していない	3	6.4%
g	その他※	7	14.9%

※ その他の具体的記載
・監査役(2)
・内部統制部
・商品企画部門
・代表取締役
・ゼネラル・カウンセル(独立アドバイザ(社内))

▼【図表3-14】 弁護士の担当業務【複数回答可】

【回答数 47】

a	訴訟代理人	14	29.8%
b	訴訟の管理	32	68.1%
c	契約審査および管理	39	83.0%
d	取引先・相手方との交渉	26	55.3%
e	株主総会対策	15	31.9%
f	知的財産戦略および管理	6	12.8%
g	労働問題対策	18	38.3%
h	ガバナンス全般	13	27.7%
i	コンプライアンス全般	25	53.2%
j	独禁法・規制法対策	18	38.3%
k	監督官庁対応	6	12.8%
l	内部通報対応	6	12.8%
m	取締役会・経営会議などの運営	3	6.4%
n	M&A	14	29.8%
o	商業登記	3	6.4%
p	本社法務部門(顧問弁護士対応含む)の統括	14	29.8%
q	子会社・関連会社の法務部門(顧問弁護士対応を含む)の統括	10	21.3%
r	その他	3	6.4%

しての兼職禁止,職務専念義務があるので弁護士業務を行えるわけではない。任期付公務員が,離職後民間に戻る場合には,国家公務員法により一定の制限がある。

　2005年からの,任期付公務員である弁護士の数は,年度により上下がある

が，2012年では，106人である。国家公務員では89人でそのうち，金融庁22人，公正取引委員会12人，消費者庁12人，国税庁11人，その他であり，地方公務員では17名でそのうち，兵庫県明石市が4名，その他の地方公共団体で各1名である。

　組織内弁護士は，その職務の独立性につき一般の弁護士とは異なり，その点で危惧が残るという指摘がある。弁護士職務基本規程第51条は，「組織内弁護士は，その担当する職務に関し，その組織に属する者が業務上法令に違反する行為を行い，又は行おうとしていることを知ったときは，その者，自らが所属する部署の長又はその組織の長，取締役会若しくは理事会その他上級機関に対する説明又は勧告その他その組織における適切な措置を取らなければならない。」としている。この規定は，職務の独立性を確保する機能とともにこれを厳格に運用すると懲戒の可能性が大きくなるという指摘があった。これについては，たとえば，担当外のことについてたまたま知った場合においては，その義務を負うものではないという解釈がありうる。

　組織内弁護士には，弁護士会の会務，法律相談，国選弁護等の公益活動の点で，弁護士会がこれらを義務化すること自体への疑問がある。また，「組織内弁護士が企業の中にいて違法行為や倫理に反する行為を行わないように監視することと違法行為がなされた場合において被害者を代理して企業の責任を追及する弁護士も公益に資しているということには間違いない。」(インハウスローヤー座談会第3回インハウスローヤーと公益義務化問題：日本組織内弁護士協会HP)との見解がある。これによれば弁護士の活動を行う者とそうではない者に分けること自体が，おかしいということになる。弁護士法第1条における弁護士の自己規定である「社会正義の実現」のうちに公益活動が含まれるとすれば，公益活動を自己の依頼者の利益の極大化において実現されるという問題を生じる。インハウスローヤーと従来の弁護士との間の「公益」の理解については，すくなくとも形の上では，乖離がありうるといってよい。

　組織内（企業内）弁護士に対する社会的需要が，今後大幅に増大するかという点では，日弁連のアンケート結果によれば，そうであるとはいえない。「弁護士を採用するつもりはない」という回答が多く，その理由としては，多い順に①顧問弁護士で対応は十分である（73.5%），②法務部等で十分である（13.6

%),③報酬問題（11.5％），であった。ドイツの場合，企業や行政庁で働く弁護士有資格法曹（Volljurist）の数は，日本と比べて極めて多く，弁護士資格が，ある意味で何か特別なものとは，受け取られてはいない。弁護士人口の違いもあるが，日本において弁護士人口が，徐々にではあるが増加し，かつ組織内弁護士の需要増加が見込められないとすれば，ますます弁護士増加への抑止的な力が働くことが予想される。

3　外国法事務弁護士・外国法共同事業

「国際化」という言葉に替って最近よく聞かれるようになったのは，「グローバリゼーション」である。人の移動，商品流通をはじめとして国境を超える動きは古くから存在していた。国際とは，字義どおりには，国と国との間である。それが諸国および諸国民に関係あることを意味することにもなった。第二次大戦後には，国家や国民以外にも政治や経済においては，様々なアクターが現れそれらが，大きな意味を持つようになった。1948年には「世界人権宣言」が，国連において採択された。今日におけるグローバリゼーションは，政治経済に限らず社会のあらゆる領域において浸透し，もはやこれらの相互作用で世界全体が存立している状況を示している。科学技術とりわけ電子技術の発達が，これらの条件的基礎である。そしてこのことから生じる問題もまた大きい。その地域の固有の文化が軽視され，多様性が失われつつあることは，世界の各地でみられる。法の世界では，国際事案を直接扱うのは，国際（公）法や国際司法がある。弁護士の世界では，メガ法律事務所が世界の主要都市で事務所を設置している【図表3‐15】。

　1970年代，高度成長の時期に，鉄鋼・テレビ・自動車の輸出が急激に伸びて米国の赤字が拡大した。1980年代には，半導体摩擦が大きくなる。自動車産業は現地生産を拡大して，貿易摩擦を緩和を行うことを余儀なくされた。1982年，日米貿易小委員会が，経済摩擦緩和策の1つとして，外国弁護士の受け入れ問題を取り上げ，日弁連は，これに対して対策委員会を設置して検討を加え，法務省との協議を行い，後，立法がなされ1986年「外国弁護士による法律事務の取り扱いに関する特別措置法」（以下「外弁法」という）が成立し，1987年に施行された。本法によれば，①日本の弁護士について原資格国において，

▼【図表3-15】 世界のロー・ファームと日本進出

(共同事業については2012年4月1日現在)

事務所名(所在地)	弁護士数(人)	事務所所在国数(国)	本拠地域外の弁護士の割合	利益ランク(位)
Baker & Mckenzie Verein	3,805	41	83%	1
DLA Piper Verein	3,348	29	65%	3
Jones Day National (U. S.)	2,502	16	28%	11
Clifford Chance International (U. K.)	2,466	23	70%	5
Hogan Lovells Verein	2,363	17	63%	9
Linklaters International (U. K.)	2,134	19	63%	6
Allen & Overy International (U. K.)	2,112	25	64%	8
Freshfields Bruckhaus Daringer International (U. K.)	2,034	15	69%	7
Latham & Watkins National (U. S.)	1,931	12	30%	4
Skadden, Arps, Slate, Meagher & Flom National (U. S.)	1,859	13	16%	2
White & Case International (U. S.)	1,814	24	65%	13
K&L Gates National (U. S.)	1,763	11	16%	20

〔注〕 1 上記一覧表における数値およびランクは，"The Global 100", The American Lawyer (Octobar 2011) によるものである。
2 上記のロー・ファームは，世界のトップ100（売上利益順）のロー・ファームのうち，日弁連に共同事業の届出がなされている事務所名称と同一と考えられるロー・ファームについてまとめたものである。

外弁法による取扱いと実質的に同等な取扱いがなされていること［相互主義］。②外国法事務弁護士は，日弁連の名簿に登録し，その懲戒権に服すること。③外国法事務弁護士は，原資格国法に関する法律事務および指定法に関する法律事務のみを取り扱うことができること。④外国法事務弁護士が，弁護士を雇用することはできず，弁護士と法律事務を行うことを目的とする共同事業を行うことを禁止すること［雇用および共同事業の禁止］。⑤承認基準として5年以上の外国弁護士の経験を有すること。⑥外弁法弁護士事務所の名称として外弁護士所属の名称の使用の禁止。以上となっている。これは外国法事務弁護士の活動を規制するものであった。その後も米国・ヨーロッパからのより一層の開放，規制の緩和の要求があり，いくつかの法改正が行われている。

1994年の改正法は，①日本が相互主義を適用しないことを条約他の国際約束

において約束した国に対する相互主義の不適用［相互主義の緩和］。②外国法事務弁護士の承認基準の5年は維持するが，日本において弁護士または外国法弁護士に雇用されて原資格国法に関する知識に基づいて労務を提供した期間については，2年を限度として職務経験に算入できること。③原資格国において所属するローファームの名称を外国法事務弁護士の名称として使用でき，その場合外国法事務弁護士事務所と称しなければならないこと。そしてこの改正の中で最も大きなものは，④特定共同事業を認めたことである。特定共同事業は，弁護士の職務経験が5年以上である弁護士とする場合に限り許される。ただし，訴訟業務およびこれに準ずる法律事務，日本法のみが適用される法律事件についての法律事務でその取扱いについて外国法に関する知識を必要としないものについては，原則として共同事業の目的とすることができない。以降，1996年には，外国弁護士および外国法事務弁護士による国際仲裁手続代理が認められ，1998年には特定共同事業の目的として渉外的要素を有する法律事務につき，その目的とすることが認められた。2001年の司法制度改革審議会の意見書の提言を前提として，2003年法改正がなされ，現行弁護士法となっている。

　この改正では，①日本の弁護士と外国法事務弁護士が共同事業を行うことが可能となり，収益分配も可能となった。すなわち，旧外弁法は，外国法事務弁法弁護士が，5年以上の職務経験のある日本の弁護士を相手方とする場合に限り，組合契約その他の契約で一定の法律事務を行うことを許していた。2003年の改正外弁法は，外国法事務法弁護士が，外国法共同事業を営もうとするときには，日弁連に届け出ることを義務付けて許すこととなった。収益分配できるようになった［外国法共同事業］。②また，外国法事務弁護士が日本の弁護士を雇用することも可能となった。ただし，特定の法律事務（権限外法律事務）の取扱いについて外国法事務弁護士が，その雇用する弁護士または外国法事務弁護士に対して雇用関係に基づく業務上の命令をしてはならないとし，同じく，その雇用する弁護士または外国法事務弁護士が自ら行う法律事務であって当該使用者である外国法事務弁護士の権限外「法律事務にあたるものの取扱いについて，不当な関与をしてはならないとし，外国法事務弁護士の逸脱行為を防止している。

　外国法事務弁護士となるための資格承認の基準は，①外国において日本の弁

護士に相当する職務とする者（外国弁護士）となる資格を有すること。なお，米国，オーストリア，カナダでは，その州の構成単位が1つの外国として扱われる。②外国弁護士となる資格を取得した後，3年以上の職務経験を有していること。これは，資格取得国以外の外国であってもよく，日本での経験は，日本の弁護士，弁護士法人または外国法事務弁護士に雇用されて，これらに対し資格取得国の法に関する知識に基づいて労務提を供した場合，1年を限度として参入することが認められる。さらに，③承認を受けるために，日本の弁護士となる資格を有する者に対し申請者の資格取得国において，外弁法による取扱いと実質的に同等な取扱いが行われている，という相互主義が定められるが，この取扱いが行われていない場合においては，それを理由として，申請者に外国法事務弁護士となる資格を承認しないことが条約その他の国際的約束の誠実な履行を妨げることとなる場合には承認されない。

　外国法事務弁護士は，原資格国の法律と一定条件の下で日本以外の第三国の法律（指定法等）事務を行うことを業務とし，渉外的要素を有する法律事務については，日本の弁護士と共同して事業を行うことができる。後者の場合，承認の前提となる外国以外の特定の外国法に関する法律事務に関する法律事務を取り扱うには，一定の条件で特定外国法の指定を法務大臣により受け，日弁連の名簿に付記される。事務所の見やすいところの原資格国および指定法を表示する標識を掲示しなければならない。さらに，1年に180日以上日本に在留しなければならない。

　外国法事務弁護士の数は，増加しており，2012年現在，357人であり，そのうち東京の3つの弁護士会で333人（93％）を占める。また，外国法共同事業は，2012年現在40あり，外国法共同事業を営む弁護士人数は215人，外国法共同事業を営む外国法事務弁護士の人数は94人，外国共同事業にかかる弁護士または外国法事務弁護士が雇用する弁護士の人数は513人，外国法共同事業に係る弁護士または外国法事務弁護士が雇用する外国法弁護士数は60人である。

　外国法事務弁護士による弁護士等の雇用状況は，【図表3-16】のとおりである。

▼【図表3-16】 外国法事務弁護士の届出状況
(2012年4月1日現在)

事務所No	事務所全体人数(人)	雇用者数(人)		被雇用弁護士数(人)		被雇用外弁護士数(人)	
		総数	内女性数	総数	内女性数	総数	内女性数
1	5	1	0	3	1	1	0
2	13	1	0	3	0	2	0
3	5	3	0	1	1	2	0
4	15	1	0	13	6	0	0
5	45	1	0	0	0	5	3
6	4	1	0	1	0	0	0
7	3	1	0	2	1	0	0
8	4	1	0	1	0	0	0
9	4	2	0	0	0	2	1
10	15	1	0	0	0	9	1
11	4	1	0	1	1	0	0
12	20	4	0	0	0	14	1
13	35	1	0	40	16	3	1
14	28	2	0	24	7	3	0
15	4	1	0	1	0	0	0
16	1	1	0	0	0	4	1
17	5	1	0	1	0	0	0

〔注〕 1 本表について，事務所の全体人数と内訳数が一致しない事務所が存在するのは，届出がなされていない場合や，外国法共同事業を営んでいて同事務所の外国法事務弁護士に雇用されていない弁護士がいる場合などがあるためである。
2 登録取消をしている者，事務所を変更していることが明らかな者については，雇用終了届出が出ていない場合であっても，雇用が終了した者とみなして集計した。

4 弁護士と隣接法律専門職

弁護士と並び法律専門職には，いくつか存在するがここではそれらのいくつかを取り上げ今後，弁護士とそれらの専門職がどのようになってゆくのか，あるいはどのような関係になるのかを考えてみたい。

「司法書士」は，登記および供託を主な業務とする。2012年現在で2万670人いる。この10年間では，約16％増加している。司法書士の資格を取得するためには，合格率約3％の試験に合格するほか，裁判所書記官・事務官，検察事務官を通算10年以上職務とした者，およびこれと同等以上の法律知識を有する者

を法務大臣が資格を認める，いわゆる「特認」があり，これが20％から30％いる。司法制度改革において，法改正により，簡易裁判所において，価額が140万円を超えない請求事件において訴訟代理を行うことができる「認定司法書士」が認められ，司法書士の約7割が認定されている。司法書士に対する懲戒権は，法務局または地方法務局の長が有しており，①戒告，②2年以上の業務の全部，または一部の停止，③業務禁止の3種類である。

「弁理士」は，特許，実用新案，意匠または，国際特許もしくは国際登録出願に関する特許庁における手続および実用新案，意匠または商標に関する異議申立てまたは裁定に関する経済産業大臣に対する手続についての代理ならびにこれらの事項に関する鑑定その他の事務を行う。2011年現在，8684人いる。資格のための試験の合格率は，約9％である。知的財産権という専門性の高い分野では，弁護士が代理人になる場合でも，従来より補佐人となることができたが，2002年法律改正によって特許，実用新案，意匠，商標もしくは回路配置に関する権利の侵害または，特定不正競争による利益の侵害に関する訴訟について，そのための研修を受け，試験に合格した弁理士，「付記弁理士」に対して，弁護士と共同受任，共同出廷を原則として訴訟代理人になることが認められた。このための試験の合格率は，約60％である。2011年の付記弁理士は，2563人である。

他に，税理士7万2039人，公認会計士2万1325人，行政書士4万1584人，社会保険労務士3万5801人，土地家屋調査士1万7487人という法律にかかわる専門職がある。認定司法書士，付記弁理士のほかに，土地家屋調査士と社会保険労務士はADRにおける代理権が与えられている。

司法書士は，かつて，「準法律家」，「下級法律家」とされたことがあった。2010年6月には，日本司法書士会連合会定時総会において全国司法書士会への意見照会に基づいた「司法書士法改正大綱（案）」が発表された。これによれば，現行の目的規定を廃止し，たとえば，「司法書士は，登記，供託及び訴訟などに関する法律事務の専門家として国民の権利の用語と公正な社会の実現を図ることを使命とする」という「使命規定」を新設し，司法書士の名称を「法務士」または「司法士」とすること。また業務の変化・新設では，「法律関係書類を作成すること」，簡裁訴訟代理権を「簡裁が権限を有するすべての民事

事件につき代理すること」と改めること，現行相談業務の規定を「業務範囲内の事案について相談に応じること」他，11項目を挙げる。懲戒権では，業務禁止については，法務大臣を処分権者とするものの，退会処分，業務停止，戒告については司法書士会会長を処分権者とすること，懲戒処分に関係する事由があった時から一定期間経過した場合には，懲戒手続を開始することができない旨の除斥期間を設定すること，また，非司法書士が，報酬を得る目的で司法書士の業務について周旋することを禁止する。これらは，弁護士法の相応する規定を念頭に，加えて業務の拡大と内部規律を高めることによって法律専門職内における司法書士の地位の向上を図るものである。改正案の理由づけの根拠は，司法書士を「国民の身近な暮らしの中の専門家」であるとする自己規定であり，ゼロワン地域問題がほぼ解消されても，全国の市町村単位での弁護士のカバー率が，司法書士のそれには遠く及ばないこと，簡裁代理権が与えられた後の本人訴訟率の減少や簡裁民事通常訴訟件数の増加である。

「国民に身近な法律家」，「街の法律家」，「ホームドクター的な法律家」というスローガンは，今日，司法書士ばかりではなく，弁護士においても，また一部のロースクールにおいてもみられる。弁護士人口が拡大しこれまでのジェネラリスト的な弁護士像が崩れて，階層分化が一層進行し，司法書士の職域拡大が前記の改正大綱（案）の方向で行われるとすれば，弁護士と司法書士の間での業務の奪い合いが始まる可能性がある。なお，法教育の分野においても，司法書士が意欲的に取り組んできたが，弁護士においてもこれを自らの責務的な業務と観念されるようになってきているといってよい。他方，ワンストップサービスで弁護士と司法書士その他の法律専門職が協調することもできる。弁護士と司法書士他の法律専門職の職域については，法律専門職内での「業界の論理・利害」ではなく，「啓蒙」を排した，利用者の視点のくみ上げと利用者の側の主体的な要求提示が求められている。

【引用・参照文献】

浅香吉幹（1999）『現代アメリカの司法』東京大学出版会
芦原一郎（2008）『社内弁護士という選択　インハウスカウンセルの実際の仕事を描いた15講』商事法務
インハウスローヤーズネットワーク編（2004）『インハウスローヤーの時代』日本評論社

大木雅夫（1992）『異文化の法律家』有信堂
加島光・齊田紀子・吉岡祥子（2013）「即独・ノキ弁の現状と支援のあり方」自由と正義64巻2号
小島武司ほか編（2004）『法曹倫理』有斐閣
下條正浩（2003）「日本の外国弁護士受け入れ制度の変遷」自由と正義54巻12号
第二東京弁護士会（2007）NIBEN Frontier 1月号
田仲美穂（2012）「震災法律相談体験記」自由と正義63巻9号
中網栄美子（2007）「米国ロー・スクールの就職事情について」日弁連法曹養成対策室報 No. 2
永井幸寿（2012a）「東日本大震災での弁護士会の被災者支援活動」NBL 974号，商事法務
── （2012b）「東日本大震災における弁護士会の活動」自由と正義63巻5号
中谷聡（2011）「仙台弁護士会の震災復興支援活動」自由と正義62巻11号
日本司法書士会連合会（2010）月報司法書士465号
日本弁護士連合会（2005）「解説弁護士職務基本規程」自由と正義56巻 臨時増刊号
── （2011）「弁護士業務の経済的基盤に関する実態調査報告書 2010年」自由と正義62巻 臨時増刊号
──編（2010）（2011）（2012）『弁護士白書』
──弁護士業務改革委員会編（2009）『企業内弁護士』商事法務
──訳（2008）『完全対訳 ABA 法律家職務模範規則』第一法規
──倫理委員会編著（2012）『解説 弁護士職務基本規程〔第2版〕』
日本法社会学会編（2012）「法曹の新しい領域と法社会学」法社会学76号
馬場健一（2011）「弁護士増は，訴訟増をもたらすか」法社会学74号
樋口陽一（2000）「"コオル（Corps）としての司法"と立憲主義」法社会学53号，再録『憲法 近代知の復権へ』東京大学出版会，2002年
フーコー，M.（1986）『性の歴史Ⅰ 知への意志』（渡辺守章訳）新潮社
タマナハ，ブライアン Z.（2013）『アメリカ・ロースクールの凋落』（樋口和彦・大河原眞美共訳）花伝社
道あゆみ（2008）「家事事件における弁護士の倫理的ジレンマ」法社会学68号
Columbia Law School, 2012 An Introduction
日本弁護士連合会 HP.
法テラス HP.
総務省 HP.

【大橋憲広】

★ **TOPIC** 東日本大震災と弁護士

　2011年3月11日に発生した大地震は，地震・津波被害のみならず原子力発電所の破壊による放射能被害，それに原因する未曾有の被害をもたらした。災害復興には，公的な者のみならず，一般の人々からの直接間接の協力が寄せられた。弁護士の災害復興支援の取り組みには，日弁連としての取り組み，各弁護士会もしくはいくつかの弁護士会が協力して行った取り組み，弁護士個人のボランティアとしての取り組みがあった。日弁連では，会長が現地視察し，加えて多くの「声明」，「意見書」，「会長談話」を発表し，また政府に対して提言を行った。これらのうちで最も包括的なのは，「東日本大震災に関する第1次意見書」（2011年4月11日）である。この中で基本的視点として，①コミュニティーの維持・再生・発展，②不合理な債務からの解放，③生業と雇用の場の回復の3点を挙げる。①については，地域の復旧・復興の決定主体としては，被災自治体が被害者回復の意思決定が尊重されるべきことと並び国のリーダーシップと積極的な財政負担が必要であること，特に債務者が被害者に対する債権を放棄した場合に，無税償却できるようにすることに公的金融機関に対する注入や，不良債権の買取などを積極的に行うことの実現，女性，高齢者，障がい者の権利保障のための立法，法の運用を求める。本意見書が出された時点では，原子力発電所災害は，終息の見込みが立たず，風評被害などの影響は広がりが大きくはなかったが，まず，事故について現在およびその後について，大気汚染，原子炉，大気，土壌などについての情報を開示すること，原子力災害に関する無過失責任（原子力損害の賠償に関する法律第3条「原子炉の運転等の際，当該原子炉の運転等により原子力損害を与えたときは，当該原子炉の運転等に係る原子力事業者がその損害を賠償する責めに任ずる。ただし，その損害が異常に巨大な天災地変又は社会的動乱によって生じたものであるときは，この限りでない。」）の但し書きを安易に適用することは許されないこと，また，原発労働者などへの被曝管理の徹底と保障他を挙げる。その後では，東京電力への損害賠償請求が行われるようになった時点では，当初の請求書式が分量も多く，内容も煩瑣で被災者にとって正確な情報が伝わりにくいものであったために地元の新聞に意見広告を出したりした。東京の三弁護士会などは，現地で説明会を行った。日弁連として『原発事故・損害賠償マニュアル』を2011年9月に出版し，理解しやすい形で包括的な情報提供を行っている。さらに，同年，文部科学省，裁判所，法務省の協力で原子力損害賠償に関する法律に基づいて原子力損害賠償審査会のもとで，福島原発事故による原子力賠償紛争に関する和解の仲介を行う「原子力損害賠償紛争解決センター」を発足させた。

　東日本大震災によって最も大きな被害が出た福島県，岩手県，宮城県，茨城県の弁護士人口は，福島県154人，岩手県95人，宮城県376人，茨城県209人，弁護士1人当たりの人口は，岩手県1万6432人，茨城県1万6049人，福島県1万3261人であり，弁護士の数が極めて少ない。これらの地域の弁護士は，震災復興活動を行ったが，そのうちの主要なものは，無料の法律相談であり，これはフリーダイヤルによるもの，弁護士会の法律相談センターによるもの，出張法律相談によるものがある。そのうちの1つとして仙台弁護士会では，2011年3月23日よりフリーダイヤルによる電話相談を開始し，その後

▼【図表3−17】 東日本大震災被災地5県における無料法律相談内容

順位	岩手県	宮城県	福島県	茨城県	千葉県
1	遺言・相続 25.6%	不動産賃貸借（借家）20.8%	原発事故等 55.1%	土地工作物責任・相隣関係 43.5%	不動産所有権（滅失問題を含む）23.3%
2	震災関連法令 24.5%	震災関連法令 15.8%	震災関連法令 8.4%	不動産賃貸借（借家）11.5%	震災関連法令 15.7%
3	住宅・車・船等のローン・リース 11.3%	遺言・相続 12.5%	その他 7.8%	その他 7.9%	土地工作物責任・相隣関係 13.4%
4	その他 7.2%	土地工作物責任・相隣関係 9.1%	不動産賃貸借（借家）7.5%	震災関連法令 6.7%	不動産賃貸借（借家）12.8%
5	保険 6.3%	住宅・車・船等のローン・リース 8%	住宅・車・船等のローン・リース 7%	不動産所有権（滅失問題を含む）6.6%	保険 9.3%

　6か月間に約8500件の電話相談に応じた。2011年のゴールデンウイーク期間中には，100カ所の避難所，庁舎において，県外弁護士会からのべ300人が県内一斉法律相談を行い，この期間の法律相談件数は，966件に達した。他にQ&A形式のパンフレットの作成配布，テレビ・ラジオにNHK，宮城放送に弁護士が出演して情報提供を行った。南三陸，東松島市，山元町，亘理町など，日弁連の法律相談センターのない地域では，法テラスとの協定によって，法テラスの現地出張所を開設した。

　大阪弁護士会の募集に応じて上記の出張相談の4月29日と30日の両日を担当した弁護士の体験によれば，まず，派遣に先立って3日間，のべ8時間の研修と経験交流会を行ってから現地に向かった。研修会では「被災者対策基本法」，「被害者救助法」，「災害弔慰金法」，「被災者再建法」を中心としたものである。これらの法令は，普段弁護士が接することのないものである。さらに，激甚災害の被災者の心理状態と相談に当たる者の留意点に関することが，研修の内容である。大阪弁護士会，腕章，パンフレット，相談票などが派遣弁護士に渡された。費用については旅費と宿泊費は，法テラスの契約弁護士には，支給された。

　法律相談は，後に生じるであろう紛争を法的権利義務の関係で整理し紛争を予防する機能がある。また相談者の声を行政に伝えることができる。通常の法律相談でもそうであるが，相談者の「聞き手」となることによって，一種のケアの働きをすることの意義も大きい。

　無料法律相談のうち，岩手県，宮城県，福島県，茨城県，千葉県については，日弁連によって分析結果が，公表（東日本大震災法律相談情報　分析と結果〈第5次分析〉）されている。これは相談内容を24種類に分類し，1件当たりの相談内容を最大3種類に分類したものである。各県別の相談件数は，岩手県4925件，宮城県1万7736件，福島県1万2294件，茨城県1277件，千葉県515件である。実施時期は，いずれも2011年3月中

旬から5月下旬にかけてである。それぞれの県の被災地域の被害の状況，居住形態，産業の違いから結果には特徴がみられる。震災関連法令や遺言・相続，住宅ローンは，すべての県でみられる。借家関係は，都市部の者が多いと考えられ，福島県では，圧倒的に原発事故関連が多くなっている。

【大橋憲広】

4章　司法制度改革と司法のゆくえ

はじめに　司法制度改革はいま

　2001年6月，司法制度改革審議会最終意見書が出され，その後，一連の法改正が実施されてから，十余年が経過した。「国民に身近で，速くて，頼りがいのある司法」を旗印に，裁判員制度の創設，日本司法支援センター（法テラス）の設置，新しい法曹養成制度と法科大学院の導入，ADR（裁判外紛争処理手続）の拡充など，かつてないほど広範囲に実施された司法制度改革は，徐々に国民生活にも浸透し始め，いま，その成果と課題が明らかになりつつある。

　たとえば，今後高まるであろう司法に対するニーズに応えるため，法曹人口の増大と質の向上を目的として，司法試験制度の改革が行われ法科大学院が創設された。法科大学院の修了生が新司法試験を受験しその約7〜8割が合格することで，2010年頃には年間3000人の法曹を養成し，2015年にはフランス並みの法曹人口5万人体制を目指す計画を立てていた。しかし，実際には74校もの法科大学院が乱立し定員が約5800人となったのに対して，合格者数は2000人程度に留まっている。その結果，司法試験合格率は年々下がって3割を割り込み，数校が学生の募集停止を決めた。また，司法修習生の質の低下が指摘され，苦労して弁護士になっても開業できない者や独立できずに軒先弁護士として働く弁護士が増えている。このため，日本弁護士連合会（以下，「日弁連」という）は，法曹人口増大の見直しを要請し，政府の法曹養成制度検討会議は，2013年6月，司法試験の合格者数を年間3000人程度とする政府計画の撤廃や，法科大学院の定員削減・統廃合を柱とする提言をとりまとめた。

　その一方で，裁判官だけではなく労使双方の審判員が審理に参加して，解雇や賃金などの個別的労使紛争を原則3回以内で解決する労働審判は，迅速で納得感のある解決が得られるとの評価が高く，利用が進んでいる。また，複雑化

する特許権や著作権などの知的財産権を迅速・的確に解決するため日本初の専門裁判所として設置された知財高裁に対しては産業界からも評価する声が挙がっている。

このように評価相半ばする司法制度改革ではあるが，どのような背景のもと何を目指して，どのような経緯で実施されたのだろうか。また，その結果，司法の何が変わり，何が変わらなかったのだろうか。

3・11東日本大震災を原因とする東京電力福島第一原子力発電所事故（福島原発事故）では，被害者救済や東電および政府の法的責任追及のために，裁判やADRに対して大きな役割が期待されるとともに，福島原発事故を食い止めることができなかった司法の責任もまた厳しく問われることになった。

本章では，司法制度改革の目的と経緯，概要，現状と課題を論じるとともに，原発訴訟を素材にしながら，今後の司法制度改革の方向性について探っていきたい。

▶1　司法制度改革審議会の議事要録・議事録，報告書，地方公聴会などの資料は，首相官邸司法制度改革のWebサイト（http://www.kantei.go.jp/jp/sihouseido/index.html）で閲覧できる。

1 ── 司法制度改革10年の光と影

1　原発事故と司法の責任

東日本大震災および福島原発事故の発生から間もない2011年5月2日，憲法記念日を前にした定例記者会見の中で，竹崎博允最高裁長官は，原発訴訟の中で司法が果たしてきた役割について，「あらゆる科学の成果を総合し，原子力安全委員会などの意見に沿った合理的な判断がされているかに焦点を当て，司法審査してきたと理解している」と述べた（『朝日新聞』2011年5月3日付）。

わが国では，1966年7月，日本原電東海発電所が商業用原子炉として運転を開始し，70年代に入って本格的な原発稼動が始まったが，四国電力伊方原発訴訟の提訴（1973年8月松山地裁）を皮切りに，住民らが原発の設置・運転の差止めを求める行政訴訟と民事訴訟を20件近く提起し，50件ほどの判決が出されて

きた。だが，その中で，原告側が勝訴した判決は，もんじゅ訴訟差戻し控訴審判決（行政訴訟，名古屋高裁金沢支部2003〔平成15〕年1月27日判決・判時1818号3頁）と志賀原発2号炉一審判決（民事差止め訴訟，金沢地裁2006〔平成18〕年3月24日判決・判時1930号25頁）の2件だけで，最高裁ではすべて敗訴しているのである。

　原発事故の発生・拡大の原因と責任については，東電，民間，政府，国会の事故調査委員会がそれぞれ報告書を出している。2011年12月，政府は早々に原発事故の収束宣言を出し，翌12年6月には関西電力大飯原発の再稼働に踏み切ったが，福島原発事故の全容解明にはほど遠い状況にある。今後，事業者であり原因者である東電や国策として原発を推進してきた政府の法的責任だけではなく，原子力ムラの一員であった，行政，国会，財界，学会，マスメディアなどの責任が厳しく問われなければならない。

　そして，竹崎長官は早々に責任を回避するような発言をしたが，度重なる住民や専門家による指摘にもかかわらず，政府や電力会社の主張を鵜呑みにし，原発事故発生の危険性を見過ごして原発の安全性にお墨付きを与えてきた司法の責任もけっして否定することはできないだろう。

　それでは，わが国の司法が，ほとんどの訴訟において誤った判断を重ね，原発事故を回避することができなかったのはなぜだろうか。実のところ，この問題は，けっして原発訴訟に固有のものではなく，わが国の司法制度が抱える構造的欠陥に起因しているのである。はたして，現在進行中の司法制度改革はこの問題にどのように対処しようとしているのだろうか。まずは，敗戦直後，60年代の臨時司法制度改革（臨司）▶2に続く，戦後3度目の司法制度改革の概要を見ていきたい。

▶2　裁判官不足による裁判の遅延などが問題になり，1962年5月，主として裁判官の任用制度・給与制度はいかにあるべきかについての緊急かつ必要な施策等を，国会・政府・裁判所・検察庁・弁護士会および学識経験者等によって調査・審議することを目的として，内閣に臨時司法制度調査会が設置された。2年間にわたって調査・審議が行われ，1964年8月に意見書が公表された。意見書は，弁護士会から主張されていた法曹一元制度の採用には否定的な立場をとり，司法官僚制を強化する内容のものだった。その後，意見書の提言に基づき，裁判官と検察官の給与の改善，簡易裁判所の適正配置と事物管轄の拡大，司法試験制度

の改革などの制度改革が実施された。

2 司法制度改革の背景と経緯

3—1で後述するように,1970年代にわが国は司法の危機を迎えるが,80年代に入ると,死刑冤罪事件（免田,財田川,松山,島田の4事件）の再審手続で相次いで無罪判決が出され,陪審制や参審制など国民の司法参加への要求が高まった。また,1987年には,法務大臣の私的諮問機関として法曹基本問題懇話会が設置され,最高裁,法務省および日弁連の法曹三者の間で司法試験改革が議論された。そして,長期的改革として法曹人口の増員が提案され,「司法試験制度改革に関する基本合意」（1990年10月）に基づき司法試験法が改正された。1991年には,法曹養成制度改革協議会が設置されて議論が続けられ,「司法試験制度と法曹養成制度に関する法曹三者基本合意」（1997年10月）によって,司法試験合格者を年間1000名程度にする（将来的には1500名に増員することが検討課題）ことなどが決まった。

しかし,1990年代から本格化した司法制度改革の議論が,それまでの改革と一線を画するのは,司法制度改革が構造改革の「最後のかなめ」として位置づけられていたということである。すなわち,わが国は,1990年代前半のバブル経済崩壊以降,長期にわたる経済低迷期に入り,国際競争力が低下していわゆる「失われた10年」を迎えることになった。加えて,冷戦終結を機に経済のグローバリゼーションが始まり,アメリカからの市場開放要求が強まるなかで,保護主義を排して新自由主義国家をつくろうという動きが高まった。

こうした局面に対処するため,政府は,軍事大国化（1997年新ガイドライン,1999年周辺事態法,2001年テロ対策特措法など）を進める一方で,日本型経営の解体,均衡財政,福祉・公共サービスなどの縮小,公営事業の民営化,経済の対外開放,規制緩和による競争促進,労働者保護廃止などの構造改革に着手した。そして,政治や経済の分野で行政改革や規制緩和が進み,社会のありようが「事前規制型」から「事後チェック型」に変わるなかで,司法が果たす役割の重要性が再認識されるようになったのである。

その嚆矢となったのが,1994年6月に出された経済同友会「現代日本の病理と処方——個人を活かす社会の実現に向けて」であり,「個人にとって身近な

司法」の確立を説き，法曹人口の大幅増員などを提言し，抜本的司法改革に着手するための審議会の設置を求めた。これに呼応して，行政改革委員会規制緩和小委員会は「規制緩和の推進に関する意見書（第1次）――光り輝く国をめざして」の中で，「規制緩和が進み自己責任の原則が徹底する社会では，意見の対立は，行政によってよりも，むしろ司法によって解決されることが原則となる。その意味で，司法は規制緩和後の世界の基本インフラと言える」として，法曹人口や弁護士のあり方を検討課題として掲げた。

1997年12月3日，橋本龍太郎内閣に設置された行政改革会議は，「最終報告」で，「『法の支配』こそ，わが国が，規制緩和を推進し行政の不透明な事前規制を廃して事後監視・救済型社会への転換を図り，国際社会の信頼を得て繁栄を追求していく上でも，欠かすことのできない基盤をなすものである。政府においても，司法の人的および制度的基盤の整備に向けての本格的検討を早急に開始する必要がある。」として，司法制度改革の必要性を指摘すると，経済団体，政党，日弁連[3]などが相次いで司法制度改革のビジョンを打ち出した。

1998年6月，自民党司法制度特別調査会は，政府に司法制度改革のための審議会設置を求める報告「21世紀の司法の確かな指針」を提出し，翌99年6月，「21世紀のわが国社会において司法が果たすべき役割を明らかにし，国民がより利用しやすい司法制度の実現，国民の司法制度への関与，法曹の在り方とその機能の充実強化その他の司法制度の改革と基盤の整備に関し必要な基本的な施策について調査審議」し，その結果に基づき内閣に意見を述べることを目的（司法制度改革審議会設置法2条）として，司法制度改革審議会（以下，「審議会」という）が設置された。

審議会は13名の委員（委員長は佐藤幸治京都大学教授・行政改革委員会委員）で構成されていたが，法曹三者はOBから3人が選ばれただけで，経営者や作家，消費者団体・労働組合の代表など法律家以外が7人と過半数を占めていた。

審議会は，1999年7月から2001年6月にかけて，地方公聴会や海外調査なども実施しながら，60回以上の討議を重ねた。「司法制度改革に向けて―論点整理」（1999年12月21日），「中間報告」（2000年11月20日）を経て，2001年6月12日，「司法制度審議会意見書――21世紀の日本を支える司法制度」（「意見書」）をま

とめ、小泉純一郎首相に提出した。政府は、2001年12月、司法制度改革推進本部を設置し、2002年3月19日、「司法制度改革推進計画」を閣議決定した。その後、顧問会議と11の検討会で議論が進められ、2004年までに計25本の法律が成立した。

▶3　日弁連は、1990年以来、三度にわたり「司法改革宣言」を出して、市民に身近で利用しやすい司法を提唱した。また、「司法改革ビジョン——市民に身近で信頼される司法を目指して」（1998年11月）および「司法改革実現に向けての基本提言」（1999年11月）では、「市民の司法」実現のために、法曹一元制や陪審制を提案した。

3　司法制度改革の概要
(1)　基本理念

意見書は、司法制度改革の根本的な課題を、「法の精神、法の支配がこの国の血肉と化し、『この国のかたち』になるために、一体何をなさなければならないのか」、「日本国憲法のよって立つ個人の尊重（憲法13条）と国民主権（同前文、第1条）が真の意味において実現されるために何が必要とされているか」を明らかにすることにある、と設定している。そして、司法制度改革は、政治、行政、経済構造改革等の諸々の改革を憲法のよって立つ基本理念の一つである「法の支配」の下に有機的に結び合わせようとするものであり、「この国のかたち」の再構築に関わる一連の諸改革の「最後のかなめ」として位置づけられるべきものとしている。

意見書が描く、21世紀のわが国社会とは、「過度の事前規制・調整型社会から事後監視・救済型社会への転換」「統治者（お上）としての政府観から脱して、国民自らが統治に重い責任を負い、そうした国民に応える政府への転換」がはかられ、個人の尊重を基礎に独創性と活力に充ち、国際社会の発展に寄与する、開かれた社会である。こうした社会においては、司法は、政治部門と並んで「公共性の空間」を支える柱として位置づけられ、「21世紀の司法は、紛争の解決を通じて、予測可能で透明性が高く公正なルールを設定し、ルール違反を的確にチェックするとともに、権利・自由を侵害された者に対し適切かつ迅速な解決をもたらすものでなければならない。」とされている。

そして，司法の運営に直接携わるプロフェッションである法曹には，「国民の社会生活上の医師」として，各人の置かれた具体的な生活状況やニーズに即した法的サービスを提供することが必要であるとされ，他方，統治主体・権利主体である国民は，司法の運営に主体的・有意的に参加し，法曹との豊かなコミュニケーションの場を形成・維持するように努め，国民のための司法を国民自らが実現し支えなければならない，とされている。

(2) 三つの柱

司法制度改革は三つの柱から構成されている。

第一の柱は，「国民の期待に応える司法制度の構築（制度的基盤の整備）」で，国民にとって，より利用しやすく，わかりやすく，頼りがいのある司法とするため，国民の司法へのアクセスを拡充するとともに，より公正で，適正かつ迅速な審理を行い，実効的な事件の解決を可能とする制度を構築することを目指している。具体的な方策としては，①民事司法制度の改革（民事裁判の充実・迅速化，知財事件への対応強化，労働関係事件への対応強化，裁判所へのアクセスの拡充，ADRの拡充・活性化など），②刑事司法制度の改革（刑事裁判の充実・迅速化，被疑者・被告人の公的弁護制度の整備，捜査・公判手続の在り方，検察審査会の議決への法的拘束力の付与など），③国際化への対応，などがあげられる。

第二の柱は，「司法制度を支える法曹の在り方（人的基盤の拡充）」であり，高度な専門的な法的知識を有することはもとより，幅広い教養と豊かな人間性を基礎に十分な職業倫理を身につけ，社会の様々な分野において厚い層をなして活躍する法曹を獲得することを目指している。①法曹人口の拡充，②法曹養成制度の改革（法科大学院，司法試験，司法修習など），③弁護士制度の改革（弁護士の活動領域の拡大，隣接法律専門職種の活用など），④検察官制度の改革，⑤裁判官制度の改革（給源の多様化・多元化，任命手続の見直し，人事制度の見直し，最高裁裁判官の選任等の在り方など），⑥法曹等の相互交流の在り方，などがあげられている。

そして，第三は，「国民的基盤の確立（国民の司法参加）」である。国民は，一定の訴訟手続への参加をはじめ各種の関与を通じて司法への理解を深め，これを支えることが目指され，①国民的基盤の確立（刑事訴訟手続への新たな参加制度の導入など），②国民的基盤の確立のための条件整備（わかりやすい司法の実

現，司法教育の充実，司法に関する情報公開の推進）の改革を推進するとしている。

4　成果と課題——裁判員制度を例に

　本項では，司法制度改革から十余年を経ての成果と課題を具体的に見ていく。司法制度改革の三つの柱のうち，第一の柱に関わる ADR については第 2 章，第二の柱に関わる弁護士については第 3 章で取り上げられるので，ここでは，第三の柱に関わる裁判員制度を見ていこう。

（1）　導入の経緯

　これまで，わが国の国民の司法参加は，調停委員，司法委員，検察審査員などに限定されており，裁判への直接参加は陪審制のみだった。その陪審裁判も，第二次世界大戦前の一時期（1928～1943年）に実施されただけで，戦況悪化とともに停止され，戦後になっても復活されることはなかった。

　1988年，矢口洪一最高裁長官は，国民の司法参加の検討を示唆し，陪審制・参審制研究のため裁判官を海外に派遣した。また，日弁連は1990年の総会で「司法改革に関する宣言」を決議し，陪審・参審制の導入を提案した。そして，自民党司法制度特別調査会も陪審・参審制を検討課題に挙げ，審議会設置法の調査・審議項目の中に「国民の司法制度への関与」が盛り込まれた。

　審議会では，第17回審議会（2000年 4 月17日）で，欧米各国の陪審・参審制の概要と長所・短所が整理され，4 月から 5 月にかけて，アメリカ，イギリスの陪審制，フランス，ドイツの参審制の視察が行われた。また，3 月から 7 月にかけては，大阪，福岡，札幌，東京で公聴会が開かれた。

　第30回審議会（2000年 9 月12日）では，法曹三者からのヒアリングが実施されたが，最高裁は陪審制を痛烈に批判するとともに，参審制については評決権をもたない制度とするのが妥当と主張した。第31回（2000年 9 月18日）と第32回の審議会（2000年 9 月26日）で本格的な審議が行われ，弁護士など一部の委員からは陪審制導入が主張されたが同意を得られず，結局，佐藤会長が，「訴訟手続への参加については，陪審・参審制度にも見られるように，広く一般の国民が，裁判官とともに責任を分担しつつ協働し，裁判内容に主体的・実質的に関与していくことは，司法をより身近で開かれたものとし，裁判内容に社会常識を反映させて，司法に対する信頼を確保するなどの見地からも必要である。」

「今後、欧米諸国の陪審・参審制度をも参考にし、それぞれの制度に対して指摘されている種々の点を十分吟味した上、特定の国の制度にとらわれることなく、主として刑事訴訟事件の一定の事件を念頭に置き、我が国にふさわしいあるべき参加形態を検討する。」として取りまとめ、裁判員制度の導入が事実上決まった。

第43回審議会（2001年1月9日）では、3人の学者からのヒアリングと意見交換が行われ、第45回審議会（2001年1月30日）で、「裁判員と職業裁判官が一緒に事実認定だけではなく量刑も判断する」、「対象事件は、国民の関心が高く、社会的にも影響が大きい法定刑の重い重大犯罪とする」、「裁判員の選任は事件ごとに選挙人名簿から無作為に抽出する」、「被告に裁判官だけの裁判を選択する権利は認めない」といったことが決められ、第51回審議会（2001年3月13日）において、「訴訟制度への新たな参加制度（骨子）」としてまとめられた。

意見書では、「一般国民が、裁判の過程に参加し、裁判内容に国民の健全な社会常識が反映されるようになることによって、国民の司法に対する理解・支持が深まり、司法はより強固な国民的基盤を得ることができるようになる。このような見地から、……刑事訴訟手続について、……広く一般の国民が、裁判官と共に責任を分担しつつ協働し、裁判内容の決定に主体的、実質的に関与することができる新たな制度を導入すべきである」として、正式に裁判員制度の導入が提言された。

その後、2002年2月から2004年1月にかけて、司法関係者が中心になって構成された「裁判員制度・刑事検討会」（井上正仁座長）において、合議体の構成、守秘義務などが議論され、「裁判員制度の概要について（骨格案）」としてまとめられ、2004年5月、159回通常国会で、「裁判員の参加する刑事裁判に関する法律」（平成16年法律63号）として可決成立した。そして、5年間の周知・準備期間を経て、2009年5月に同法は施行され、同年8月に東京地裁で最初の裁判員裁判が開かれた。

(2) 制度の趣旨・目的

「この法律は、国民の中から選任された裁判員が裁判官と共に刑事訴訟手続きに関与することが司法に関する国民の理解の増進とその信頼の向上に資することにかんがみ、裁判員の参加する刑事裁判に関し、裁判所法及び刑事訴訟法

の特則その他の必要な事項を定めるものとする」(第1条：趣旨)

意見書では，裁判員制度導入の趣旨として，①国民が裁判主体として参加することにより司法の国民的基盤を形成すること，②裁判内容に国民の健全な社会常識を一層反映させること，の2点が強調されていたが，法律では後者の観点は退き，「国民の理解とその信頼の向上」が浮かび上がっている。[4]

(3) 制度の概要

裁判員裁判は，国民から選ばれた裁判員6人と職業裁判官3人(例外的に，公訴事実に争いがなく，事件の内容等に照らして適当であり，当事者にも異議のない事件については，裁判員4人と裁判官1人)が一緒に合議体を構成して(2条2項)，被告人が有罪かどうか，有罪の場合にどのような刑にするかを決める制度である。裁判員裁判の対象となる事件は，国民の関心と負担を考慮して，死刑，無期懲役・禁固に当たる罪に関わるような，一定の重大な犯罪(殺人罪，強盗致死傷罪，現住建造物等放火罪，危険運転致死罪など)に関する第一審(地方裁判所)に限定されている(2条1項)。ただし，裁判員やその親族等に危害が加えられるなどのおそれがあり，裁判員の職務が遂行できないような事情がある場合には，裁判員裁判対象事件から除外される(3条)が，被告人側にも検察官側にも裁判官裁判と裁判員裁判を選択する権利はない。

裁判員は，20歳以上の有権者(衆議院議員の選挙人名簿に登録された人)の中から，くじにより無作為で選ばれるが，欠格事由(14条，国家公務員になる資格のない者，禁錮以上の刑に処せられたことがある者など)，就職禁止事由(15条，国会議員，法曹関係者，自治体の長など)に該当する者は裁判員になることはできない。また，裁判員制度の趣旨から，法律上，裁判員になることは義務とされており，不出頭等の場合には10万円以下の過料(行政罰)が科せられるが，国民の負担が著しく大きなものになることを避けるため，法律や政令で，辞退事由を定めている(16条，70歳以上の者，学生・生徒，重い疾病や障害により年間を通じて裁判所に出頭することが困難な場合など)。

各地方裁判所は，前年秋頃，翌年1年間の裁判員候補者名簿を作成し，名簿に記載された候補者には，11月頃に，その旨を通知するとともに，調査票を送付して，1年を通じた辞退希望の有無，参加困難月の有無，就職禁止事由などを尋ねる。翌年，裁判員裁判の対象事件が起訴されると，各地方裁判所はその

事件の裁判員候補者をくじで選び，調査票の回答により辞退等が認められる裁判員候補者を除外したうえで，残った裁判員候補者に対して裁判員等選任手続期日の呼出状と質問票を送付する。選任手続当日は，検察官と弁護士の立ち合いのもと，裁判長から，裁判員になることのできない事由や辞退申立ての有無について質問して，辞退等が認められた裁判員候補者を除く。さらに，検察官・弁護人から不選任請求（「理由を付した不選任」と「理由を示さない不選任」がある）があった裁判員候補者を除外したうえで，くじで6人の裁判員と事件ごとに決められた数の補充裁判員（上限6人）が選任される。

裁判員裁判対象事件は，第1回の公判期日前に，公判前整理手続に付されなければならない（49条）。公判前整理手続は，裁判員制度の導入が決まってから新設された制度で，裁判所において検察官と弁護人が主張や証拠を明らかにして争点や証拠の整理を行い，公判の審理計画を策定するもので，非公開で行われる。裁判の迅速化を図るために導入されたが，裁判員の負担が重くならないように，裁判員裁判対象事件では必要的とされている。

公判が始まると，通常の刑事裁判と同じように審理（冒頭手続，証拠調べ手続，弁論手続）が行われ，その後，評議が行われ，判決に至る。裁判員の役割は，①法廷での審理に立ち会うこと，②評議で意見を述べること，③判決の宣告に立ち会うこと，の3点である。①事実の認定，②法令の適用，③刑の量定については，裁判官と裁判員の合議により（6条1項），一方，④法令の解釈に係わる判断，⑤訴訟手続に関する判断は，裁判官の合議による（6条2項）。

裁判員裁判の評議で争点を判断する場合，全員一致が望ましいとされているが，意見がまとまらない場合は評決が行われる。被告人に不利な判断をする場合には，裁判員と裁判官のそれぞれ1人以上を含む多数決による（67条1項）。量刑についての評決も同様であるが，過半数にならなかった場合は，被告人に最も不利な意見（重い刑）の数に次に不利な意見の数を過半数になるまで足していく（67条2項）。

判決書の作成は裁判官が担当し，裁判員の署名はない。判決に不服の場合は，通常の控訴手続がとられるが，控訴審は第一審の判断をできるだけ尊重すべきとされている。▶5

陪審制は基本的に，犯罪事実の認定（有罪かどうか）は陪審員のみが行い，

裁判官は法律問題（法解釈）と量刑を行い，陪審員は事件ごとに選任される。これに対して，参審制では基本的に，裁判官と参審員が一つの合議体を形成して，犯罪事実の認定や量刑のほか法律問題についても判断を行う制度であり，参審員は任期制で選ばれる。裁判員制度は，裁判員と裁判官が合議体を形成するという点では参審制と同様だが，裁判員は事実認定と量刑を行い法律問題は裁判官のみで行う点で参審制とは異なっている。他方，比較的多くの裁判員が事件ごとに選任される点では陪審制と同じである。このように，裁判員制度は，参審制・陪審制のいずれとも異なる日本独自の制度だと言われている。

(4) 裁判員制度の是非をめぐって

裁判員制度をめぐっては，審議会での議論の段階から，賛成・反対双方の立場から激しい議論が交わされてきた。

賛成の立場には，裁判員制度の目的・趣旨にもあるように，市民の常識を裁判に反映することができる，国民が刑事裁判や司法に関心をもち身近なものになる，などさまざまな理由が挙げられるが，その中でも重要なものは，「かなり絶望的である」（平野龍一元東大総長・刑法）と批判されてきた刑事裁判の改革である。

わが国の刑事裁判はしばしば調書裁判と言われるが，これは，警察官・検察官が取り調べ段階で作成した被疑者の自白に基づく供述調書を，公判廷での供述・証言よりも重視することから名づけられたものである。刑事裁判は，公開の法廷において裁判所が直接取り調べた証拠のみをもとに当事者が口頭で弁論して裁判を行う公判中心主義を採用しているが，捜査段階で誘導・強要された虚偽の自白が裁判で証拠として採用されことが少なくない。このことが冤罪を生む原因の一つとされており，その背景には，警察官や検察官に対する裁判官の無批判な信頼があると指摘されている（『平成23年度司法統計年報刑事事件編』によれば，地方裁判所の逮捕状却下率は0.19%，勾留状却下率は2.7%，無罪率は0.098%に過ぎない）。

そこで，裁判員制度の導入により，素人である国民が刑事裁判に参加することによって専門家に対するチェック機能を果たし，直接主義・口頭主義に立ち戻ることにより，冤罪防止にもつながると期待されるのである。

一方，反対意見も多様であるが，主要なものとしては，①憲法違反，②被告

人の権利侵害，③裁判員の能力と負担，の3つが挙げられる。

まず，第一の憲法問題については，適正手続違反（31条・32条・37条1項・76条1項・80条1項），裁判官の独立（76条3項），特別裁判所の禁止（76条2項），苦役の禁止（18条後段）など多岐にわたるが，最大2011（平成23）年11月16日判決・刑集65巻8号1285頁は，憲法は，一般的には国民の司法参加を許容しており，憲法の定める適正な刑事裁判を実現するための諸原則が確保されている限り，その内容を立法政策に委ねているとして，上記の各点について憲法違反はないと全員一致で判示した。

第二の被告人の権利侵害については，裁判員の負担を軽減するために，非公開で公判前整理手続が実施され，審理は「3日から5日」程度とされている。その結果，被告人の主張・立証活動は制約され，公正な裁判を受ける権利が侵害されることが懸念される。また，多数決で評決ができるとされている点は，「合理的な疑いを入れないまでの立証がされなければ有罪とされない（「疑わしきは被告人の利益に」）」との近代刑事裁判の基本原則に反し，冤罪が増えるのではないかと主張される。

さらに，裁判員の能力については，法律の素人である国民が証拠に基づいて事実認定等ができるのか，裁判官と同等の立場で議論できず裁判官に誘導され単なるお飾りになってしまうのではないか，マスコミのセンセーショナルな報道や被害者参加制度[6]によって感情に流されてしまうのではないか，との疑問が示されている。また，負担については，裁判員が国民の義務とされ，残忍な事件証拠を目の当たりにし，死刑判決にまで関わることの精神的負担とともに，一生涯にわたって厳しい守秘義務[7]が課せられるという問題がある。

(5) 裁判員制度の運用実態[8]

「裁判員裁判実施状況の検証報告書」（2012年12月）により，2009年5月から2012年5月末までの約3年間の運用状況を見ると，新受人員総数は4862人，罪名別には，強盗致傷（24.4％），殺人（20.9％）で半数近くを占め，以下，現住建造物等放火（9.5％），覚せい剤取締法違反（8.4％），傷害致死（8.2％）などと続いている。終局人員は，3884人で，新受人員総数の79.9％に当たる。

候補者名簿に記載されたものの総数は124万1406人で，年間40万人前後である。そのうち選定された裁判員候補者数は32万9967人にのぼるが，調査票段階

での辞退等が認められた者が9万957人，質問票段階での辞退等が認められた者が9万2752人，選任手続期日当日に辞退等が認められた者が2万9245人で，くじの母数となった候補者は8万6450人，そのうち2万1944人が裁判員に，7630人が補充裁判員に選任されている。辞退者総数は18万8119人であるが，辞退率は，施行当初の53.1％から62.0％へと上がっている。辞退理由は，調査票段階では，70歳以上，学生等の定型的辞退事由が7割近くを占めているが，質問票段階では，事業における重要用務が40.9％，介護養育16.9％，疾病障害11.5％と続き，選任手続期日当日では，事業における重要用務46.2％と精神上・経済上の不利益26.2％が多数を占めている。

　選任手続期日の出席率は3年間の平均で79.1％であるが，83.9％（2009年度）から75.7％（2012年度）へと年々低下しており，審理予定日数が長いほど出席率が低下する傾向にある。

　平均審理期間は，8.5月（自白事件7.2月，否認事件10.4月）で，裁判官裁判（2006～2008年）の6.6月（自白事件5.3月，否認事件8.3月）よりも長期化している。これは，公判前争点整理手続が長期化しているためであり，検証報告書では，弁護人による予定主張記載書面提出までの期間と法曹三者の打ち合わせの期間に時間がかかっていると分析されている。

　公判は，原則，連日開廷で行われ，実審理期間（第1回公判期日から判決まで）は，平均5.7日（最短2日，最長95日）である。否認事件は自白事件の1.9倍の日数を要しており，自白事件，否認事件とも年々長期化する傾向にある。

　それでは，裁判官裁判と裁判員裁判の内容や判決に違いは見られるだろうか。制度施行に当たり，公判中心の直接主義・口頭主義を徹底した形での証拠調べが必要であるとされたが，若干，人証のウェイトが高まる傾向があるものの，自白事件における犯罪事実は，書証が中心になっており，法廷中心の審理は実現できていない。

　判決を見ると，有罪か無罪かについては，裁判官裁判（無罪率0.58％）と裁判員裁判（0.46％）で大差はなく，覚せい剤取締法違反事件での無罪が目立つ程度である。これに対して，量刑は，上位8つの罪状について見ると，殺人未遂，傷害致死，強姦致傷，わいせつ致傷および強盗致傷で，実刑のうち最も多い人数の刑期が重い方向へシフトしている。また，有罪判決のうち保護観察に

付された割合は，裁判官裁判の35.8%から55.7%に大幅に増加していることが注目される。

次に，「裁判員等経験者に対するアンケート調査結果報告書（平成24年度）」(2013年3月) から裁判員8331人の回答を見ると，裁判員に選ばれる前は，「積極的にやってみたい」(8.8%)，「やってみたい」(24.6%)，「あまりやりたくなかった」(31.7%)，「やりたくなかった」(18.7%) と，半数が消極的意見だったのに対して，参加してみての感想は，「非常によい経験と感じた」(54.9%)，「よい経験と感じた」(40.3%) で肯定的評価が9割以上に達している。審理内容の理解のしやすさについては，「理解しやすかった」(58.6%)，「普通」(32.1%) となっているが，「理解しやすかった」と回答した者の割合は低下傾向にある。また，法廷での説明等のわかりやすさについては，「わかりやすかった」の割合は，検察官61.3%，弁護人34.0%，裁判官86.2%であり，とくに否認事件の弁護人の説明等で低くなっている。評議の充実度については，「話しやすかった」，「十分に議論できた」が7割を超えている。

最後に，「裁判員制度の運用に関する意識調査」(2013年3月) により一般国民の意識を見ると，裁判員としての参加については，「参加したい」(4.7%)，「参加してもよい」(10.2%) に対して，「あまり参加したくないが義務であれば参加せざるを得ない」(41.9%)，「義務であっても参加したくない」(41.9%) と，裁判員制度導入前と変わらず消極的姿勢が見受けられる。しかし，その一方で，裁判員制度が開始されてから，「裁判や司法への興味・関心が高まった」との回答が37.2% (「特に変わらない」が61.1%，「興味・関心が減った」が1.6%) あり，また，制度の実施により，「裁判所や司法が身近になった」，「裁判が迅速になった」，「裁判の手続きや内容がわかりやすくなった」という印象をもつ者が増加している。

(6) 裁判員制度の評価とこれから

裁判員法附則9条が必要に応じた3年後の見直しを定めていることから，現在，裁判員制度見直しの議論が活発に行われている。裁判員制度の廃止を求める声も根強いが，概ね順調に運用されているとの評価が多く，部分的な見直しに留まるものと考えられる。

法務省「裁判員制度に関する検討会」は，2013年6月21日，長期審理が予想

される事件を裁判員裁判の対象から外すほか，大災害が起きた地域の住民を裁判員候補者から除外するなどを骨子とする取りまとめを行った。これに対して，日弁連は，2012年3月22日，裁判員法施行3年目を迎えるに先立って，死刑の量刑判断は全員一致とする，公訴事実等に争いのある事件に裁判員裁判対象事件を拡大する，守秘義務に関する罰則の適用は悪質な場合に限る，などを柱とする5つの意見書からなる「裁判員法施行3年後の検証を踏まえた裁判員裁判に関する改革提案」を法務大臣に提出した。さらに，裁判員経験者が各地の地裁に13の改善項目を提言したり，裁判員裁判を傍聴している市民団体「裁判員ネット」が意見を公表したりしている。

　裁判員制度の運用実態で見たように，裁判員制度や司法制度改革がマスコミで大きく取り上げられることにより，裁判や司法への興味関心が高まり，身近な存在として感じる国民が増えていることは確かなようである。ただし，意見書が期待したように，統治主体・権利主体として裁判員制度に積極的に参加しようとする者は増えておらず——それは，欠席率や辞退率の高さにも現れている——，一部の裁判員経験者がその意義を感じるに留まっている。裁判内容に国民の健全な社会常識が反映しているかどうかは定かではない。裁判官と裁判員が合議体を構成し裁判員だけの評決では判断できないだけに，劇的な変化が見られないのは当然といってよいかもしれない。

　反対に，裁判員制度によって，わが国の刑事裁判が抱えている本質的な課題が解決されたかといえば，それは「否」である。それは，裁判員制度が，「個々の被告人のためというより，裁判制度として重要な意義を有するが故に導入するもの」（意見書）であることの必然の結果であろう。

　審議会意見書の中でも，「刑事司法制度の改革」として，直接主義・口頭主義の実質化や被疑者・被告人の不適正な身柄拘束の防止・是正が取り上げられていたが，ほとんど改革にはつながらなかった。しかし，2010年，足利事件で再審無罪判決が出され，郵便不正事件で大阪地検特捜部が証拠改ざんを行ったことが発覚して，「検察の在り方検討会議」が設置され，翌11年3月，被疑者の取調べ状況の可視化（録音・録画）の範囲の拡大が提言された。同年6月から，法相の諮問機関である法制審議会の「新時代の刑事司法制度特別部会」に引き継がれ，取調べや供述調書に過度に依存した捜査・公判の見直しや可視化

の導入などが議論されている。

　守秘義務の範囲の明確化や評議時間の確保といった，裁判員制度の改善はもちろん重要であるが，刑事司法に対する国民の信頼を確保するためには，「現在の刑事裁判が基本的にきちんと機能している」という前提そのものを疑い，被疑者・被告人の基本的人権を保障するために，捜査・公判の見直し（具体的には，代用監獄の廃止，取調べの可視化，被疑者国選弁護制度の拡大，証拠開示制度の拡充など）を実現していく必要がある。

▶4　裁判員制度・刑事検討会委員であった池田修東京地裁判事は，「裁判員制度は，国民に裁判に加わってもらうことによって，国民の司法に対する理解を増進し，長期的にみて裁判の正当性に対する国民の信頼を高めることを目的とするものであり，現在の刑事裁判が基本的にきちんと機能しているという評価を前提として，新しい時代にふさわしく，国民によってより身近な司法を実現するための手段として導入されたもの」であり，また，併せて，刑事裁判が抱える問題（一部の裁判の長期化，書証依存体質）解決の推進力となるものと期待されている，と述べている［池田2005：2〜4頁］。

▶5　最一小2012（平成24）年2月13日判決・刑集66巻4号482頁は，控訴審が第一審判決に事実誤認（刑382条）があるというためには，第一審判決の事実認定が論理則，経験則等に照らして不合理であることを具体的に示す必要がある，と判示して，裁判員裁判の判断を尊重するように求めた。

▶6　殺人，傷害，自動車運転過失致死傷等の一定の刑事事件の被害者等が，裁判所の許可を得て，刑事裁判に参加し，情状証人や被告人に質問したり，事実または法律の適用について意見を述べたりすることができる制度。犯罪被害者等の保護・支援のため，被害者参加人のための国選弁護制度，損害賠償命令制度とともに，2008年12月1日から導入された。

▶7　自由な意見交換の場の確保，事件関係者のプライバシーや裁判員の保護などの観点から，裁判員・補充裁判員（元裁判員・補充裁判員）は，評議の秘密（裁判員や裁判官が述べた意見，各意見を支持・反対した人の数，評決の結果，評議の経緯），評議の秘密以外の職務上知りえた秘密（裁判員の名前，裁判記録などに記載されていた事件関係者のプライバシー），担当した事件の事実認定や量刑の当否に関する意見を漏らしてはならず，漏らした場合は懲役などの秘密漏示罪に問われる。ただし，公開の法廷で見聞きしたことや裁判員として裁判に参加した感想を話すことは守秘義務の対象外とされているが，守秘義務の範囲や基準が不明確であるという問題がある。

▶8　最高裁判所裁判員制度Webサイト（http://www.saibanin.courts.go.jp/）に掲載されている，「裁判員裁判実施状況の検証報告書」，「裁判員等経験者に対するアンケート調査結果報告書」，「裁判員制度の運用に関する意識調査」などの資料を参照。

2 ── 原発と司法

1 原発訴訟とは

　原発訴訟とは，原子力発電所の安全性や人体・環境への影響をめぐって争われる訴訟の総称である。従来の典型例としては，①住民が原子炉の設置許可の取消しや建設・運転の差止めを求める訴訟と，②作業員や住民が受けた健康被害に対して労災認定や損害賠償を求める訴訟の二通りがあったが，福島原発事故後は，「ふくしま集団疎開裁判」，「東京電力株主代表訴訟」，「福島原発避難者集団訴訟」など多様な形態の訴訟が提起されている。ここで取り上げる①の類型の訴訟は，行政訴訟と民事訴訟に大別することができる。

　わが国では，原子炉等規制法に基づき，原発など原子力施設を設置しようとする場合には，事前にその施設の基本設計あるいは基本的設計方針を記載した設置許可申請書を所管行政庁（実用発電施設は経済産業省，試験研究用発電施設は文部科学省）に提出し，多数の安全審査指針に基づく審査（一次審査）を受けたうえで，内閣府原子力委員会の再審査（二次審査）を受けなければならなかった（福島原発事故後は，原子力委員会および原子力・安全保安院は廃止され，一元的に安全審査を行う規制行政組織として，環境省に原子力規制委員会が設置された）。

　行政訴訟は，原発の設置を許可した国に対して，住民らが原子炉等規制法23条に基づく原子炉の設置許可の取消しを求めたり，無効確認を求めたりするもので，行政事件訴訟法の適用を受ける。同法では，抗告訴訟，当事者訴訟，民衆訴訟，機関訴訟の4つの類型が定められているほか，原告適格の制限（取消訴訟においては，「当該処分を求めるにつき法律上の利益を有する者」に限定されている。9条1項），出訴期限の制限（取消訴訟では，処分があったことを知った日から6か月以内とされる。14条1項。これに対して，無効確認訴訟は提訴期間の制限がない），職権証拠調べ（24条），内閣総理大臣の異議（27条）など，民事訴訟にはない多くの特徴をもっている。

　一方，民事訴訟は，電力会社など原発の設置者に対して，住民が人格権や環境権に基づいて施設の建設・運転の差止めを求める訴訟であり，もんじゅ訴訟のように，行政訴訟と併合して提起されることもある。

2 もんじゅ訴訟

(1) 「もんじゅ」とは

「もんじゅ」は，福井県敦賀市にある日本原子力研究開発機構の高速増殖原型炉であり，わが国が国家プロジェクトと位置づける「核燃料サイクル」の重要な一翼を担っている。1983年1月に着工し，1991年5月に運転を開始したが，1995年12月に2次冷却材であるナトリウム漏洩による火災事故を起こした。その後，運転再開のための本体工事が2007年に完了し，2010年5月に2年後の本格運転を目指して運転を再開したが，わずか3か月後の2010年8月の炉内中継装置落下事故により再び稼働ができなくなっている。そして，1万箇所近い点検漏れが見つかったことから，2013年5月15日，原子力規制委員会は原研機構に対して，運転再開に向けた準備を見合わせるように命じることを決めた。

(2) もんじゅ訴訟

もんじゅ訴訟では，福井県内の原告住民40名が1985年9月26日に，①内閣総理大臣を被告とする行政訴訟（もんじゅ原子炉設置許可処分無効確認請求訴訟）と，②動力炉・核燃料開発事業団（現・日本原子力研究開発機構）を被告とする民事訴訟（もんじゅ建設・運転差止請求訴訟）を併せて提起した。行政訴訟では，原告適格が争点になり，福井地裁1987（昭和62）年12月25日判決・判時1264号31頁は，原告全員の原告適格を否定して訴えを却下したが，名古屋高裁金沢支部1989（平成元）年7月19日判決・判時1322号33頁は，もんじゅから半径20 km以内に居住する原告についてのみ原告適格を認めた。その後，最三小1992（平成4）年9月22日判決・民集46巻6号571頁は，原子炉の周辺に居住し原子炉事故等がもたらす災害により生命・身体などの直接的かつ重大な被害を受けることが想定される範囲の住民には原告適格が認められるとして，58 kmの範囲に居住していた住民全員の原告適格を認め，民事訴訟の審理が継続していた福井地裁に差し戻した。

提訴から7年が経過してようやく第二次訴訟で実体審理に入ったが，福井地裁2000（平成12）年3月22日判決・判時1727号33頁は，原子炉設置許可処分に対し違法な点はないとして原告の請求を棄却した。しかし，名古屋高裁金沢支部2003（平成15）年1月27日判決（川崎和夫裁判長）・判時1818号3頁は，本件原

子炉設置許可処分に違法な点があるとして，もんじゅの設置許可処分が無効であることを確認する判決を出した。原告は，民事訴訟を取り下げ，最高裁では行政訴訟のみが争われたが，最一小2005（平成17）年5月30日判決・民集59巻4号671頁は，経済産業大臣の上告受理申立てを受けて，本件原子炉設置許可処分に違法な点はないとして，控訴審判決を破棄・自判し，原告の逆転敗訴が確定した。

どうして控訴審と最高裁とで判断が分かれたのだろうか。原発訴訟（行政訴訟）のリーディングケースとしては，四国電力伊方原発・最一小1992（平成4）年10月29日判決・民集46巻7号1174頁があり，①安全審査の目的，②科学的・専門技術的意見の尊重，③裁判所による違法性の判断基準，④立証責任，⑤審査対象（基本設計論）などが争点になった。訴訟を担当した海渡雄一弁護士は，同判決について，行政の裁量判断を広く認めていること，審査の対象を基本設▶10
計に限定していることの2点については異論があるが，取り返しがつかない原子力災害の性格を踏まえ，かなり高いレベルの安全性確保を原子力発電に対して要求したものであることは間違いなく，依拠すべき科学的知見が裁判の結審時である現在のものであるとした点や立証責任について事実上の転換を図っている点など，原子力訴訟において活かすべき部分をもっていると評価している［海渡 2011：19頁］。

もんじゅ差戻し控訴審では，伊方最高裁判決の理論を無効確認訴訟に当てはめ，安全審査の過程（原子炉格納容器内の安全性に関する事項に限らず，2次冷却系設備の事故など原子炉の損傷や溶融の原因を与える可能性のある事項を含む）に瑕疵があり，放射性物質が環境に放散されるような事態の発生の具体的危険性を否定できないときは，重大な違法（瑕疵）があるとしたうえで，①「2次冷却材（ナトリウム）漏えい事故」に関わる安全審査，②「蒸気発生器伝熱管破損事故」に関わる安全審査，③「1次冷却材流量減少時反応度抑制機能喪失事故」に関わる安全審査の3点で，安全審査の過程に看過し難い過誤・欠落があるとして違法性を認めた。

これに対して最高裁判決は，設置許可の段階で，何が基本設計に含まれ審査の対象となるかは，原発の安全審査における主務大臣の合理的な判断に委ねられているという前提に立ち，高裁が認定していない事実まで書き加えたうえ

で，3つの事象についての安全審査の過程には何らの違法性もないと判断した。同判決は，放射能放出事故が発生する具体的な危険性がある場合でなければ違法ではないという国の論理に事実上屈服したとして，メディアや研究者からは強い批判を浴びたが，最高裁はどんなことをしてでも国側を勝たせるという強いメッセージを下級審裁判官に対して示すことになった。

▶9　消費した量以上の燃料を生み出すことのできる高速増殖炉の実用化のための原型炉。軽水（通常の水）を使う普通の原発（軽水炉）と異なり，金属ナトリウムを1次系，2次系の冷却材として使用し，燃料にもMOX燃料（プルトニウム・ウラン混合酸化物）を使用するため，事故時の危険性は極めて深刻である。

▶10　「原子炉施設の安全性に関する被告行政庁の判断の適否が争われる原子炉設置許可処分の取消訴訟における裁判所の審理，判断は，原子力委員会若しくは原子炉安全専門審査会の専門技術的な調査審議及び判断を基にしてされた被告行政庁の判断に不合理な点があるか否かという観点から行われるべきであつて，現在の科学技術水準に照らし，右調査審議において用いられた具体的審査基準に不合理な点があり，あるいは当該原子炉施設が右の具体的審査基準に適合するとした原子力委員会若しくは原子炉安全専門審査会の調査審議及び判断の過程に看過し難い過誤，欠落があり，被告行政庁の判断がこれに依拠してされたと認められる場合には，被告行政庁の右判断に不合理な点があるものとして，右判断に基づく原子炉設置許可処分は違法と解すべきである。」

3　原告はなぜ勝てないか
(1)　原告に立ちはだかる4つの壁

原発訴訟には，原告側から見ると，①科学技術論争の壁，②証拠の壁，③経営判断の壁，④心理的重圧の壁が存在すると指摘されている［磯村・山口2012：14-90頁］。

①原発訴訟は，裁判官の間では「複雑困難訴訟」と呼ばれている。原発のように高度な科学技術が係わる事案について，素人である裁判官がその是非を判断することは容易でなく，伊方原発最高裁判決のように，行政庁の専門技術的裁量に委ねる傾向が見られる。志賀原発2号機訴訟で原発の運転差止めを認めた井戸謙一元裁判官も，「一般論で言えば自分で決断ができないときに，肩書きのある人たちの見解に沿ったほうが無難かな，という心理が働く可能性があります。専門家の行っていることを間違いだと判断するのは勇気のいることです。立派な肩書きの方々に賛同しておいたほうが，あとで『あれは間違いだっ

た』となっても、あまり非難を受けないんじゃないか。そういう心理状態になることもありうると思います。」と語っている［同上：99-100頁］。

　②証拠の壁とは、立証責任の問題である。民事訴訟では、原則として、訴えを起こした原告側に立証責任があるが、重要なデータや証拠などは被告である電力会社が握っていて、企業秘密や安全保障上の理由を盾に情報を出したがらない。裁判所は、公平の観点から証拠に近い被告側に安全性があることの立証を求めており、民事訴訟法上は、文書提出命令（223条）や求釈明（149条1項）などの制度もあるが、それでも、原告側が「具体的・現実的危険性」を立証することは極めて困難である。

　③経営判断の壁は、株主が取締役の経営責任を問う株主代表訴訟が例に取り上げられる。裁判官は、経営判断の問題をコスト・リスクと利益のバランスで考えてしまい、電力供給という公共性をもつ原発は簡単には止められないという電力会社経営トップの経営判断については具体的危険性がない限り尊重せざるを得ないとされている。

　④心理的重圧は、国策として推進されている原発をストップさせることが裁判官にとってプレッシャーになるということである。園部逸夫元最高裁裁判官は、「最高裁には、行政庁の言うことは基本的に正しいという感覚があるのです。それを理屈立てするために『行政庁の自由裁量』という逃げ道が用意されています。」「国策にからむ問題に深く立ち入って判断することへの『消極的な感覚』があるのです。」と述べている（朝日新聞2011年11月30日付）。

　このような最高裁の行政追従の姿勢が、司法の内部統制によって、下級審裁判官の判断にも影響を与えている。この問題については、次節で見ていきたい。

(2)　3・11によって原発訴訟は変わるか？

　福島原発事故により、裁判官も依拠してきた「原発安全神話」は脆くも崩れたが、連戦連敗だった原発訴訟に変化は見られるのだろうか。

　2011年7月、脱原発弁護団全国連絡会が、約100名の弁護士によって結成され、全国での提訴を視野に活動を始めた。福島原発事故後の提起された訴訟は全国で18件に上り（2013年5月現在）、東通、女川、福島第一・第二、もんじゅを除く全国のほとんど原発に対して訴訟が提起されている。原告にとっての

ハードルが高い行政訴訟に代わって電力会社を相手取った民事訴訟が増えており，「国や事業者を相手取り，原子炉を廃炉としないことによって被った精神的苦痛に対する慰謝料の支払いを求める」（玄海原発，川内原発），「事業者を相手取り，核燃料を最大限の安全を確保して保管・冷却することを求める」（泊原発，浜岡原発）などの，新しい形式の訴訟も現われている［磯村・山口 2012：188-189頁］。

裁判所の判断が示されたのは，住民側の請求を棄却した，関西電力大飯原発3号機・4号機運転差止仮処分命令申立事件（大阪地裁2013〔平成25〕年4月16日決定）のみであり，今後，原発訴訟が変わっていくか，現時点で判断することは難しい。

しかし，行政庁が事業者のチェック機能を果たしておらず，安全審査指針に誤りがあったことが明らかになった以上，裁判官が国や事業者の主張を漫然と鵜呑みにすることは許されなくなっており，裁判官の間にも意識の変化が見られると指摘されている。

また，司法制度改革の一環として，行政事件訴訟法の一部を改正する法律（平成16年法律84号）が成立し，従来に比べて，救済範囲の拡大（取消訴訟の原告適格の拡大，差止訴訟の法定），審理の充実・促進（裁判所の行政庁に対する釈明処分），行政訴訟を利用しやすくわかりやすくするための仕組み（出訴期間の延長など），本案判決前における仮の救済制度の整備など，国民の権利利益のより実効的な救済手続の整備が図られた。また，小田急高架事業取消訴訟事件（最大2005〔平成17〕年12月7日判決・民集59巻10号2645頁）では原告適格が拡大されるなど，最高裁判決にも変化の兆しが見られる。

今後は，原発訴訟のための対応を進めるとともに，より根本的には，司法官僚制度を改革することにより，原発訴訟を変えていくことが望まれる。

▶11　たとえば，新藤2012：178～181頁は，全国8か所の高裁に「特別の支部」として原発訴訟部門を設置し，専門的知見を有する調査官を配置すべきとする。また，海渡2011：227～228頁は，見解の異なる専門家に対して裁判官が主となって同時に証人尋問するカンファレンス尋問方式か，原告被告双方の専門家，弁護士によるプレゼンテーションとこれに対する裁判官の質疑を進行協議日審理として実現する方式のいずれかの採用を提唱している。

3 ── わが国の司法の根本問題

1 わが国の司法の課題
(1) 戦後司法改革と「司法の優位・独立」

　戦前，司法権は，天皇が総攬する統治権の一作用とされていたが，戦後，国民主権を規定する日本国憲法のもとでは，「すべての司法権は，最高裁判所及び法律に定めるところにより設置する下級裁判所に帰属する」（憲76条1項）とされるとともに，特別裁判所の禁止，行政機関の終審裁判の禁止（同76条2項）が定められ，三権分立が厳格に貫かれることになった。

　また，「最高裁判所は，一切の法律，命令，規則又は処分が憲法に適合するかしないかを決定する権限を有する終審裁判所である」（憲81条）として，違憲法令（立法）審査権が与えられるとともに，司法行政権と規則制定権とが与えられ，立法（国会）と行政（内閣）に対する司法の独立・優位が保障されることになった。

　さらに，司法権の独立を実質化するために，「すべての裁判官は，その良心に従ひ独立してその職務を行ひ，この憲法及び法律に拘束される」（憲76条3項）として，裁判官の独立が規定され，裁判官の身分保障が行われている（同78条・80条2項，裁判所法48条）。

(2) 「司法の危機」

　1952年4月28日，サンフランシスコ講和条約と日米安全保障条約が発効して，わが国は国際社会への復帰を果たしたが，日米安保体制を堅持しようとする体制側と徹底した民主化を求める反体制側との間に衝突が起こり，三大騒擾事件（メーデー事件，吹田事件，大須事件）や破防法違反事件などが相次ぎ，法廷では裁判闘争が展開された。国は，これに対抗して，「民主社会における法の権威を確保するため，法廷等の秩序を維持し，裁判の威信を保持することを目的」として，「法廷等の秩序維持に関する法律」（昭和27年法律286号）を制定し，最高裁も法廷等秩序維持や裁判所傍聴に関する規則を定めた。

　1955年には，下級裁判所事務処理規則4条が改正されて，最高裁が長官または所長の意見を聞いて部総括判事（裁判事務を処理する基本単位である「部」を総

括する裁判官で，合議体では裁判長を務める）を指名できるようになり，1956年からは，裁判官に対する考課調書制度が始まるなど，司法行政における指揮命令系統が確立し，1964年の臨司意見書も，その強化を求めた。

　1959年3月，日米安全保障条約3条に基づく行政協定に伴う刑事特別法2条に違反したとして訴追された砂川事件において，東京地裁はアメリカ軍の駐留を憲法9条2項前段の「戦力保持禁止」に違反するとする違憲判決（伊達判決）を下した。また，1960年10月には，朝日事件では生活保護基準が憲法25条の保障する生存権に違反するとの判断が東京地裁（浅沼判決）でなされるなど，下級審で違憲判決が相次いだことから，右翼ジャーナリズムは「偏向判決」批判のキャンペーンを展開し，自由民主党も最高裁の裁判官任命に圧力をかける目的で，1969年5月，自由民主党司法制度調査会を設置した。

　ちょうどそのとき，いわゆる平賀書簡問題が発生した。北海道長沼市では，自衛隊のミサイル基地建設に反対する地元住民が，農林大臣の保安林解除処分の取消しを求める行政訴訟を提起し，自衛隊の合憲性が争われた。当時の札幌地裁所長平賀健太判事は，担当裁判長の福島重雄判事に対して私信を送り，違憲立法権の行使を控えるように伝えた。これは明らかな裁判干渉だったが，私信を公開した福島判事は，国会の裁判官訴追委員会の訴追を受け（福島判事が「訴追猶予」だったのに対して，平賀判事はより軽い「不訴追」だった），札幌高裁から口頭注意処分を受けた。そして，福島判事が青年法律家協会（青法協）会員だったことから，右翼ジャーナリズムなどは青法協に対する批判を強めた。

　これを受けて，最高裁は1969年11月頃から裁判官の青法協からの脱退工作を進め，1970年4月には，青法協会員修習生の任官を拒否するに至った。5月には，石田和外最高裁長官が「極端な軍国主義者，無政府主義者，はっきりした共産主義者は裁判官にふさわしくない」と発言して青法協批判を鮮明にし，1971年3月には，青法協会員だった宮本康昭判事補の再任を拒否するという事件が起き，司法の危機と呼ばれる混乱が生じた。

　全農林警職法事件（最大1973〔昭和48〕年4月25日判決・刑集27巻4号547頁）で，最高裁は公務員の労働基本権を認めてきた全逓東京中郵事件（最大1966〔昭和41〕年10月26日判決・刑集20巻8号901頁）などの判例を変更して行政従属の姿勢を明確にした。最高裁による統制は徹底され，1975年以降になると，下級審裁

判所でも違憲立法審査権の行使は少なくなり，行政訴訟では住民側敗訴の判決が続き，司法は冬の時代に入ったとまで言われた。

(3) 司法官僚による司法の内部統制

戦後，法制度上は法の独立・優位が確立したが，わが国の司法は，戦後の一時期を除いて一貫して司法消極主義（judicial passivism）を固守してきた。戦後60年以上が経っても，最高裁が違憲法令審査権を行使した違憲判決は，わずか9例を数えるに過ぎない。

① 刑法尊属殺重罰違憲判決（最大1973〔昭和48〕年4月4日判決・刑集27巻3号265頁）

② 薬事法違憲判決（最大1975〔昭和50〕年4月30日判決・民集29巻4号572頁）

③ 衆議院議員定数配分規定違憲判決（最大1976〔昭和51〕年4月14日判決・民集30巻3号223頁）

④ 衆議院議員定数配分規定違憲判決（最大1985〔昭和60〕年7月17日判決・民集39巻5号1100頁）

⑤ 森林法違憲判決（最大1985〔昭和60〕年4月22日判決・民集41巻3号408頁）

⑥ 郵便法違憲判決（最大2002〔平成14〕年9月11日判決・民集56巻7号1439頁）

⑦ 在外邦人選挙権制限違憲判決（最大2005〔平成17〕年9月14日判決・民集59巻7号2087頁）

⑧ 非嫡出子国籍取得制限違憲判決（最大2008〔平成20〕年6月4日判決・裁時1461号3頁）

⑨ 非嫡出子相続差別違憲決定（最大2013〔平成25〕年9月4日決定・裁時1587号1頁）

このような立法や行政に対する司法の消極的姿勢は，司法官僚を通じた内部統制により，下級審判決にも現れている。すなわち，各裁判所は裁判と司法行政の二つの機能を担っており，それに対応して，裁判部門と司法行政部門によって構成されている。司法行政権は，人事，組織運営，施設管理，予算など，裁判権の行使や裁判制度の運営・管理のために必要な一切の行政事務を処理する権限であり，司法の独立を保障するため，戦前の司法省から最高裁判所に移され，各裁判所の裁判官全員で組織する裁判官会議が担っている。司法行政の監督は上位裁判所が行うが，この監督権は，裁判官の裁判権に影響を及ぼ

し制限することはない（裁81条）。

　ところが，現実には，裁判官は裁判に追われて裁判官会議は形骸化しており，司法行政のほとんどは，長官，所長，常置委員会などに委譲されている。司法行政部門のトップに位置づくのが最高裁の庶務を掌る最高裁事務総局であり，最高裁事務総局—高裁長官—地裁・家裁所長—部総括判事というタテ型の指揮命令系統を通じて，事務総局の意向が下級審裁判官に伝えられると同時に，裁判官の情報は事務総局に伝えられる。事務総局には，司法官僚（実務裁判官と区別された裁判を行わないエリート裁判官）▶14が勤務し，事務局長ポストは最高裁裁判官への登竜門になっている。

　司法官僚▶15による下級審裁判官の統制は，第一には，最高裁事務総局が掌握している人事権の行使，すなわち，①任官（新任・再任）拒否，②任地差別，③昇給差別，などを通じて実施されている。

　①任官（新任・再任）拒否　　憲法80条は，「下級裁判所の裁判官は，最高裁判所の指名した者の名簿によつて，内閣でこれを任命する。その裁判官は，任期を10年とし，再任されることができる。」と定める。これを受けて，裁判所法42条1項は，法曹（判事補，簡易裁判所判事，検察官，弁護士）・法律学者として10年以上の経験があることを判事の任命資格としており，法曹一元制を前提とした制度を採用している（一方，戦前の裁判官は終身制だった）。しかし，実際には，同法43条が司法修習を終了した者の中から直ちに判事補を採用することができるとしていることから，下級審裁判官のほとんどは，司法修習の終了者の中から任命されて判事補となり，10年後に判事として再任され，10年ごとに再任されていく，キャリアシステム（職業裁判官制）として運用されており，弁護士任官はごく一部に止まっている。

　指名名簿の作成は最高裁事務総局が行っていることから，事務総局による恣意的な任官（新任・再任）拒否が行われており，青法協排除のような思想・信条・団体加入による差別からさらに進んで，最高裁の「期待する裁判官像（優秀で従順な上司従属型・官僚型裁判官像）」に合致していることが任官の判断基準になっていると言われている［ネット46編：175-176頁］。

　②任地差別　　適正な配置によって全国で均質なサービスを提供し，また，地元との癒着を防ぐため，裁判官は，3〜4年ごとに広範囲な転所（転勤）を

繰り返しており,「転所の拒否の自由」(裁48条)は事実上存在しない。かつては，10年の任期ごとに勤務地の平等化を図るため，裁判所をA(大都市)，B(中都市)，C(小都市)に分けてローテーションで回るABCサイクル方式(機会均等主義)が採用されていたが，現在では，適材適所方式(能力主義)へと変更されている。エリート裁判官が都市部への転勤を優遇されるのに対して，最高裁判例に反する判決を出した裁判官は支部めぐりという不利益処遇を受けている。

③昇給差別　裁判官の給与は,「裁判官の報酬等に関する法律」(昭和23年法律75号)に基づき，判事については1～8号，判事補については1～12号の俸給に細分化されている。裁判官は定期に相当額の報酬を受け，在任中これを減額することはできない(憲79条6項・80条2項)が，昇給については規定がない。そのため，4号俸までは同時昇給するが，任官21年以上を経過すると3号俸以上に昇給できる者とできない者が現れ，物価調整手当やボーナスも含めれば年間500万円近い給与格差が生じている。

このような最高裁の人事権行使による裁判官統制は，裁判官に市民的自由や政治的活動の自由がほとんど認められていないことと相まって，最高裁の顔色を窺い権力者に都合のよい判決だけを書くヒラメ裁判官を生み出している。[16]

一方，これとは別に，より組織的な判決統制の存在も指摘されており，具体的には，①裁判官会同・裁判官協議会，②判検(人事)交流，③裁判所調査官の三つが挙げられる。

①裁判官会同・裁判官協議会　裁判官会同・協議会は，最高裁事務総局が決定したテーマについて，各裁判所が具体的な協議事項を提出し，出席裁判官が意見交換をする場であり，最高裁主宰のものと最高裁の指導のもとに高裁が実施するものの二種類がある。最高裁発足当初から実施され，かつては『裁判所時報』に開催の事実が掲載され「執務資料」も公開されていたが，現在は，秘密のベールに包まれている。最高裁は,「研究・研鑽の場」に過ぎないとしているが，下級裁判所判決統制の温床になっていると指摘されている。[17]

②判検(人事)交流　判検交流とは，裁判官(判事，判事補)と検察官(検事)が互いの職務を経験する仕組みをいう。明確な法的根拠はないが，双方の職場を知る研修の目的で，最高裁と法務省の合意に基づき，1974年から実施さ

れてきた。しかし，原発訴訟などの行政訴訟や国を相手取った国家損害賠償では，裁判所から法務省に出向した者が被告国側の代理人（訟務検事）を務め，その数年後にまた裁判官に戻ることになり，はたして中立公正な立場で裁判ができるのか懸念が示されてきた。国会でも三権分立に反すると批判され，2012年度からは刑事分野での交流は廃止され，民事分野でも縮小が進められている。

③裁判所調査官　各裁判所には，裁判所調査官が置かれ，裁判官の命を受けて事件の審理および裁判に関して必要な調査を掌る（裁57条2項）。アメリカのロークラークにならって導入された制度であるが，裁判所法附則3条により，裁判官として10年以上の経歴をもつ者が最高裁によって調査官に任命されている。

最高裁が扱う上告・上告受理事件は民事訴訟だけで年間4000件を超えており，15人の裁判官だけで処理するのは不可能に近い。そのため，最高裁調査官は，関係法令，判例，学説等を収集・整理するだけでなく，上告された裁判記録を読み，「大法廷回付」，「小法廷での評議」，「棄却相当」，「破棄相当」の事案に分類して，担当の最高裁判事に答申し，判決文の草案を書くこともある。司法官僚の一員である調査官の意見が裁判を左右していると言われ，調査官裁判と揶揄されている。

以上のように，戦後，司法の独立のために最高裁に認められた司法行政権は，立法・行政からの介入を防ぐためだったとはいえ，皮肉なことに，司法の内部統制のための手段に転化しているのである。

▶12　「最高裁判所は，訴訟に関する手続，弁護士，裁判所の内部規律及び司法事務処理に関する事項について，規則を定める権限を有する」（憲77条1項）。規則制定は立法的な作用であるが，専門的技術的な色彩が強いことから，最高裁に委ねられている。民事訴訟規則，刑事訴訟規則，家事審判規則，最高裁判所事務処理規則，裁判所傍聴規則，法廷等の秩序維持に関する規則などがある。

▶13　各裁判官の事件処理能力，指導能力，法律知識，効用，健康，人物性格の特徴ならびに総合判定からなる勤務評定であり，転勤・昇進・昇給などの判断材料にされる。各裁判所の長（事実上は部総括判事）が行ってきたが，評価の基準や過程が不透明なことから批判が高まり，司法制度改革では，「新しい裁判官の人事評価制度」が導入された。

▶14　裁判所法は，司法行政の担い手としては裁判官以外の裁判所事務官を充てるとしていた（58条）が，1950年，「司法行政上の職務に関する規則」が制定され，「司法行政に関する

事項の審議，立案その他司法行政上の事務を掌る職のうち，最高裁判所において指定するものは，判事又は判事補をもってあてる」とされ，裁判官がその身分を保有したまま事務総局に入ること（いわゆる「充て判」）が可能になった。

▶15　新藤［2009：56-59頁］は，司法官僚には，①事務局勤務裁判官，②高裁長官，高裁事務局長，家裁・地裁所長，③最高裁調査官，④局付の司法官僚候補生の4種類があるとしている。

▶16　わが国での裁判官は，国会や地方議会の議員になること，積極的な政治運動をすることは禁じられているが（裁52条），「政党員になったり，一般国民としての立場において政府や政党の政策を批判すること」は許されている（最高裁事務総局『裁判所法逐条解説（上）』178頁）。しかし，寺西判事補分限裁判事件に象徴されているように，裁判官の政治的活動の自由はほとんど認められていない。仙台地裁の寺西和史判事補は，組織犯罪対策法案反対派主催の集会でパネリストとしての出席と発言を依頼された。裁判所から出席辞退を求められたため，寺西判事補は一般参加者として出席し，「集会でパネリストとして話すつもりだったが，地裁所長に『処分する』と言われた。法案に反対することは禁止されていないと思う」と発言するにとどまった。しかし，当該集会に出席したことが裁判所から問題視され，仙台高等裁判所の分限裁判で戒告処分を受けた。最大1998（平成10）年12月1日決定・民集52巻9号1761頁は，「集会の参加者に対し，法案が裁判官の立場からみて令状主義に照らして問題があるものであり，その廃案を求めることは正当であるという同人の意見を伝えるものというべきであり，集会の開催を決定し法案を廃案に追い込むことを目的として共同して行動している諸団体の組織的，計画的，継続的な反対運動を拡大，発展させ，目的を達成させることを積極的に支持しこれを推進するものであって，本件言動は，裁判官の職にあるものとして厳に避けなければならない行為というべきで，裁判所法52条1号が禁止している『積極的に政治運動をすること』に該当する。」（多数意見）と判示し，賛成10・反対5で戒告処分が妥当と判断された。

▶17　たとえば，1976年10月（伊方，福島第二，東海第二の裁判が開始され，伊方原発訴訟で国が原告適格を否定する主張をし始めた時期）に開催された会同では，原発の設置許可訴訟において周辺住民に原告適格を認めることができるかどうかが，消極・積極の両方の立場から議論された。しかし，結論部分では，最高裁事務総局（行政局）は，原発はこれまで付近住民に危害を与えたり人命や財産を損なったりする事故はなかったことを前提に，「原告適格の有無ということを判断するとすれば，むしろ消極説の問題点として先ほど挙げたような，実際に被害が起こさなければ救済を受けられないのではないかというような危惧が現実になる可能性というのは非常に少ないというふうにも言えるのではなかろうか。もし，そういうふうなことが言えるとすれば，消極説にたっても実際上の不都合は生じないということが言えるというように思われる。」と述べた。また，1988年10月の裁判官会同では審理形式が取り上げられ，事務総局から，行政庁の判断に合理性があるかどうかの視点から審査すべきとする，伊方原発最高裁判決を先取りする見解が示された。

2　司法制度改革と司法官僚制の克服

今般の司法制度改革は，前述したように，小泉構造改革の一環として実施さ

れたものであるが、大きくは、市民のための司法制度改革を求める集団（市民、日弁連中心）と規制緩和の観点から経済インフラとしての司法制度の充実を求める集団（自民党、経済団体中心）、さらには現状を維持しようとする集団（最高裁判所、法務省）が拮抗し、ある意味妥協の産物として生み出されたものである（たとえば、日弁連主張の陪審制、最高裁主張の評決権なし参審制はともに否定され、裁判員制度が導入された）。そのため、司法改革の理念・イデオロギーから制度設計に至るまで多様な意見が錯綜しており、司法制度改革に対する評価は、個々の分野についても全体についても、大きく分かれている。

　それでは、審議会は司法官僚制の問題にどのように取り組んだのだろうか。意見書では、「裁判官制度の改革」として、「1．給源の多様化、多元化」「2．裁判官の任命手続の見直し」「3．裁判官の人事制度の見直し（透明性・客観性の確保）」「4．裁判所運営への国民参加」「5．最高裁判所裁判官の選任等の在り方について」が提言されている。

　このうち、2については、2003年に、下級裁判所裁判官指名諮問委員会が設置された。同委員会（委員11名）は、法曹三者と学識経験者で構成され、最高裁の諮問に応じ、下級審裁判官の指名の適否について審議しその結果を答申するもので、下部組織として、高裁所在地に、指名候補者に関する情報収集を行い委員会に報告する地域委員会も設置された。

　3については、2004年に「裁判官の人事評価に関する規則」が制定され、裁判官の新しい人事評価制度が導入された。評価権者（高裁長官と地裁・家裁所長）が外部情報を取り入れ、①事件処理能力、②部等を適切に運営する能力、③裁判官としての職務を行ううえで必要な一般的資質および能力の各項目について、被評価者（裁判官）と面談して評価を行うというもので、評価書は開示され、不服申立制度も設けられることになった。

　これまで任命や人事評価が完全にブラックボックス状態であったことからすれば、一歩前進と言えようが、最高裁事務総局＝司法官僚の権限縮小につながるような制度改革までは実現できなかったと評価せざるをえない。

　たしかに、審議会委員からは国会議員や現職の法曹三者が排除されて各界から委員が選出され、また、委員の発言内容は公開されるなど、臨司のときに比べればはるかにオープンで自由かつ建設的な議論が展開されたことは間違いな

い。国民の司法への不信＝改革への期待も後押しして，最高裁や法務省などの抵抗にかかわらず，司法は改革に向けて大きく舵を切ったが，司法官僚制の牙城を崩すまでには至っていない。本当の司法改革は，これから本番を迎えるといっても過言ではないだろう。

おわりに　市民のための司法を実現するために

　翻って司法の本質的な役割とは何だろうか。それは一言で言えば，政治部門が多数決原理により国民の意思を国政に反映させようとするのとは異なり，裁判での個別事件における法適用を通じて，行政・立法に対するチェック機能を果たし，少数者の権利・自由を保障することにある。裁判所は，権力の恣意的行使を抑制し，権力を法で拘束すること（法の支配）によって国民の人権を保障するという重要な役割を担っている。

　三渕忠彦最高裁初代長官は，「国民諸君への挨拶」（1947年8月4日）の中で，次のように述べている。

> 「裁判所は国民の権利を擁護し，防衛し，正義と，衡平とを実現するところであって，封建時代のように，圧制政府の手先になって，国民を弾圧し，迫害するところではない。ことに民主的憲法の下にあっては，裁判所は真実に国民の裁判所になりきらねばならぬ。……殊にこれからの最高裁判所は従来の事件を取扱う外に，国会，政府の法律，命令，処分が憲法に違反した場合には，断乎として，その憲法違反たることを宣言して，その処置を為さなければならぬ。所謂憲法の番人たる役目を尽くさねばなりませぬ。」

　こうした観点から見るならば，現在のわが国の司法が，刑事訴訟手続においても行政訴訟においても，国家権力をコントロールする機能を果たしておらず，人権の最後の砦になりえていないことは明らかである。

　したがって，司法改革は，単なる制度改革に終わるのではなく，司法官僚制を克服し，法の支配の実現につながるものでなければならない。その際に留意すべきは，わが国と同じようにキャリアシステムを採用している国々（大陸法系のドイツ，フランス，イタリアなど）がすべて司法官僚制の弊害に見舞われてい

るわけではない,ということである。こうした国々では,たとえば,①任地の不可動制(転勤の禁止),②昇格・昇進についての民主的手続,③人事考課の本人への公開,④裁判官の労働組合,各種団体の結成・加入の自由など,裁判官の独立を確保するための数々の手立てを講じている。それゆえ,裁判官人事の民主化をさらに進めるとともに,頻繁かつ広範囲な転勤の禁止や細分化された報酬制度の廃止などに直ちに着手する必要がある。

　また,それとともに,最高裁事務総局を頂点とする中央集権的な司法官僚制を解体するには,司法の地方分権を進めていかなければならない。形骸化が著しい各裁判所の裁判官会議を復権させ,高裁ブロック単位に予算や人事の権限を移譲するなどして,分権化を進めていくことが求められる。これまでわが国の司法は,画一性や等質性を特徴としてきたが,今後は,法テラスとも連携して,地域の特性を活かした司法を実現していく必要がある。そして,司法全体について言えば,予算や人員(弁護士だけではなく,裁判官・検察官,裁判官職員なども含む)の拡充や情報公開を進めて,大きな司法・市民に開かれた司法を実現していくことが重要である。

　司法制度改革の進展により,司法や裁判がマスコミやインターネットで取り上げられる場面が増え,次第に身近な存在になりつつある。司法に対して無関心であることは,結果的には,私たち自身の権利や自由を危ういものにしていることに留意しなければならない。もちろん,訴訟当事者や裁判員等として直接裁判に携わる機会は滅多にあるわけではないが,裁判傍聴,裁判支援など間接的な方法で裁判に関わることも可能である。また,声を上げ始めた裁判官(たとえば,「開かれた司法の推進と司法機能の充実強化」を目指す日本裁判官ネットワークなど)と連携し支援していくことも,司法の民主化を進めていくうえで大きな意味をもっている。市民による司法改革があってはじめて,市民のための司法を実現することができるのである。

【参考文献】
＊司法・司法制度改革関係
秋山賢三(2002)『裁判官はなぜ誤るのか』岩波新書
朝日新聞「孤高の王国」取材班(1991)『孤高の王国　裁判所』朝日新聞社
安倍晴彦(2001)『犬になれなかった裁判官—司法官僚統制に抗して36年』NHK出版

木佐茂男ほか（2009）『テキストブック現代司法〔第5版〕』日本評論社
佐藤幸治・竹下守夫・井上正仁（2002）『司法制度改革』有斐閣
新藤宗幸（2009）『司法官僚―裁判所の権力者たち』岩波新書
西川伸一（2005）『日本司法の逆説―最高裁事務総局の「裁判しない裁判官」たち』五月書房
日本裁判官ネットワーク（1999）『裁判官は訴える！　私たちの大疑問』講談社
──（2001）『裁判官だって，しゃべりたい！　司法改革から子育てまで』日本評論社
日本弁護士連合会司法改革実現本部（2005）『司法改革──市民のための司法をめざして』日本評論社
ネット46編（1995）『裁判官になれない理由──司法修習と任官拒否』青木書店
フット，ダニエル・H.（2007）『名もない顔もない司法──日本の裁判は変わるのか』（溜箭将之訳）NTT出版
山本祐司（1994）『最高裁物語　上・下』日本評論社（講談社アルファ文庫，1997年）
渡辺洋三・江藤价泰・小田中聰樹（1995）『日本の裁判』岩波書店

＊裁判員制度関係
池田修（2005）『解説裁判員法──立法の経緯と課題』弘文堂
伊佐千尋（2006）『裁判員制度は刑事裁判を変えるか―陪審制度を求める理由』現代人文社
高山俊吉（2006）『裁判員制度はいらない』講談社
竹田昌弘（2005）『知る，考える裁判員制度』岩波ブックレット
土屋美明（2008）『裁判員制度が始まる──その期待と懸念』花伝社
──（2009）『裁判員制度と国民──国民的基盤は確立できるか』花伝社

＊原発訴訟関係
磯村健太郎・山口栄二（2012）『原発と裁判官―なぜ司法は「メルトダウン」を許したのか』朝日新聞出版
海渡雄一（2011）『原発訴訟』岩波新書
現代人文社編集部編（2012）『司法は原発とどう向き合うべきか―原発訴訟の最前線』現代人文社
新藤宗幸（2012）『司法よ！　おまえにも罪がある―原発訴訟と官僚裁判官』講談社

【塩谷弘康】

†Person 2　川島武宜（1909〜1992年）　　戦後法社会学の「生みの親」

　川島武宜（かわしま・たけよし）が戦後日本の法社会学の形成と展開に大きく貢献してきたことは周知のことであろう。現在各大学で法社会学を講じている教員の相当数が，「川島武宜の弟子」あるいはその「弟子の弟子筋」にあたる者と言っても過言ではなかろう。

　川島の法社会学に関しての主要業績は『川島武宜著作集』全11巻（岩波書店）に収められているが，その内容は「生ける法」論，法意識論，「科学としての法律学」を背景とした裁判論や法的過程論，さらには入会権論や家族（法）論まで多岐にわたる。これら以外にも川島は民法についての業績も多く残している。元々川島は東京大学法学部の民法の教授であり，本人の弁によると，民法についての研究・教育の「合間に」法社会学を研究していたのだ。

　したがって，この短いコラム欄で川島法社会学の業績についてまとめることは極めて難しいので，ここでは「生ける法」論とそれに関連する法意識論に限定したい。この限定は筆者の問題関心に大きく影響されていることは言うまでもないが，それ以上に川島法社会学の原点は，「生ける法」論にあるのではないかと推測するからである。川島の中・後期の様々な業績も「生ける法」論から再度検討してみる価値もあるのではないだろうか。

　川島によれば，「生ける法」は「法律」（Gesetze）の「現実的基礎」であり，社会関係のなかで現実に行われている法であるが，六本佳平によれば，川島には二系統の「生ける法」論があったと言う。第一は太平洋戦争後に新たに成立した民主的法秩序と現実社会のズレを前提した「遅れた慣行」としての「生ける法」である。この「生ける法」は主として農村社会での旧慣として現象しており，前近代的な色彩の強い慣行である故に，新たな憲法や民法とは相容れず，「否定すべき対象」として把握されていた。

　第二は，人間の意識や観念等を媒介として国家制定法や判例法に転化する「生ける法」である。この「生ける法」論はエールリッヒの「生ける法」論に近似しているが，エールリッヒとは異なり，社会関係の分析の基礎単位を「団体」ではなく個人としたうえで，近代的所有権の淵源である「生ける法」を近代資本主義に求めた。すなわち，近代的所有権の性質（観念性や絶対性）を，近代資本主義に内在する「生ける法」，商品経済や量的価値を前提とする等価交換から論証することになる。

　このような「生ける法」については，その法的性格についての疑問が生じることは言うまでもないだろう。これに対して川島は「法社会学における法の存在構造」（著作集1巻）で，「生ける法」は「法」の「端緒的段階」に位置するので，道徳や習俗等の他の社会規範と未分化の状態において存在している。よって，「生ける法」に「明確な法的性格を求めること」は無意味であるとしている。

　川島の「生ける法」論とも関連する「法と社会のズレ」は「法意識論」にも継承されている。川島の『日本人の法意識』（著作集4巻）では，わが国での伝統的な法意識を「義

† Person 2　川島武宜

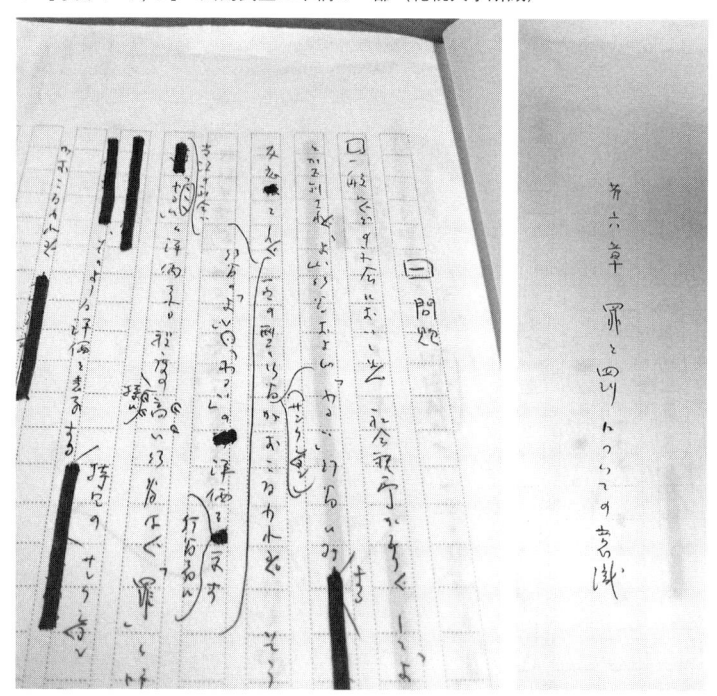

▼ ［写真4-1, 2］　川島武宜の草稿の一部（札幌大学所蔵）

　理と人情」であらわされる「前近代的な法意識」としていた。近代法のもとでは権利義務は「客観的な基準」によってその範囲は確定されるとともに、「内面的な自主性」（遵法精神）によって権利も義務も限定的である。ところが、「前近代的法意識」のもとでは「以心伝心」という言葉に象徴されるように、一種の不確定さや曖昧さが特徴となっている。つまり「和」を重んじるあまり当事者間の協同体的な雰囲気を重視し、物事を曖昧なままにして、いわゆる「喧嘩両成敗」や「水に流す」方式で紛争を解決する傾向があるとする。

　川島はこの傾向を川島自身のアメリカ合州国での経験をも引用しながら、契約、所有権や民事訴訟に関して論じており、わが国での民事裁判に関しての「裁判嫌い」や「調停制度」もこういった法意識から説明できるとした。

　ところで、この『日本人の法意識論』では、「契約」、「所有権」、「民事訴訟」を扱って終わっているが、最初の「はじがき」には「刑事訴訟」に関しての原稿も書いたとしるされていた。この原稿については、樫村志郎教授（神戸大学）らのご尽力もあって、最近「川島文庫」（札幌大学）に「第六章　罪と罰についての意識」として収められていることが判明したことを付け加えておこう（**写真4-1, 2参照**）。

「川島先生は短気だ！？」
　上記で示唆したように川島法社会学の影響は大きいが、直接川島の教えを受けた「弟子」は限られており、川島の「人となり」はなかなか直接には伝わってこない。ここでは川島の「弟子」の1人であるX先生の話を少し紹介しておこう。
　X先生曰く、「川島先生はとても短気であった」。ある日、何らかのことで川島先生の怒りをかい、「下駄で殴られた」そうだ。「鷹揚な」X先生はそのまま帰宅した後で、自らの額に血がにじんでいるのに気がついたという。何が原因だったかは不明であるが、このことをX先生は懐かしく話していた。
　このエピソードをどう解釈するかは読者の自由である。「今ならパワハラだ」という意見もあろうし、「こんな話を今更公にすべきでない」という人もいるだろう。確かに、こんな話は川島の学問的業績には何の関係もない。しかし、川島武宜をもはや著作のうえでしか知らず、しかも「直接の弟子」も少なくなっている現在、こういった話によって戦後法社会学の「生みの親」（の一人）である川島とその弟子の間柄の一端を若い人達が知っておくことも、川島理論を継承・発展させるうえでは決して邪魔にはならないだろう。

【参考文献】
川島武宜（1982～1986）『川島武宜著作集』（岩波書店）
六本佳平（1972）「戦後法社会学における『生ける法』理論」（石井紫郎編『日本近代法講義』（青林書院新社）
「特集：川島法社会学の軌跡と展開」（1993）『法律時報』65巻1号

【林研三】

5章 立法学と法社会学

1 ── なぜ立法学を問題にするか

　日本は成文法主義の国である。議会によって制定された法律の下で行政権の執行は行われる。立法は「法」を定立する行為であり，立法権は原則として国会にのみ帰属している。立法機関が正当な理由なく立法を行わない場合には，立法の不作為として，国家賠償訴訟もありうる。ただし現実には，立法の不作為を理由とする国家賠償訴訟への道は容易には開かれてはいない。

　日本では未曾有の原発・震災を受けながら，完全復興への道も見えず，責任の所在も不明確な状況が，被災から2年以上経過した今なお，継続している。震災は自然災害であるが，原発事故は原発行政を実施してきた国の政策決定があってこその事態である。このような事態に対処して，国がなすべき処置は何か。立法による国家の強制的実施は，どのような事態に必要となるのかについて分析しなければならない。法社会学の学問的課題であると同時に，原発災害と同時代に生きる者の責務でもある。

1 「立法学」は法社会学のテーマか

　「立法学」と称する学問分野の存在は，一般には認知されてはおらず，論者により多義的に使用されている。文字面からは立法方式や法案作成後の，国会や法制局等関連機関における成立手続を意味すると理解されている節もある。しかしそうであれば学問的方法論としては法社会学の対象として扱う必要性は薄い。ここで法社会学の対象として直面するのは社会事情と立法の関係性について考えてみることである。実は法社会学的方法論のもとで立法学を探求した例は，歴史的にも決して目新しいものではない。

　末弘巌太郎はすでに大正時代に「立法学」の意図に言及しており，その後第

二次大戦後の労働運動と組合立法に関する著作の中で、立法作業が官僚の専権のようになされ、したがって立法能力の養成も経験と熟練と勘に頼る職業的訓練によっていることを批判し、"立法は法哲学によって法学的識見を養い、現行法の知識を有し、法史学と比較法学によって立法の背景となる社会事情との相互関係を知らねばならぬ、体系的組織的作業である"事を強調し、これを貫徹するための組織や施設の合理化の必要性を説いた。この趣意は、その後の立法学を語る文献に枕詞のごとくに引用されている。

2 法政策と立法学の関係性

ある一定の現象に対し、国家としての対処法をいかにするかが政策決定であり、これに従い具体的にいかなる法規制をするかが法案立案作業であり、立法プロセスの出発点である。一般に政策決定は政治の問題であり、政治学の範疇であるとも考えられる。しかし当該政策実現を立法にゆだねるか否かがまさに法律学の問題であり、さらにその前提として、政策決定のためには、同様の現象に諸外国がいかに対処しているのか、その成果や帰結から学ぶこともあり、あるいは歴史に学ぶ必要もある。

また立法の必要性が生じた理由がどこにあり、既存の法制度の不備、不足が新たな法制度の構築を必要とする状況であるのか、あるいは社会事情や価値観の変更などがあるとすれば、その変化をどのような手段で確認し、立法による解決策に適合するかの検証をどのような方法で行うかなど、前提となる諸課題の解決が必要である。つまり政策決定を含めた立法に関わる全過程が立法学の対象と言わざるを得ない。

ところで法社会学の理論的側面を探究する学説の中で、「法過程」とする用語が提唱されている。同概念の定義については、論者の中でも微差はあるようであり、とりわけその場合の「法」の意味につき、制定法のみならず判例法理や立法によらない規範的性質を有するものも含むのかなど、「法過程」の範疇に包含される対象は画一ではないようにも思われる。しかし少なくとも制定法がその範疇にあろうことは疑義ないところと見られる。本章が扱う「立法学」は広範であることから、ここで扱う立法学は、法過程を論ずるこれら諸説と概念の類似性が高いものとも考えられる。

2 ── 立法はどんな要因でなされるか

1 社会事情の変動

　ある社会現象に対し法をいかに適用・運用するかが問題となる場合，社会構造のあり様や社会のニーズを分析する作業は，法社会学にとって重要な課題である。このことは，明治期における近代法の制定以降，法社会学が社会の実情といかに関わってきたかを遡ることで知ることができる。戦前からの法社会学先行業績の多くが，この問題意識に基づき，現在に至るまでなお継続していることで，その意義が図り知れよう。

　そこでこの現象を，土地をめぐる法制度がどのような変移を経てきたかに焦点を当て概観しておこう。明治民法での土地制度は，借地権の保護が図られる現代からすれば理解し難い程の，土地所有権絶対優位の法制度が取られていた。地主から借り受けた土地を小作人が耕作し，地代賃料を払う形式は，現在でも土地の賃貸借として存在するが，明治民法は圧倒的に地主に有利な権利を認めた（小作人の生活が，働けど働けど極貧舐めるがごときものであった現実は，テレビドラマ「おしん」によく描かれていた）。実は明治民法以前に公布され，いわゆる幻の民法といわれるボアソナードの作成による旧民法では，小作人の賃借権を物権と位置付け，土地の所有権を制約するものとされていた。しかし当時の，支配大勢としての地位を確たるものにしようとしていた地主層がこれを受け入れるところとはならず，結局旧民法は施行されずに終わり，これに代わって制定された明治29年の明治民法は，強力な地主層の力におされ，地主本位の土地制度を確立することとなったのである。

　その後資本主義の要請もあり，また地主自体が階級の証として君臨していたことへの反発から始まった階級闘争が社会問題化した事もあって，特別法により徐々に土地所有権の制限がなされていく。明治42年の建物保護法，大正10年の借地法，昭和13年の農地調整法など一連の立法で，土地の利用権が一応保護されることにはなる。さらにその後，戦後の民法で「家」制度が廃止され，また農地改革を経て，家産的土地所有は立法上は解消されたことになる。

　さらに戦後の都市への人口流入に伴う都市での労働者の住宅問題等から，土

地の利用権への社会的要請が大きく高まることになる。その起因の多くは、住民運動等による主張や不満の噴出であり、これが土地政策、農地および農業法、住宅に関する諸法についての法社会学の重要な課題となって、法制度の背景と農民生活の現状等の探求がなされることになる。

2　価値観の変移

　社会的価値観も時代とともに変容する。したがってその時々の社会の価値観も社会事情の一場面ともいいうる。しかし価値観が経済事情や政治状況等と異なる点は、具体的に実証し難い点にある。いったい価値観は何を基準に計られるだろうか。「観」とは観念であり見方であることから、本来的には個々の人間の思考や感覚が基本になる。したがって"社会的価値観"とは言語矛盾ではあるが、一般には社会全体で主流のものの考え方をいうことになる。ところが何が主流かは見極めが単純ではない。

　価値観と立法がどのような関係にあるかを問題にする際に、避けがたいテーマが家族の問題である。家族に関する法制度が、戦後日本国憲法制定とともに大きく変更されたことは、まさに時代と価値観の変化によるものである。明治民法が戸主とその下にある家族とを「家」の構成員とし、戸主に権限が集中するよう意図した立法であったのに対し、戦後の民主主義の導入により改正された現行民法典第4編、第5編（親族・相続編）は家族法と称され、夫婦間、兄弟間の平等が観念される立法となった。このことは、戦時体制への反省と民主化の希求の現れともいえるが、社会の「家族観」は旧態依然として存した。

　近時の社会問題でもある非嫡出子相続分規定は、婚姻外で生まれた子は、本来の家族ではないとの価値観から、今現在も民法中に存在する。これが違憲として問題となり、違憲訴訟の結果、最高裁が従来の合憲判断を覆し、大法廷判決で違憲判断をした（2013年9月4日）。違憲の根拠は、婚内子と婚外子の相続分に差別があることが法の下の平等に反するとするところにある。実はこの問題が高裁レベルではじめて違憲との判断が下されたのは1993年のことであった。その後数度に渡り最高裁での判断がなされたものの、そのすべてが合憲判決であり、この間実に20年かかったのである。

　判決の根底には婚姻とは何かという本質的問題に対する価値観の相違が存在

する。1998年の法制審議会による民法改正案要綱に非嫡出子相続分差別を撤廃する趣旨の答申がなされたときには，国会の審議の場で，法律婚を尊重する必要があるとの意見や，差別がなくなれば，不倫が横行するなどとの反論が出て，結局法案までに至らずに終わった経緯がある。

しかし法律婚（すなわち婚姻届を提出した婚姻）をせずに，婚姻同様の関係にある，いわゆる事実婚のすべてが不倫なのではない。前婚の離婚が成立しないなど，やむを得ず婚姻届が出せないカップルも存在する。保護に値する事実婚があるからこそ，事実婚保護の慣習や判例が成り立ちうる。多くの会社の内規によれば，遺族年金の受給資格としての配偶者には事実婚を含むとするものが多いことも，事実婚保護慣習の一例である。旧来の価値観への固執に変革を促す要因として，違憲判決の意義は大きかったというべきである。

3 ── 立法の意義

1 法解釈は立法の代替となり得るか

さてそれでは，最高裁が違憲とした以上，非嫡出子相続分差別は存在しなくなったであろうか。判決は当該訴訟当事者の紛争解決手段であり，万人に当該判決の効果が及ぶわけではない。したがって，同じ問題を抱える人は，自らの問題解決のためにはまた訴訟に訴えなければならない。この問題を解決するのが法律である。

従来立法の不備を解釈で埋めてきた実例は枚挙に暇がない。その多くは諸説相対する論拠が提示され，賛否を論じ，これを表明することで，いわゆる学説となり，大方の見解の集約したものが通説として，時には著名な学者の見解が有力説として，判決の根拠となったものもある。したがってこの限りでは，立法の欠缺を法の解釈で充足しており，解釈は立法の代替であるといえる。

しかしながら司法は法の適用がその役割であるから，いかに学説が主張していても立法の予定しないことを判断の根拠とすることはできない。その適例が生殖医療にかかわる場面である。現行民法が改正された1947年当時，すでに人工授精技術は存在していたが，厳密に治療の一環としての体外受精であり，その点につき民法上は立ち入ることはなく，現在に至るまで人工的生殖医療によ

る出生子の法的地位についての法文はどこにも存在しない。

　第三者の精子による人工授精（AID）は，ドナーを明らかにしないこと，夫が施術に同意することを条件に，同意した以上後にこれに反する言動をしないことを課して，法的にも戸籍上は夫の子として処理されている。ところが医学の現場では，技術の進歩により，立法時は予測もしえなかった生殖医療が行われている。上記のほか生殖医療による出生子の法的地位が司法の場に持ち込まれた事例としては，代理母による出生子，冷凍精子による死後懐胎の出生子，性同一性障害者による婚姻夫婦のAIDによる出生子があるが，いずれも法的親子関係を認めてはいない。その根拠は，法の予定していないところだからとするものであり，立法遅怠の弊害といえよう。

　＊　性同一性障害者婚姻の出生子については，血縁がなくても父子と決定するとの最高裁の判断が下された（2013年12月10日）。

2　立法理念と現実の齟齬——理念倒れ・脱法的抜け道の存在

　立法がなされたものの法の施行の段階で意図したような，たとえば個人の尊重や平等観念が達成しているとは言い難い場面が表出することは少なくない。現行民法の中には，立法が現実と乖離している現象，換言すれば立法が理念に基づき理想的価値観により規定されはしたものの，国民意識が明治民法時代と変わらぬままであることから，法文に実効性がない条文も存在するのである。

　理念と現実の齟齬としての例を協議離婚のあり方を素材に考えよう。現行法は夫婦の協議で離婚をなしうるものと規定した。というのも明治民法下で婚姻は戸主の同意を得てなしうるもので，離婚についても，事実上親や親族が家の嫁としての妻を追い出すなどの現象があったことに鑑み，婚姻を継続するか否かはあくまでも当事者間で決めることであり，周囲の思惑などを払拭すべしとの考えで立法されたものである。しかし現在，「家」の縛りは解消しても，当事者間で他方の不当な処遇に耐えかねず，あるいは暴力から逃れるため，何の賠償も得ないまま不本意な離婚に同意させられる，いわゆる不本意協議離婚が横行する結果となっている。

　この例で立法作業の要因として考えるべきは，理念倒れもしくは立法趣旨の

名の本道の陰に隠れた脱法的抜け道の余地をなくすための措置であり，理念貫徹のための監視（チェック）機構の介在である。上の協議離婚の例では，単に届出だけによらず裁判所等の公的機関を介在させ，双方ともに真意による離婚の同意であることを確証する方式にするために，他国の立法にみられるように，最終的に届出の意思の表明を家庭裁判所において確認するなどの措置をとるべきと多くの研究者が主張しているが，民法改正（すなわち立法的措置）は未だ頓挫のままである。

4 ── 原子力災害と立法

1 原発事故の特異性

2011年3月11日の未曾有の災害を経験し，法学界でも震災をテーマにした学会やシンポジウムが開催された。東日本大震災と原子力災害を取り上げることは，社会の現実を対象とする学問分野の責務であり，課題でもある。しかしその多くは，地震による津波と原発災害とを区別することなく論じていることが多い。むしろ被害者の中に差別が生じてはならぬとの配慮から，あえて一括して扱う必要性もある。というのも被災地の至るところで救済が今に至るまで十分に進まない現状では，被災者をランク付けすることが不合理な結果ともなりかねない。あるいはまた原因が何であれ救済は平等に行われるべきとする主張も無理からぬところがある。しかしこれが原因別考察の道を阻んでいるのである。

　震災は自然災害であるが，原発は事情が異なる。原発推進政策の結果原子力発電所が設置されたことは明らかで，仮に原発政策をとらなければ回避しえた事故でもある。地震や津波の災害と，政策的に導入したものに発生した事故とは区別して考える必要がある。

2 原発災害の立法的措置による復興救済
(1) 復興政策と法制度

　震災の復興は未だ遅々としたものである。立法による救済の進展を図るには，現地の事情を迅速に見てとり，決断をする必要があるが，従来の縦割り行

政によっては復興の迅速実現を目指しえないとして，平成23年12月復興庁が設置（平成23年12月16日法律第125号）され，同24年3月福島復興再生特別措置法（平成24年3月31日法律第25号）が制定された。

　復興庁は各省庁の上位に位置づけされ，構成メンバーは各省庁からの出向からなり，霞ヶ関（東京）に復興再生統括本部を置き，縦割り行政をなくし，窓口の一本化と他組織との情報共有を目指すという理念のもとに，復興機能の充実を図るものであった。しかし公共事業関連の担当は国土交通省，除染は環境省，廃炉の検討と必要な調査を行うのは経済産業省，原子力損害賠償紛争審査会は文部科学省というように，本来の他省庁との兼ね合いがなくなったわけではなく，復興省は災害復旧に必要な権限を総括して任にあたることになりえてはいない。震災のがれきの処理一つとっても立ち遅れは明らかである。福島県民の声が「復興の道筋ついていない」（朝日新聞2013年3月6日付）として報道されたが，復旧復興の遅延の原因はどこにあるのかを問わねばならない。

(2)　原発事故に対し立法の果たす役割

　自然災害は防ぎ難い面があるが，原発は防ぎえた事故である。法的には原発災害の責任問題があるが，これも未だ十分な議論が尽くされていない。しかしその間にも被害は拡大している。除染事業も全うしえない状況で，台風の豪雨で汚染水が新たに漏れ出すなど，原発事故は終わりのない対処を要するものであることが徐々に見えてきた。

　仮に事故が発生しなかったとしても日本がエネルギー政策として原子力を採用したときから，核燃料サイクルの問題は突き詰めない状態で，宙におかれてきた。今，原発リスクを考慮して原発停廃止立法の動きがある。議論は立法の是非以前の，原発停廃止論と国民生活の永続的発展維持論の対決構造にある。現政権の原発推進政策は，電力会社の採るところでもあり，東京電力は，福島原発事故以降考えられうるリスクに対する対策をとっているので，福島のような事故はもう起きないと説明する。

　このような原発設置・継続を前提として，リスクの最小限化をはかるとする主張に対し，リスクはゼロにはできないとする意見があり，後者が現在の科学的知見の共通理解と思われる。脱原発論はこの考え方に立ち，ゼロにできない以上，停廃止すべきと論じる。ところが原発の停止を簡単に認められない要因

として，原発は使用済み燃料からプルトニウムを再利用しており，仮に原発を停止しても，使用済み燃料は残る。もんじゅの再開をめぐる経緯がまさにこの使用済み燃料の再処理問題であった。一度始めた以上は，後戻りができない運命との声すらある。さらに経済界の原発存続要請の声は大きい。米原子力規制委員会（NRC）のスタッフが事故時の放射性物質の大量放出を防ぐためフィルター付きベントを設置すべきと提案したことに対し，電力業界・一部国会議員が，費用対効果があるのかとして，一斉に反対したことが報じられた（朝日新聞2013年4月27日付「記者有論」）。つまり原子力規制の為に必要以上の人員，お金をかけた場合，他の部分が手薄になるために新たなリスクが発生する危険性もあり，料金の値上げも想定しうるから，結局公共の不利益となる。したがって資源の最適な配分によってのみ事故のリスクは最小化できるというものである。

　立法の目的は目の前の紛争解決もさりながら，将来の社会的安定を目指す必要もある。今国民に課せられた課題は大きい。

【参考文献】
＊立法の一般論

大森政輔・鎌田薫編（2011）『立法学講義　補遺』商事法務，6頁「立法学の意義と内容」（鎌田薫執筆），18頁「法解釈学と立法学の関係」（石村健執筆）
小林直樹（1984）『立法学研究——理論と動態——』三省堂
宮澤節生（1999）『法社会学フィールドノート　法過程リアリティ』信山社
六本佳平（2004）『日本の法と社会』有斐閣

＊農地・農村，土地に関する著作

『農村法律問題』（改造社），福島正夫『地租改正の研究』（有斐閣），渡辺洋三『農業と法』（東大出版会），『戦後改革6　農地改革』（東大社研編）等

＊家族論

福島正夫（1974）『家族——政策と法1』東京大学出版会
利谷信義（1995）「戸籍制度の役割と問題点」ジュリスト
奥山恭子（2007）『家族の法　親族・相続』不磨書房
現行法上の諸問題につき，昭和33年「民法改正留保事項」

【奥山恭子】

†Person 3　戒能通孝（1908〜1975年）　「主体」と「実践」

　戒能通孝（かいのう・みちたか）は末弘巌太郎に師事していたが，その末弘のもとで戒能は「中国農村慣行調査」等を行うかたわら，『入会の研究』や『法律社会学の諸問題』等の多くの著作や論文を残している。民法解釈学関係の論稿を除いたその主要業績は，『戒能通孝著作集』全8巻としてまとめられているが，各巻のタイトルを見ると，「天皇制・ファシズム」から「所有権」，「裁判」，「家族」，「公害」等が列挙されており，彼の研究分野の広さがうかがわれる。

　しかし，戒能については，こういった業績とともに，彼の「生き方」についても注目される。すなわち，彼の「農民の立場からする入会研究は，昭和39年，都立大学教授の職を辞して直接関与する小繋事件での実践という形で続けられ」［畑1977：289頁］ていた。このことは当時の少なくない人びとに影響を与えてきたと思われるが，他方でその評価もわかれることになろう。

　こういう「生き方」とも関係するが，戒能通孝は戦後日本の法社会学に大きな影響を与えてきたと思われるにもかかわらず，その影響の与え方は川島武宜とは異なる。川島と戒能はともに，戦後日本の法社会学界の「巨人」というに等しいが，川島が当時の大塚久雄らと同様の方向性を目指しながら，多くの「弟子」を育ててきたのに対し，戒能はそれとは異なる方向性や視点をとっていたようである。

　例えば，戒能入会権論の特色の一つであり，川島入会権論と異なる点は，入会権者の「入会稼ぎ」等の「共同体的規制」のもとでの生業が入会慣行なり入会権に大きく影響を与えているという指摘である。川島は大塚久男の『共同体の基礎理論』でのように，共同体の解体による個の自立や市民社会の成立を想定していたが，戒能は「村民の共通の利害を中心とする団体」であるドイツ社会史上の「村」［著作集Ⅳ：135頁］，そのような「共同体それ自身の積極的な側面を強調し，なおかつ自分の責任で経営し，労働に直接従事するものが所有権の担い手となる，こういう共同体の中で準備された，個体性の実現から市民社会」［楜澤2008：98頁］を展望していた。「近代所有権」も「個人的な生産労働」との結びつきを前提とし，その「労働の成果」を当該個人が獲得し，そのことが保護されることが，その基本理念であるとしていた［著作集Ⅴ：250頁］。

　さらに，『近世の成立と神権説』（著作集Ⅰ）においては，イギリスとフランスのブルジョアジーが比較されている。フランス・ブルジョアジーは「前市民的」な，「封建的農奴意識——他面からいえば官尊民卑の非自営意識——が奇妙に混じる町人的要素」（著作集Ⅰ：42頁）があまりにも多く，それが当時の神権的なフランス君主制に反映していた。他方，カルヴィニズムを受け入れ「企業家精神」に満ちたイギリス・ブルジョアジーは，「政治的行為の主体」として「古い神権的な君主制を斥って，自らが国民の名に於て機能する所の義務を引き受け」［著作集Ⅰ：66頁］ており，このことが近代市民社会成立に寄与したとする。

また、エールリッヒの「生きた法律」(「生ける法」)を「社會的現行法」として、その発見を法社会学の目標としつつも、その一方で「『生きた法律』を自らのその内部に於て制定且施行する具體的な支持者ならびに實踐者、換言すれば『生きた法律』の擔當者たる、法の主体の問題が殆ど提起されて居ない」[戒能1943：6頁]点を批判していることも、同様な問題意識からであろう。

すなわち、戒能は近代社会での「個人の自立」とその連帯を語る場合でも、形式的・抽象的な「個人の自立」に終始してはいない。近代以前の「村」のなかで培われていた個は、カルヴィニズム等を契機にして、「人間的本能ないし欲望」を醇化する「剛健な精神」をもった「市民」として出現し、政治や法・権利の「主体」となる。そして、そういった個人の連帯によって近代市民社会が成立すると考えていた。

このような「主体」となり得る個人に焦点を合わせている戒能法社会学は、「リスク化社会」や「コミュニタリズムとネオリベラリズムの対峙」、あるいは東日本大震災後の「絆」等が喧伝される今日であればこそ、再度検討する価値は十分にあるように思われる。しかしながら、川島と異なり、戒能の論稿は、『入会の研究』等の大著を別とすれば、「言葉が走る」というか、若干「アジテーション気味」の論稿も見うけられるので、それらを含めて総括することはきわめて難しい(と思う)。

だが、ここで視点を変えて、戒能法社会学はそういった著書・論文だけでなく、彼の「生き方」を含めた「実践」をも射程内に収める形で総括するべきではないかとも思う。先の入会権・入会慣行での「入会稼ぎ」や「主体」への注目もそのような観点から理解されるべきではないか。

ここで「実践」として想定されているのは、大学や研究室、図書館の内外での「実践」を意味し、具体的には社会運動や住民運動等との関わり合い等をも含むものである。そういった関わり合いは、戒能にとっては他の法社会学者が試みる実態調査・フィールドワークと同じか、それ以上の意味があったのではないか。

つまり、法や政治、あるいは「生産労働」等の「主体」に含意されていた「精神的自立性」を戒能自らが「実践」してきたということであり、そういう戒能の「生き方」が、戒能法社会学の一つの「基軸」になっているように思われる。したがって、戒能法社会学の理解には、このような「実践」を後続の研究者、社会運動の担い手、あるいは「何らかの志のある者」等、現在そして未来の「主体」が、どういう形で取り込むか――このことは必ずしも戒能と同様な「生き方」を「実践」するということではない――に、依存する部分が小さくないと言えよう。

* 戒能通孝氏が逝去された翌年度に畑穰先生の「法社会学特別講義」(早大大学院法学研究科)では「戒能法社会学」についての検討を1年間かけて行った。そのなかでの畑先生と受講者とのパーソナルコミュニケーションにおける一言である。しかし、そのような論稿には戦後の占領期やその直後に書かれたものが少なくなかったうえに、当時の様々な状況が影響している「時評的」な論稿も多かったからかもしれない。

【参考文献】
戒能通孝(1943)『法律社會學の諸問題』「序に代えて」日本評論社
──(1977)『戒能通孝著作集Ⅰ～Ⅷ』日本評論社

畑穣「解説」(1977年)『戒能通孝著作集V』日本評論社
楜澤能生 (2008)「法律学からの応答」『社会的共通資本・コモンズの視角から市民社会・企業・所有を問う』早稲田大学21世紀COE〈企業法制と法創造〉総合研究所「基本的法概念のクリティーク」研究会

【林研三】

6章　フィールドワーク論

はじめに　調査とは何か？

　本章では法社会学における実態調査，特にフィールドワークについて説明していく。しかし，その前に法社会学においてなぜ実態調査が必要なのかという問題がある。これは法社会学という学問がどういう性格を有する学問であるかという問題とも関連しているので，一言で答えることは難しい。しかし，ごくおおまかに言えば，法と社会の関係を論じる学問が法社会学であるとすると，法だけではなく社会にも目配りをする必要がある。社会に目配りをするには，社会を知らねばならない。社会を知るためにはどうすればいいのであろうか。

　かつて末弘巌太郎は，「判例」と「新聞」によって，限定的ではあるが社会を知ることはできると述べていたが，その末弘も戦時中には「中国農村慣行調査」を指導した経験がある。社会を知るには，図書館や研究室にいて文献を探索するだけでは不十分なのである。第一，社会を知るために図書館で探索する文献はどういう文献であろうか。多分それは何らかのデータや資料等が掲載されている文献であろう。ならばそのデータはどこからもたらされたのか。そのデータを提供した者は，何らかの調査によってそのデータを取得したのであろう。つまり，社会を知るにはデータや資料が必要であるが，そのデータや資料は常に何らかの調査に基づいて出てくる。

　データ提供者は自らの目的に沿ってデータを収集するが，第三者がそのデータを利用して研究を行うことはよくあることで——この場合のデータは「二次資料」とも言われる——，このこと自体は珍しくはない。ただし，「二次資料」を用いた研究よりは，自らの調査によって得た「一次資料」を用いた研究が評価される傾向は，現在でも続いているし，常に自分が必要とするデータが，他者が執筆した文献に都合よく掲載されているわけではない。また，社会を知る

ためには，一度は自分の目で見て，自分の耳で聞くことも必要かと思う。

確かに現在の法社会学研究では，調査とは無縁な研究もある。理論的研究や学説史的研究である。しかし，現在こういった研究に従事している研究者も，かつては，特に若い時代には，一度は調査に従事した経験を有する者も多いことは案外知られていないかもしれない。

法と社会の関係を論じるには社会を知る必要があり，社会を知るためには何らかの調査が必要であり，そういった調査に従事することが法社会学の特色の一つになっているとも言えよう。ならば，どういう調査が，どういう方法でこれまで行われてきたのかを振りかえり，そこから今後の調査のあり方を展望することもできよう。しかし，「どういう調査が行われてきたのか」をすべて網羅することは，この本章の限られたスペースでは不可能である。

戦前から戦後にかけて，入会慣行，水利慣行，漁業慣行をはじめとして，村落構造，祭り，警邏警察，企業法務，自治体法務など，その調査の範囲は多岐にわたる。法社会学という学問の領域が多岐にわたるので，調査範囲も多岐にわたったのか，あるいは調査範囲の多岐さが学問の領域を広げすぎたのかは定かではないが，ここではそれらの個々の調査内容の考察ではなく——これ自体重要な研究テーマになると思うが——，「調査方法論」に限定して話しを進めたい。「調査方法論」というと，法社会学のなかでは「そんなものやって，何か役に立つか？」という声が出てくるかもしれない（実際何度かそういう声を聞いたことがある）。

しかしながら，調査を行うための羅針盤となる方法論は，やはり必要ではないか。この点に関しては，法社会学における戦前から戦後にかけての慣行調査について，「入会，水利，温泉，漁労，等々の慣行を手当たり次第に調べていくというこうした事実調査には，しかしながら，学問としての必須の条件である調査の技法と理論的枠組みが欠けていた。したがって，その熱意とエネルギーにもかかわらず，ついにそれが法社会学の理論として結実することはなかった」[和田安弘 1994：10頁]と言われている。この批判は，実際に調査に従事した研究者の多くが民法学者であったことを差し引いても，甘受すべき内容を含んでいる。

過去のこういった慣行調査や「事実調査」がどういう方法論に基づいていた

かについては，一部を除いてさほど検討されてはきていない。ただ，私たちの「先達」が行った調査の方法を「思い出話」や経験談として聞くと，現在のフィールドワークと呼ばれるものに近い方法をとっていたように思われる。その方法は「聞き取り調査」や「ヒヤリング」とも言われ，調査地の故老や識者に話を聞くという方法であったようであるが，その際の「苦労話」の一部は，中川善之助の著作［中川 2001 など］にも散見される。しかし，そういった「苦労話」にも「聞き取り調査」という方法自体についての考察は見られない。

　ところで，このフィールドワークとは何であろうか。一般に調査というと，世論調査や国勢調査が思い出され，そこからはアンケート調査等が連想されるかもしれない。そういった調査がいわゆる「量的調査」と呼ばれるのに対して，フィールドワークは「質的調査」に含まれるものである。前者が相当数の，あるいは一定数のランダム・サンプリング（無作為抽出法）による対象者を前提とし，「定型化した質問形式」と「回答形式」を伴うことが多いのに対して，後者，特にフィールドワークは，限られた相手・対象に対する「参与観察」である。「参与」とは相手の生活への参与であり，そのなかで相手を「観察」するということになる。「参与」と「観察」が両立するかどうかについて疑問が呈されることもあるが，ここではそういった疑問は「観察」を自然科学的なものと考えた場合の疑問であるとだけ言っておこう。

　このフィールドワークでは定型化した質問項目もあり得るが，それ以上に重要なことは調査対象者と調査者のフリートーキングである。そのためには，それ以前にフリートーキングができる信頼関係──ラポールとも言う──が確立されていなければならない。したがってそのような対象者は自ずから限られてくるが，そのフリートーキングを重ねることによって，調査対象──この言葉はフィールドワークを重ねるなかでは適切でなくなってくる時もあるのだが──の「本音」や対象者自身が普段は意識していなかったことも見えてくる。

　それでは，こういったフリートーキングを可能とする信頼関係はどのようにして確立されるのか。この点に関しては，先の中川善之助やかつての「先達」は地元の同行者に依拠していたようであり，他分野でのフィールドワーク論でも各フィールドワーカーの経験談のなかから伺い知ることができるだけである。

▶1

近年の人類学や社会学での「フィールドワーク」に関する著作では，調査の方法・手順等を記すだけでなく，自らのフィールドワークの経験，特に失敗談を述べたり，あるいは体系的なフィールドワーク論を構築しようとするものも多い。しかし，法社会学では，先の「苦労話」以外では，同様な議論はほとんどなされてきていない。法律学や法学は人類学や社会学とは異なると言ってしまうことは簡単であるが，法社会学が既述のような目的を有しているなら，「フィールドワーク論」を無視していいわけではないだろう。これらの議論から「学ぶべき点」を学び，かつ法社会学におけるフィールドワークのもつ可能性を探ることも必要かと思う。

　次節では，まず私のフィールドワークの経験を紹介したい。これはある意味では先達の「思い出話」や経験談と同じあるが，本書が想定している主たる読者が法学部の学生であることを考えると，フィールドワークが何であるかさえもわからない学生がいると思われるからである。この経験談から，最初にフィールドワークというものを知ってもらいたいと考えている。そして，次にフィールドワークが近年のわが国の法社会学のテキストではどのように評価されているのかを整理し，さらに隣接分野でのフィールドワーク論をも紹介したい。

▶1　この点については，中川善之助の場合は「地元の役人」等の紹介や同行が大きく影響を与えていたことも否定できない。もちろん，著作として残されている「調査報告」の多くが中川自身の中期以降のものが多く，それ以前の調査では異なっていたかもしれないが，中川自身の地位が調査方法に一定の影響を与えていたことは否めない。特に同じ下北半島についての中川の報告［中川 2001：73頁］と山口弥一郎の報告［山口 1972：7頁］を比較すると，その感が強い。ただし，こういった自らの地位を何らかの形で「利用」することは，現在の大学教員や大学院生にも共通している点であるかもしれない。

　そういうなかでは，宮本常一は例外であろう。宮本の調査方法については，そのこと自体が一つの研究テーマとなり得るものであるが，ここでは以下の部分を引用しておきたい。

　「昭和三九年の夏，法政大学のカメラ部の仲間が離島に写真をとりに行きたいといって相談にきたから，私はいくつかの条件をつけて実行してもらった。できるだけ宿屋に泊まらぬこと，そして地元に迷惑をかけぬこと，子どもたちと仲よくなること，民家の手伝いなどすること，カメラは島民と親しくなるまで一切出さないこと，仲よくなって自由に話しあえるようになってから仕事をはじめること。／彼らはそれを実行したようである。そして，実に素直に離島の人たちの生活をカメラでとらえてきた。これはそのまま民俗調査にもいえるこ

とである。」[宮本 1986：70頁]
　これは「信頼関係」が構築された事例であるが，私自身はこういう手法に一種の「違和感」や「後ろめたさ」を感じてしまうことも素直に告白しておきたい。

1 ── フィールドワークの実践例

1 私の調査経験

　ここでは私の調査経験，かなり個人的な経験談になってしまうが，そこから話を始めたい。▶2 私自身が調査を開始したのはかなり遅い時期であった。他のフィールドワーカーと呼ばれる方々の経験を聞いたりすると，多くは学部時代，遅くとも大学院の修士課程時代に調査にでかけ，卒業論文なり修士論文を書きあげている。私は学部時代には確かに「法社会学演習」を履修していたが，さほど熱心に勉強していたわけではない。ただ，大学4年生の夏休みに本書の共著者の一人とともに青森県六ヶ所村に行ったことがあるが，その時も調査とは名ばかりであり，ゼミのH先生（後の私の指導教授）に「調査への疑問」をぶつけたこともある。

　そのぶしつけな「疑問」へのH先生の答えはいまでも覚えている。その「疑問」というのは，「調査というのは，調査対象者を実験のモルモットにしているのではないか」というものであったが，先生はこう答えてくれた。利害対立の激しい場であれ，そうでない場であれ，調査者は「自己の立場を鮮明にすることが必要だ。そういう立場にたってこそ調査はできる」。H先生の長年の「調査観」がはっきり出ていた言葉でもあった。

　大学院進学後しばらくしてからの最初のフィールドワークは，北関東のある農村で行った。しかし，それまで村落調査など全くやった経験のない者が，いきなりある集落の農家を訪ね，「聞き取り調査」を行うといっても満足にできるわけがない。しかも，私は最初から家族・親族研究の前提としての「世帯調査」を試みたのであった。これは役場や当該地区の代表者等に話を聞くだけでなく，一般の家庭を訪問し，その家での家族構成やそれぞれの年齢，さらには婚入者の出身地や家系等をも質問するものである。つまり，フィールドワークのノウハウも十分に知らない大学院生が，いきなり当該地区の一般家庭を訪問

し，その家庭のプラバシーを「根掘り葉掘り」聞くのだから，随分「失礼な調査」であったし，私自身も全く知らない人の家をいきなり訪ねることやプライバシーを聞くことにかなり抵抗を感じていたのも事実である（実際，最初の挨拶をする直前まで足がふるえていたこともある）。

　しかし，やがて，こういったことを質問する場合に，こちらが遠慮がちに，「もじもじしながら」聞くと，かえって相手は警戒することが多いということを「学習」していった。むしろ，こちらの名前や所属，そして何のための調査かを具体的に明確に語るほうが，その後の「聞き取り調査」がスムーズにいくと思われる。ただし，村落調査の目的といっても，入会慣行や水利慣行，漁業権などの生業関係の調査と家族・親族慣行についての調査では，その目的の「語りやすさ」は異なる。生業関係の調査の場合と異なり，家族・親族慣行の調査はどうしてもプライバシーの問題が関係してくるからである。最近はこの傾向が特に強く，「世帯調査」とその成果の公表には，以前にもまして慎重な手続が必要になっている。

　さて，調査を始めた頃は，他の先生のゼミ調査等の手伝いを兼ねて，何人かで一緒に出かけることが多かった。こういう「共同調査」や自治体等からの「委託調査」の場合と，自らの研究テーマのもとでの「単独調査」とはその様相はかなり異なる。どちらの調査もそれなりの意義や成果は期待できるが，フィールドワークの醍醐味や苦労は「単独調査」によってよりストレートに経験できる。以下ではそういった私の「単独調査」に限定して話を進めたい。

　私の初期の頃の「単独調査」で，比較的印象に残っているのは鹿児島県屋久島での調査である。前年に一度「下見」を兼ねた簡単な予備調査を行っていたが，いざ本格的な調査となると，やはり不安をぬぐい去ることができなかった。前年の調査の時に知り合った区長さんの集落を調査対象地と決めており，訪れる日時も事前に手紙で知らせていたが，実際に訪れてみると，その区長さんは出張中で2，3日は戻らないとのことであった。さらに宿泊場として借りることについてあらかじめ了解をとっていた公民館（これは調査地とは別の集落にある）に関しても，いざ借りる時点になると，「あまりシャワーは使うな」，「電灯は，早めに消灯しろ」というように，いろいろな注文がつく始末であった。

6章 フィールドワーク論

　肝腎の調査地であるが，くだんの区長さんが戻ってくるまで待ってもよかったが，たまたま前年に知り合った別の集落の区長さんを訪ねたら，比較的好意的に迎えて頂いたので，急遽調査地をその集落に変更することにした。ただ，その集落と宿泊場のある集落は少し遠いので，バスで往復することにしたが，やはり「聞き取り調査」は夜である。昼間は働いている方が多いので，話は限られ年配者にしか聞けない。それはそれで意義のある話を聞くことができたのであるが，自ずから限界がある。そこで「夜の調査」が必要となるが，そうすると「終バス」には間に合わない。そこで急遽「レンタルバイク」(50 cc) を借り，そのバイクで毎晩調査地の集落から帰ってきたが，ある晩の帰り，海が一望できる道路を走っていたら，満月の光によって海面が異様に明るかった光景は今でも覚えている。

　ここで調査費用について少し話しておこう。調査するためには旅費，宿泊費等が当然かかる。当時の私はいわゆる OD（オーバードクター）で，「非常勤暮らし」であった。つまり，アルバイトとして，いくつかの大学での非常勤講師をやっていたのであり，本務校はなかった。こういった身分の者には当然「科研費」を申請する資格はなく，他の研究助成金も個人では容易に獲得することはできなかった。友人のなかには「トヨタ財団」のようなところから資金を調達していた者もいたが，調査を始めて間もない私などは実績もないので，そういった財団からの援助とは無縁であった。

　したがって，この屋久島調査時も，調査費は「自前」であり，すべて自己負担であった。もちろん調査費以外の図書費などもすべて自前であった。現在は「日本学術振興会」の制度も充実してきているようであるが，当時の多くのODの研究生活は，私と同程度であったと記憶している。こういう調査のための費用は日々の生活費から捻出する以外に方法はなく，それゆえに調査に来たからには，必ずその成果を「論文」という形で出さねばならないと感じていた。このことは熱心に調査を行う原動力ともなったが，他方で「成果」を急ぎすぎ，フィールドワークの「持ち味」を喪失する危険もあったことは，当時から感じていたことである。

　さらに，この屋久島調査で経験したことの一つは，こういった調査では事前の予定が突然変わることがあり得るということだ。どんなに綿密な計画をたて

ても，現地では全く役に立たないこともある。これは国内調査の時よりも海外調査の場合は，一層そういうことが言えよう。というより，海外調査では綿密な計画自体がたてられないことが多いと言ったほうが正確かもしれない。しかし，このことは必ずしも調査にマイナスの影響を与えるとは限らない。想定外の事態の出現への対応こそ，フィールドワークの醍醐味であるし，そこから思わぬ「収穫」ももたらされることがある。

　屋久島調査での最大の「収穫」も，想定外の偶然事から得たものであった。調査中のある日，その日は久しぶりに当初の調査予定の集落の区長さんの家を訪ねていた。しばらく雑談した後，たまたま昼食時になったので，区長さんが「一緒に昼飯でも食っていけ」と言った。私は喜んで承諾した。その昼食を食べていた時である。たまたまNHKの「朝ドラ」――当時はまだ「朝ドラ」という言葉はなかったと思うが――で「おしん」が放送されていた。「朝ドラ」とは，毎朝午前8時15分（現在は午前8時）から15分間放送されている連続ドラマであり，それが毎日午後0時45分から再放送されている。また，「おしん」という番組は，「おしん」という名前の，戦前の東北地方の一寒村の小作の家の子が，貧しさのために幼くして奉公にでる等の苦労をしながら成長していく姿を追ったもので，当時はかなり高い視聴率をあげていたと記憶している。▶3

　その番組を見ていた区長さんが，こう私に言ったのである。「俺はどうもこの『おしん』がよくわからないんだ。なんでこんなに本家が威張っているんだ？」。この言葉は私にとっては衝撃であった。なぜなら，その番組では，戦前の東北地方での本分家関係が描かれ，「本家の権威」は明白なものとされていた。私自身はそういった関係のなかで生活した経験はないが，知識としては理解していたので，番組のなかでのそういう本分家関係の設定に何の違和感も感じていなかった。

　しかし，この区長さんは違ったのだ。その区長さん（当時60歳代であった）の生活経験や屋久島での本分家関係のなかでは，そういった「本家の権威」などはみじんもなかった。だから，この番組での「本家の権威」が全く理解できないということなのである。「聞き取り調査」の時ではなく，一緒に昼飯を食べている時の雑談のこの一言から，私は当地の本分家関係のあり方，あるいはそれまでは文献のなかでしか知らなかった「東北日本と西南日本の差異」を理解

し，納得することができたのである。まさにこれがフィールドワークの醍醐味であろう。

2　フィールドワークの「難しさ」

　私はこの屋久島以外にも多くの農漁山村を訪れ，様々な経験をしてきた。そのなかでは成功した調査もあれば，失敗したものもある。次はこの失敗例をあげておこう。この失敗例は調査がうまくいかなかったということだけではない。単なる「調査拒否」ということなら，ほとんどの集落で私は経験している。「世帯調査」では集落の全戸調査が理想的であるが，実際にはそれが不可能な場合が多いのは，「調査拒否」の家があるからである。しかし，ここでとり上げる失敗例は，そういう「調査拒否」ではなく，私が相手を怒らせてしまった失敗例である。

　それはある集落の夕暮時に訪れた家でのことである。ちょうど台所でそこの「奥さん」が夕食の準備をしていた。そこでその「奥さん」を相手にその家の家族構成や親族関係を聞き始めた。最初は「知っている範囲でのことなら」ということで，いくつかのことを答えて頂いたのだが，そのうち彼女が「そわそわ」し出した。私はちょうど「勝手口」付近にたっていたので，その家の台所の奥の部分は見えなかったが，途中からシャワーの音が聞こえはじめたので，誰かが風呂に入っていたと思われる。その時点で風呂に入っている人に気を遣っている「奥さん」に気がつけばよかったのだが，早く必要事項を「聞き出してしまおう」という気持ちがあり，あえてそれを無視して質問を続けていた。

　そうしたら，風呂から出てきたと思われる「ご主人」が，突然私にむかってきたのだ。しかも，手には出刃包丁が光っており，「いい加減にしろ！」と怒鳴っていたのである。私は唖然とする以前に，自然と身体が「勝手口」から外に飛び出し，一言「すいません」と言っただけで逃げ出してしまったのだ。そのときは相当慌てていたはずだが，なぜか「鞄とフィールドノートをちゃんと持っているか」との確認はしていた。これは何かの習性かとは後になって思ったが，そんなことよりもなぜあの「ご主人」が激高したのかは，いまだにはっきりとはわからない。私の聞いた内容に問題があったのか，それともそういっ

た事を「奥さん」に聞いたことが「間違い」であったのか。あるいは「聞き方」が問題であったのか。どの点が問題であったにせよ，私自身が「質問への回答」を急いで聞こうとしていたことは事実である。もう少し慎重に，かつ多少の時間をかけてでもゆっくり聞くべきであったと反省しているが，それでも当時はなぜ激高したのかを再度聞きに行こうとはしなかったし，そういう気持ちにもならなかった。

　しかし，フィールドワークの「難しさ」は，こうした成功や失敗に簡単に色分けできない場合があるということである。私の経験談の最後として，この事例をあげよう。これは「役場の人」との信頼関係の問題である。国内の調査地に最初に訪問する場合の多くは，まず当該地を管轄する役場や公的機関に行き，基礎的な資料（世帯数や人口の推移や「村制要覧」等）の収集を行う。ここで最初に接する相手が「役場の人」，「公務員」である。とりわけ法社会学での国内調査の場合は，この「役場の資料」が重要な資料になることが多いので，その担当者である「役場の人」との「良好な関係」の構築が必要となる。確かに，最近ではほとんどの自治体では，多くの資料をホームページ等で公開している場合があるが，こちらが必要する資料がすべて公開されているとは限らない。

　そこで，その資料を提供してもらうためには，役場の担当者との「良好な関係」が求められるのだが，これは調査地の人々との関係とは別な意味で「面倒」である。なぜなら，「役場の人」は「公務員」であるので，こちらの依頼については露骨に拒否はしない。拒否する場合はそれなりの「理屈」を持ち出し，資料提供の「義務はない」等と明言する場合が多い。少し「親切な（？）公務員」なら，「不服ならしかるべき手続をとってください」と（若干冷ややかに）助言してくれる場合もある。

　こういう場合，「役場の資料」を収集する最も効果的な方法は，何らかの「審議会」のメンバーになることであると聞いたことがあるが，私自身はそういった経験をしたことがないので，何とも言えない。また，幸いにも，私自身の「単独調査」ではこのような対応をする「役場の人」との折衝はさほど多くはなかったので，そういったことに精力を費やす必要もなかった。

　私は比較的地元に近い，つまり市町村レベルの「役場」の人との接触を多く

経験してきた。しかし，この「地元の役場の人」との関係も「面倒」である。というのは，経験的に言えば，これらの人々はこちらのお願いを拒否することは少ない。しかし，「拒否しないこと」がそのまま「歓迎していること」とはならない。そうはならないのだが，また十分にそのことを私自身も自覚していたはずだが，〈拒否しない＝歓迎〉という「錯覚」が，時として調査者である私の感覚を浸食してくる場合もある。

　具体的な場所名はふせるが，私は何度もその担当者とも会い，何度も資料提供をお願いし，その便宜もはかってもらっていた。さらには，後にその担当者とも一緒に飲みに行くほどの「仲の良さ」や信頼関係を構築できていたと思っていた。しかし，何年目かの酒宴の席で，はじめて「調査への協力は面倒くさい」という「本音」を聞いたことがある。このこと自体は，多少の「アルコールの勢い」があったとしても，「正直に言ってもらった」というようにも解釈できるので，否定的には捉えなかったが，そのこと自体がまた私の「うぬぼれ」だったのであろう。

　何をきっかけにしたのかは，未だによくわからないのだが，その次の酒宴の席でその相手は「何のために調査しているのか，なぜこの村を調査しているのか」をしつこく問うてきた。勿論，最初に会った時に，調査の目的等は説明していたが，そういう何年も前のことを持ち出してもらちがあかず，その夜は結局は何となく気まずい雰囲気のまま「お開き」となった。

　何かの「明確な原因」，「明確な調査拒否」があったというわけではない。「明確な原因」があればそれを正すという方法もあり，「明確な調査拒否」であれば，今後のお願いを遠慮するという選択肢もあり得る。

　さらに，この事例の場合は，相手は調査対象となる「一般の人」ではなく「公務員」である。「公務員」としての立場が明確な拒否理由のない場合に，「主観的に消極的な協力」という対応をとらせたのか，その協力姿勢を「積極的な」あるいは「良好な関係」のなかでの協力と勘違いしたのか。どこをどう勘違いしたのか，あるいはしなかったのかは不分明であるが，当該の公務員も「地元の人」であることが多い。

　単なる「地元の人」＝「調査される側の人」であれば単純であることも，公務員となればそうはいかないのかもしれない。ここは「公務員とはなんぞや」

という公式的な問いを提起する場ではないが、フィールドワーカーとしての私自身が、今後も試行錯誤していくことになる問いとしてここに記しておきたい。

▶2　私自身のフィールドワークの経験については、[林 2013a] の「あとがき」も参照。
▶3　当時の国会議員達が「おしんの会」を結成し、「おしん」を応援していることがニュースになったほどであった。

2 ── 法社会学におけるフィールドワーク論

1　川島武宜・渡辺洋三・六本佳平

　このような実態調査やフィールドワークは、法社会学界ではどのように評価・議論されてきたのであろうか。既述のように隣接分野ではフィールドワークについての議論が近年目立つが、法社会学界でも「フィールドワークをする」とか、「フィールドに戻りたい」といった言説は時々聞かれるとしても、この問題について本格的に議論されてきたわけではない。その背景には川島武宜以降の自然科学的な実証主義や、それに基づく調査観があり、統計学等を駆使した「量的調査」に比重がかかっていたという経緯があったのかもしれない。

　戦後、川島武宜は「経験に基づいて事実を観察し、観察された事実を整理し、それに基づいて経験的事実相互の関係について仮説を設定し、それをさらに経験的事実で検証し、こういう手続を通じて多かれ少なかれ普遍的な経験法則を発見してゆく、ということが、経験科学というものの基本的な手続および目的なの」[川島 1982：154頁] であり、そこには「社会現象についても自然科学と同じ性格をもった経験科学が成り立つ可能性と必要性とがある」[同上：155頁] ということを確信していた。しかし、こういう川島自身もフィールドワークについて否定的であったわけではないことは、戦前から戦後にかけての、入会慣行や家族慣行などについてのいくつも調査で採用されていた「聞き取り調査」からも伺われる▶4。しかし、その調査方法についてのまとまった論評はない。戦後しばらくしてから、それを実行したのは渡辺洋三であった。

6章　フィールドワーク論

　渡辺は「調査は観察にはじまって観察におわるともいえる」とし，観察の重要性を指摘するとともに，観察を「参加観察」(participant observation) と「非参加観察」に分ける。前者は現在では「参与観察」に，したがって本章のフィールドワークに相当するものとなる。渡辺はこの「参与観察」の利点と欠点を以下のように整理している［渡辺 1968：263頁］。

　　利点①　被調査者の作為的でないあるがままの行動を記録できる。
　　利点②　通常の傍観者とは異なり，被調査者の言葉や行動の裏側にある真実の意味を理解できる。
　　欠点①　調査者の参加の度合いが高まるに従って，その経験の範囲が狭まる危険性がある。
　　欠点②　調査者が情緒的に対象に参与すればするほど，客観性が失われる可能性が大きくなる。
　　欠点③　調査手法が独特なものになるゆえに，第二，第三の調査者によって同じ事実を記録することができない可能性が大きい。

　渡辺のあげている欠点①と②は，以下で言及する最近の法社会学テキストでもとり上げている点と共通しており，調査結果についての客観性や普遍性の欠如の指摘である。③は自然科学では必須要件となっている事後の検証が不可能であるとの指摘である。このような欠点の指摘は，川島武宜の方法論と同じように，自然科学的な方法を模範としているゆえに生じてきたものであろう。それにもかかわらず，利点としてあげている2点は現在においてもそのまま引用できる点となり，ここに川島との差異が見出されるかもしれない。

　川島よりも一世代若い渡辺は，川島ほどに自然科学への執着は見られないようであるが，それでもその欠点の指摘については川島と同様な視点からの指摘であった。その後の法社会学のテキストでも調査方法論が述べられているが，そのなかのフィールドワーク論に限定してみると，川島と同様な視点が見えてくる。

　たとえば，六本佳平の『法社会学』（有斐閣，1986年）では，「データ収集の技法」として，「既存の文書」，「観察」，「質問」，「実験」の4種をあげており，「観察」やその一つとしての「参与観察」の重要性を指摘している。この「参

147

与観察」がフィールドワークに相当することは言うまでもないが，六本は「観察」という方法について以下のように述べている。

「調査対象たる出来事についての，人間の眼による直接の観察は，データ収集の方法として非常に重要なものである。」
「研究者による直接の観察は，対象たる制度やその作用の具体的な姿を研究者が直観的に知り，理解する上で重要である。また，研究者自身が持っているそのようなファーストハンドの知見は，より間接的な方法でえられたデータを解釈するさいの基礎としても役立つ。さらに生の直接的な観察から理論上の重要な着想が得られることもある。」[六本 1986：67頁]

ここで見られるように，六本は「ファーストハンドの知見」をもたらす「一次資料」の重要性や，対象の「直接的な観察」によって「直感的」に知ることや「着想」の重要性を明確に指摘していた。しかし，この方法にも，多くの困難な点があるとし，その主なものとしては以下のようなものをあげている。

「①人間の感覚が不完全であること（人間の目に見えないもので重要なものがあり，また，人は自分の見たいものを見る傾向を持つ）。
②観察によるデータには，見たものが何であるかについての，観察者による推論がふくまれること。
③観察者と対象との間に相互作用が生じ，観察者がそこにいることによって，観察対象の過程が通常の，自然のものではなくなることがある。
④1人の人間が直接に観察できる対象の範囲は，おのずから狭く限定されるから，その結果を一般化するさいの限界が大きいこと。」[六本 1986：167頁]

六本のあげている上記の4点は，一見するといずれも説得力のある指摘であるが，これらは果たしてフィールドワークだけの難点であろうか。他のテキストでもそうであるが，参与観察以外の調査方法としてはアンケート調査などの「量的調査」をとり上げており，それとの対比での「困難な点」ということになるのかもしれない。しかし，少なくとも①は，「人間の感覚」についての一般的な指摘であり，②もどのような調査方法をとろうとも「推論」は含まれる

のではないだろうか。③と④は確かにフィールドワーク固有の問題点であるように思われるが、これらについては、他のテキストでも同様の指摘があるので、それらを紹介してから論じよう。

2 近年のフィールドワーク論

まず上げるのは、和田安弘『法と紛争の社会学』(世界思想社、1994年) である。和田は「社会学的方法」を「実験」、「調査(サーベイ)」、「フィールド・リサーチ」に分け、前二者が演繹法に、「フィールド・リサーチ」は帰納法に基づくとする。フィールドワークとしての「参与観察」は、「フィールド・リサーチ」の技法として位置づけられ、「データをもとに経験的一般化を行い、仮説を形成し、さらに命題・理論を構築することを展望する」ものであるが、「実験」や「調査(サーベイ)」に比すると、「数量的なデータ処理にはなじみにくい」[和田安弘 1994：93頁] ものであるとしている。

そして、「参与観察」は「想像以上に困難な作業である」とし、その理由は「研究者がその社会・集団に加わることによって、研究対象である社会成員の行動はその影響を受けて変容するからである。研究者がいわゆる『空気のような存在』ではありえない以上、彼(女)は決して研究対象のあるがままの姿を見ることができない。また仮に時間の経過とともにそれができるようになったとしても、その時には、研究者はその社会・集団の一員として社会・集団に同化してしまっているので、彼(女)の目の前のことは『見えてはいるが見ては(気づいては)いない』日常の"当たり前"に変わってしまうはずである。したがって、『参加』しながら『観察』するということ、インサイダーでありながら同時にアウトサイダーでもありつづけること、この二律背反を克服することが参与観察の重要な課題となる」[和田安弘 1994：95頁] と述べている。

これを克服するための「便宜的な方法」として、「(イ)定期的に外部(自分のいた元の世界)の者と連絡をとる、(ロ)データは研究者の解釈を加えずに逐語的にありのまま記録する、(ハ)データ収集を複数の研究者で並行的に行う」[和田安弘 1994：95頁] の3点をあげている。「研究対象のあるがままの姿を見ることができない」という点は六本の③と同じであるが、ここでの「観察」と「参与」の「二律背反」の指摘とその克服方法の提示に留意したい。そもそもこれを「二

律背反」と捉えること自体が自然科学的な実証主義に依拠していることになるし，(イ)のような方法をとると，かえって「研究対象のあるがままの姿」を見失うこともあるのではないか。さらに，(ロ)の「解釈を加えず逐語的にありのまま記録する」ことが果たして可能なのであろうか。(ハ)は「検証」を意図しているのか「共同調査」を意図しているか不明であるが，単独の「フィールド・リサーチ」を補完する手法としては有効であろう。

さらに，「参与観察」で収集された「『観察』データ」の分析上の問題点として，以下の3点をあげる。

(a) 「まず，そのデータをどこまで一般化することができるのか，ということが問題になる。一般に，参与観察によって直接に研究者の目にとどく事象は限られたものである。」
(b) 「第二に，観察データから変数値を測定することは原則的に不可能である」
(c) 「第三に，観察データから因果関係（ないし相関関係）の推論を行うこともできない」［和田安弘 1994：96頁］

(a)は六本の④と同じ指摘であり，(b)，(c)については，「観察データ」という言葉の意味内容がいくぶん不分明であるので，十分なコメントはできない。しかし，(c)において，何らかの因果関係があるという「仮説をたてて理論の構成を進めることは可能であるが，その論理的限界を自覚しておく必要がある」としているが，「論理的限界」を自覚することは，いかなる方法論を用いようとも同じではなかろうか。

そもそも，「質的調査」であるフィールドワークによって収集された「観察データ」は「数量的なデータ処理にはなじみにくいもの」であり，「数量的なデータ処理」を行う「実験」，「調査（サーベイ）」との単純な比較はできないのではなかろうか。

次に和田仁孝・太田勝造・阿部昌樹編『法と社会へのアプローチ』（日本評論社，2004年）をとり上げてみる。同書の第10章「社会調査の技法」（藤本）では，以下のように記されている。

6章 フィールドワーク論

「フィールドワークは,サーベイ調査にたいして,いわば狭く深く対象にせまるやり方である。調査員がある程度の長期にわたって,調査対象の内部に入り込んで生活をともにしながら観察する「参与観察」が典型的な例である。

　個別の事例を研究することが多いので,その調査結果の一般化可能性(誰にでもあてはまるか)などについては限界がある(とよくいわれている)。

　調査者は,調査対象の集団や地域に入り込んで,一定期間をかけて調査を行う。そこでの具体的な活動や生活からは一線を画し,純然たる観察者としてふるまう場合もあるし,集団や地域の正式な一員として生活しながら同時に観察を行う場合もある。」
[藤本 2004:199頁]

　藤本の「狭く深く対象にせまるやり方」であるとの指摘は,確かにフィールドワークの特徴でもあるが,それが「個別の事例」であるゆえに「調査結果の一般化可能性」が難しいとしている点は,六本の④や和田の(a)と同じであろう。また,〈「純然たる観察者」の場合〉と〈「正式な一員」としての場合〉を分離しているが,こういった明確な分離は実際には難しく,このことが最近のフィールドワーク論興隆の原因の一つになっていることは,次節でも言及したい。

　最近のテキストとして,太田勝造・ダニエル・フット・濱野亮・村山眞維編『法社会学の新世代』(有斐閣,2009年)をとり上げよう。その第1章「法現象の経験科学」(村山眞維)では「参与観察」の欠点として,「研究者が実際に観察できる社会現象は,母集団のなかの極めて限られた一部にすぎないことが普通であるため,観察によって得られた知見を一般化することが難しい」とし,その「観察によって得られた知見を一般化するためには,観察対象についての他の量的データを用いて補完することもある。」[村山 2009:17頁] としている。和田安弘と同様に,村山眞維もフィールドワークの欠点を補う方法を提示しているが,村山の指摘する「他の量的データ」による補完は,社会学においても一般的に言われている方法であるが,問題はどのように「補完」するかであろう。

　同書の第2章「審議会の参与観察」(ダニエル・フット)では自らが委員として参加した「審議会」の「観察調査」から以下の「難点・問題点」を指摘して

151

いる。

(1)「アクセスをアレンジするのに苦労が伴う」「信頼関係を築くことは容易ではない」「他の問題点として，背景や内部の事情が分からないと，観察した行動や言動をどのように解釈すべきか戸惑うことがある。」
(2)「観察者の存在が対象者に影響を与える，というリスクがある」
(3)「対象となる組織や集団に関して詳細な情報が得られたとしても，結論を一般化することはできない。」
(4)「観察調査においては，中立 / 客観性を保つことが難しい場合もある。例えば仲間に入れてもらってから，いつの間にか調査者の意識が対象者の意識に近づいてしまうことがある。逆に人間関係がうまくいかないような場合においては，主観面でより批判的になることもある」
(5)「倫理問題にも注意する必要がある。研究目的を隠したり，偽ったりするような場合の倫理問題は明らかである。」「事前の承諾があっても調査結果を発表する際，対象者にとってあまり望ましくないような情報や結論を載せると，対象者がそれを裏切りと受け止める危険性が常にある」[フット 2009：31-32頁]

(1)は調査ならば多くの場合に遭遇する事態であるが，これらに躊躇しているようならば，可能な調査は限定される。可能な調査としては，いきなり郵便でアンケート用紙等を送りつける調査や無作為抽出した電話番号に電話する調査といった「量的調査」だけかもしれない。(5)は「参与観察」には限定されない。どのような調査についても言えることである。(2)と(3)は六本の③と④と同じであるが，(4)については六本の②や和田安弘の(ロ)と関係するかもしれない。

しかし，(4)で記されているように，「中立」であることがそのまま「客観的」になり得るのであろうか。そもそも「中立的なフィールドワーカー」というのが成立するのであろうか。特に利害対立が鮮明な「紛争の場」を調査する時には，中立的立場で調査することはほとんど不可能に近いのではないだろうか。むしろ，「中立」であること自体が「客観性」という名目のもとで，どちらかの利害に結びつくこともあり得ることに留意すべきである[5]。もちろん「中立である」ことが常にこのような事態をもたらすとは限らないが，そういった危険性のあることは認識しておくべきことであろう。さらに，「仲間に入れても

らっ」た場合と「人間関係がうまくいかない場合」との差異については、そういうことを前提として行うものがフィールドワークであるとだけ言っておきたい。

以上の法社会学テキストで記されている「フィールドワークの欠点・問題点」の前提には、おおむね実証主義的考えがあるのではなかろうか。すなわち、調査というものは、自然科学をモデルとした実証主義的な認識論に基づき、「唯一の社会的現実の存在を想定し、それを把握するために専門的な調査者が被調査者とラポールを形成し、客観性を失わないように被調査者から情報を引き出そうとするものであ」[桜井 2002：456頁] り、「現実リアリティのカメラ理論」とも呼ばれるように、「正しい方法論で調査すれば対象となる経験世界を正しく反映した現実をあきらかにすることができる」[同上：457頁] という確信があるように思える。

しかし、他分野ではこういった実証主義的認識論とともに、解釈学的、あるいは構築主義的認識論に基づくフィールドワーク論も最近では展開されている。次節では上記の法社会学テキストで指摘されていた欠点、特に六本の指摘した③と④に関して考察した後で、そういった他分野でのフィールドワーク論も参照してみよう。

▶4　川島武宜の調査報告書は多いが、ここでは [川島 1983] をあげておきたい。この安乗村での調査は、その後も唄孝一によって継続され、[唄 1993] にまとめられている。これらは現在の民族誌（エスノグラフィー）の水準にも匹敵する程の内容である。
▶5　さらに、この「中立」や「客観性」ということ自体も最近の解釈学的方法では問われているのである [和田仁孝 1997参照]。

3 ── フィールドワークと「実感」

1　「自然のもの」と解釈学的方法

本節では、六本のあげたフィールドワークの2つの欠点、③「観察者と対象との間に相互作用が生じ、観察者がそこにいることによって、観察対象の過程が通常の、自然のものではなくなることがある」と④「1人の人間が直接に観察できる対象の範囲は、おのずから狭く限定されるから、その結果を一般化す

るさいの限界が大きいこと」をまずとり上げよう。

　③で指摘されている点は、観察者がフィールドワークの名の下に調査対象に入り込むことによって、調査対象や対象者が「普段とは異なった言動」をする可能性があるということである。たとえ明確に普段とは異なった言動ではなくとも、調査者の存在は有形無形の影響を調査対象に与える可能性はあるであろう。かつて警邏警察の「参与観察」を行った村山眞維も、それを警戒して警察官の面前で「ノート」をとったのは1回だけであったと記していた［村山1990：107頁］。

　しかし、前節の最後でも指摘したように、これは自然科学を模範とする実証主義的認識論に基づいていよう。顕微鏡や望遠鏡でのぞく細胞や星座の場合の観察者と観察対象の関係が、最も望ましい関係であるとしているようである。こういう生物学や天文学の場合なら、観察者は観察対象に影響を与えないであろう（と思う）。

　しかし、社会現象を観察、調査する場合にはどのような方法をとろうとも、対象に影響を与えることを回避することは不可能である。なぜなら、調査や観察という行為、調査者や観察者という人間の存在を全く消し去ることはできないからである。先の村山は2回目からの調査ではノートをとらなかったが、簡単なメモはとったのであり、そのことや村山自身のその場での存在そのものが何の影響も与えなかったと言うことはできないだろう。つまりどのような調査方法をとろうとも、調査や調査者の存在は、調査が行われない場合、調査者がそこに存在していない場合と異なる事態を招くことは避けられないであろう。

　この影響を与える「度合い」が、フィールドワークの場合は、アンケート調査のような「量的調査」よりも大きいので、「通常の、自然のものでなくなる」という状態が生じるというのが六本らの指摘であろう。この指摘に対しては、その「度合い」は何を根拠に測定できるのかという疑問が第一に生じる。しかし、より根本的には、「影響を与える」ことによって、「通常、自然のものでなくなる」という場合の「通常、自然のもの」とはどういうものなのであろうか、という疑問がある。

　調査対象がいかなるものであれ、法社会学や他の隣接分野でのフィールドワークでは、人間を相手としていることは間違いなかろう。その人間の営みに

は様々な要因が影響を与え,絡みついている。そして,その要因には「外部からの要因」もあり得る。そうであれば,調査やフィールドワーカーの「突然の訪問」も,そういった「外部からの要因」の一つとして受け止められる余地はないのか。フィールドワーカーの訪問が日々の営みに「乱れ」をもたらすとしても,調査対象となった人々がそれを溶解し日常生活に組み込む「力量」を備えていると想像することはできないのであろうか。フィールドワーカーの存在が直ちに調査対象を「自然なものでなくす」と考えることは,むしろ,「調査者側」の思い上がりに等しいのではないか。

　また,④での調査対象が限定されているので,そこから一般化することは困難であるという指摘についても,もしフィールドワークによる調査結果についてそう言えるならば,それではどの程度のサンプル数や事例数があれば「一般化」できるのであろうかという疑問が生じる。この疑問に対しては,社会科学での「一般化」は蓋然性の問題だという反論も予想されるが,そうであっても,「一般化できる場合」と「そうでない場合」の境界は,どこに求められるのか。

　そもそも,「直接に観察できる対象の範囲」が狭く限定されていることが,「一般化の限界」になるのであろうか。ここでの「一般化」とは「普遍化」と言い直すことができるとすれば,個別の現象や事象には「普遍」は宿らないということになるが,果たしてそうであろうか。「具体的事例はみな特殊であり,普遍的規則性があるとすれば,具体的なるゆえに特殊なすべての事例に表出する」[松田 2009：287頁]との主張もあり得よう。「一点突破・全面展開」という言葉を引用しなくても,個々の事例をどう理解・分析するかによって,その事例に潜む「普遍」を摘出することも可能ではなかろうか。

　こういった疑問はこれまでの調査方法論のなかで繰り返し論じられてきたことである。そこには,前述のように,調査は「客観的な事柄」を明らかにするものであるという前提があった。つまり,「唯一の社会的現実」があり,それを測定する技法を目指すというものであり,「科学的なデータ収集と分析によって客観的な事実を発見でき,そうすることによって社会のあり方が説明でき,さらに社会変動の予測さえも可能となるような法則や一般化を目指すことができる」[桜井 2003：53頁]という自然科学的実証主義に基づくものであり,

既述の川島武宜以来の法社会学でのメインストリームも同じ考えに基づいていたと言えよう。

これに対して，前節で若干触れたように，近年の人類学や社会学では解釈学的，あるいは構築主義的な認識論に基づく「フィールドワーク論」が展開されてきている。もともと，近代人類学はフィールドワークとともに興隆してきたと言っても過言ではない。周知のように，その元祖としてのマリノフスキーは，トロブリアンド諸島での長期のフィールドワークを実践し，『西大西洋の遠洋航海者』(1922年原典刊行・1967年邦訳刊行／中央公論社) という民族誌を著した。そのマリノフスキーは，フィールドワークの条件として以下の四つをあげていた。すなわち，(1)長期の現地滞在，(2)調査対象言語の習得，(3)現地の人々のラポール（信頼関係）の構築，(4)現地社会の一員としての認知である［松田 1998：156頁］。後続のフィールドワーカー達も，これらの条件を満たすことによって，現地の社会を構造や文化，規則を「発見」できると考えていた。

しかし，後年『マリノフスキー日記』(1967年原典刊行・1987年邦訳刊行／平凡社) が公開されると，現地に長期間滞在していたマリノフスキー自身も現地社会の成員としては認められてはおらず，現地の人間への彼の感情も信頼関係が構築されていたとは言い切れないことが判明した。さらには，先の四条件を満たしたフィールドワークであっても，近年では「調査する側」と「調査される側」の非対称性，フィールドワーカーの「恣意的」な記述や「権力性」等や「客観性」自体の問題点が指摘されてきた［クリフォードほか 1996］。

法社会学や社会学では，前節での指摘をも含めたフィールドワークを欠点を補うものとして，従来「量的調査」との組み合わせが提唱されてきた。しかし，社会学では，すでに1970年代から「社会調査」自体に関しての問題点が指摘され[6]，2003年には社会調査の問題点が学会誌で論じられていたのに対して，最近の法社会学界ではそういった調査方法論についてのまとまった議論はなされてきていない[7]。統計学等を駆使して「量的調査」の精度を高める技法には精力を費やしてきたようだが，フィールドワークや「質的調査」については，単なる「インタビュー」や「聞き取り調査」の域をでないものとして扱われているようだ。

人類学や社会学での解釈学的，構築主義的方法に基づく考え方では，「社会

的現実の説明は被調査者主体の語りの単なる反映ではなく，著者をとおして創造され，また読者によって解釈されるものであるとする。その意味で，調査報告やエスノグラフィーなどの調査者が描く作品も，フィクションの一種なのである。現実は発見されるべき事実ではなく，まさにフィクションなのだ」［桜井 2003：457頁］との理解になる。調査者は「あるがままの事実」をそのまま記述するのではない。そもそも客観的な「あるがままの事実」等は存在しない。「事実」は調査者と被調査者の相互行為としてのコミュニケーションや，そのコミュニケーションを通じて書き上げられた「民族誌」（エスノグラフィー）を読む読者の解釈によって成立するものである。

　そうであれば，調査過程においては，調査する「『わたし』がその過程で消え去ったり，無色透明な存在になることなどありないし，あえて無理して，強引に『わたし』を消し去る必要などない」［好井 2004：28頁］のだ。そもそも，当該の調査者がそこにいようがいまいが，被調査者の営みは続き，その営みのなかでも「想定外の出来事」が生じる可能性は常にある。日常生活とはそういうものではないだろうか。「昨日の如く今日があり，今日の如く明日がある」と形容される日常生活といえども，常に不変的な生活であるとは限らない。

　しかし，ここで注意しなければならない点は，調査者は徹頭徹尾「部外者」であるという点である。フィールドワークでの「聞き取り調査」であっても，郵送などによるアンケート調査であっても，調査者は多くの場合突然にやってくる「部外者」なのである。そうであれば，そのことをフィールドワークの「欠点」としてとり上げたり，その影響をなるべく少なくする方法を考案するよりは（影響を皆無にすることはできない），「部外者」であることを前提とした場合の調査は，どのような方法で何を明らかにすることができるかを考えたほうが生産的ではなかろうか。繰り返すが，「すべてのフィールドワーカーは，フィールドワークの最中において探求すべき対象に何らかの影響を及ぼしている」［足立 2004：101頁］ことは否定できないのである。

2　「実感」と「全的認識」

　それでは，前項でのような性質を有するフィールドワークでは，何がわかるのであろうか。「一般化」や「客観性」については，先のような議論は可能で

あっても，そのことによって生産的なフィールドワークが可能となるわけではない。仮に「一般性」や「客観性」が他の調査方法によって得られるとすれば（「解釈学的方法」ではこのこと自体が危ういと考えているが），フィールドワークでは何が得られるのか。

かつて中野卓は，調査者側と被調査側の差異を前提としながらも，「生活のふれあいを通じて現実を学び取る」という方向を目指した。中野はこれ以上に方法論自体を展開しなかったが，同様な方法は1960年代の和崎一郎などのアフリカ研究者によってもとられていたという［松田 2009：298頁］。これらは素朴なロマン主義に基づくものと考えられがちだが，「ふれあい」や「実感」に基づくフィールドワークの成果は他分野においても見られよう。その一つが守田志郎の「ムラ論」であった。高度成長期にわが国の村落社会が変貌していくなかで，しかもアカデミズムの世界では大塚久雄の「共同体論」が席巻していた時期に，守田志郎は東北地方のある農村に住みつつ，「ムラはあるんだ」という「実感」のもとにフィールドワークを続け，『日本の村』（朝日選書 1978，原題『小さな部落』1973）というモノグラフを著した。[8]

そこでは守田が経験したことが，それのみが述べられていたが，その記述のなかに当該農村の様子や農村のかかえる問題点が見事に語られていた。守田は「調査方法論」について語ることはなかったが，彼のこの著作では「量的調査」の結果はほとんど掲載されていない。それでもその農村の様子がいきいきと伝わってくる。その理由は守田自身がそのムラを「実感」していたからではなかろうか。

フィールドワーカー自身がフィールドを理解し，「実感」しなくては，フィールドの様子を他者に伝えることは難しかろう。ならば，どうすれば理解し，「実感」できるのか。あるいはいきいきと伝えられる程度に理解し，「実感」することはどのようにすれば可能なのか。そこにフィールドワーカーと調査される側との「共感」や「ふれあい」が必要とされるとすれば，この「共感」や「ふれあい」は，いつどのようにしたら獲得できるのか。

これについては，「知ることと感じることが同じであるような全的認識」［松田 2009：300頁］，すなわち「ロゴセントリックな認識世界とは異質」な「もう一つの認識世界において，違いをそのままにして他者と共感したり，理解を実

感したりする」[同上：301頁]ことによって可能となるとは言えないだろうか。私自身の経験談でこれに準じるものがあったとすれば，既述した屋久島での「おしん」の話からはじまった当地の本分家関係についての理解であり，その時の「わかった」という「実感」であろう。このような「実感」が，常にあり得るわけではないが，こういった当該社会についての理解と「実感」はフィールドワークによってのみ可能となるものであり，このことによって，当該社会の「全体像」の中核に接近することも可能となる。

しかし，最後に社会学や人類学とは異なる法社会学でのフィールドワークの意義を述べておくことも必要であろう。法社会学が社会学等と異なる点は，「法の扱い」ということになろう。つまり法がどう関わっているかという点が，法社会学では常に問われる。しかし，ここでの法とは何であろうか。

この問いに対して，伝統的には，法には「生ける法」が含まれているのであり，その「生ける法」はフィールドワークによって明らかにされるという答えがあり得よう。また，かつて末弘巌太郎が「中国農村慣行調査」に関しての「法的慣行」論で述べていたように，「違反事例がないと言うことこそ寧ろ其規範の實效性が完全である證據に外ならない」[末弘 1952b：26頁]とするならば，そういった「生ける法」としての「法的慣行」は，当事者自身もとりわけ意識していない慣行である場合が多く，アンケート調査等でも検出されにくいであろう。したがって，こういった慣行は当事者と生活を共にする，あるいは会話を重ねるなかでの「全的認識」によってわかってくるものではなかろうか。

他方で，法自体があらかじめ存在し，それが社会を規制するというような〈法と社会〉の二元論的考察ではなく，ポストモダン的な，解釈学的な視点から法を捉えるならば，法は常に当事者によって解釈され，構築され続けているものとなろう。そういった視点から法を考察するには，当該社会における解釈や当該者との「かかわり合い」が必要であり，そのためのフィールドワークも必要となろう。認識論の「解釈的転回」（interpretive turn）の立場から，「解釈法社会学」を提唱する和田仁孝の以下の指摘を引用しておきたい。

「解釈法社会学は，フィールドでの声の交錯のなかで，日常的プラクティスのなかに生成する法ディスコースの支配と抵抗の契機を見いだし，抑圧され忘れられた声や

たたかな密猟の試みを救い出し称揚していこうとするプロジェクトにほかならない。この立場は，当然にフィールドにおいて，人々との『かかわり』をもとめていくことを要請する。裁判所，行政機関，その他様々な法機関との接触において，また，まったくの法的とは見えない日常生活において，人々のプラクティスや『語り』と切り結んでいくことが必要になってくるのである。」[和田仁孝 1997：238頁]

「そこでは，常に接触のなかで生成する『語り』のなかに多様な声を聞いていくエスノグラフィックな研究プラクティスが必須の前提となってくる」[同上：239頁]

ここでの「かかわり」や「人々のプラクティスや『語り』と切り結んでいくこと」，「『語り』のなかに多様な声を聞いていく」ための具体的方法については和田仁孝は述べていないが，これらのことは当該社会でのフィールドワークによって可能となるのであり，「量的調査」のみでは難しいことは言うまでもなかろう。

ただ，和田が引用している「裁判所，行政機関，その他様々な法機関」は，社会学や人類学での「伝統的な」フィールドの「日常生活」とは異なる。第2節で述べた「地元の人」でもある「公務員」との接触とも共通する点があり得るので，ここから生じるかもしれない具体的な問題は今後の課題としておかねばならないだろう。

▶6　1970年代から似田貝香門と中野卓の間で調査についての論争が惹起されていた[似田貝 1974, 1977, 中野1975]。

▶7　1953年4月の日本法社会学会で「調査の目的と方法」をテーマとしたシンポジウムが開催されている（法社会学会1954）。このシンポジウムでの戒能通孝の調査論については[林 2013b] を参照。

▶8　「実感的ムラ論」については，[坪井ほか編 2009：31頁] 参照。守田志郎と同様な手法は内山節の一連の論稿にも見られるし，鵜飼正樹の「大衆演劇」をフィールドとした論稿にも見られる［内山2010, 鵜飼1994］。

▶9　ここにこの「実感」や「共感」と「安直な現場主義」との差異があろう。「安直な現場主義」とは「自分はその現場にいたんだから，自分の言っていることが絶対に正しいんだ」というような考え方である[佐藤 1993：112頁]。さらに，この「実感」や「共感」によって，被調査者の「語り」のリアルさも基礎づけられてくるのではないだろうか[桜井2012：76頁]。

▶10　「相手と一緒に生活するなかで，その生活の様子がいちいち質問に答えてもらわなくても，『自然』に分かってくるようになる。たとえば，ある人とある人が兄弟であるということが，生活をともにするなかで分かってくるというような方法が，理想的なフィールド

ワークではないか」とは，人類学者の岡庭義行（帯広大谷短大）の説明である。
▶11　法社会学での入会慣行だけでなく，漁業慣行等のその地域社会や集落固有の慣行，さらに言えばその実際の運用等は，フィールドワークにおいてのみ明らかになるものが多い。入会団体や生産森林組合，あるいは漁業協同組合の規約のなかには，当地の慣行を成文化したものもあるが，そういった規約と実際の運用も隔たりがあるので，結局はその運用実態はフィールドワークによって知るしかない部分は残る。このことは集落以外の企業や都市等のフィールドでも同じことが言えるであろう。

おわりに　　フィールドワーカーの「つぶやき」

　法社会学界において，フィールドワークが否定されているわけではない。否定はされていないが，さほど重視されてはおらず，多くの場合，行政や公的機関による資料，および「量的調査」の結果との組み合わせによって調査報告がなされている。否，こういう組み合わせの場合であっても，フィールドワークは，質問事項をあらかじめ用意した「インタビュー」と同視され，「量的調査」の補完物として扱われることもある。その「量的調査」自体も「調査会社」に「委託」し，自らはその結果を分析し，必要となってはじめて「インタビュー」を行うという調査も行われている。さらに，こういった調査に基づく報告や論文を，「ちまちました事実の羅列」と表現して，軽視する声も近年の法社会学界にはあるようだ。
　前者のような「調査会社」への「委託調査」自体を批判するつもりはない。しかし，そのような委託したアンケート調査によって，何を知ることができるのであろうか。確かに，質問事項への回答から，一定の傾向は読み取れるであろう。その傾向から新たな政策の提言も可能かもしれないし，その研究目的についての一応の結論やさらなる課題も見いだせるかもしれない。「けれども……」と，その研究報告を聞いていた私はつぶやいてしまう。この「つぶやき」が漏れ出てきてしまうのは，その調査が3・11東京電力福島第一原発事故の被害者に関してのものであったことも影響しているのかもしれない。
　後者の発言は，法社会学会の「全体シンポジウム」でのある法社会学者のものであった。発言の趣旨は，そういった「事実の羅列」だけでなく，「グランドセオリー」への志向も必要であるというものであったと記憶している。その

こと自体に異論はないが，そこに個別的な調査報告を「ちまちました事実の羅列」と見なしがちな傾向がなかったとは言い切れない。確かに，最近の法社会学界での「調査報告」は，個別的な課題についての報告という体裁をとる場合が多い。それらのすべてが「事実の羅列」であったかどうかはわからないが，この発言が「調査報告」自体に向けられているとすれば，看過できない事態であろう。これはこの発言者への批判ではなく，そういう状況にある法社会学界については，一定の警鐘が必要であるという意味である。

　いずれにせよ，この二つの事例だけでなく，本章でとり上げた法社会学テキストでの記述は，現代のわが国の法社会学界の状況を多かれ少なかれ反映しているのではなかろうか。もしそうであれば，つまり，フィールドワークやフィールドワークに基づく調査研究が，上記のように評価されているならば，一定の反論は必要となろう。本章もその反論の一端を担うつもりで論述してきたことは言うまでもない。フィールドワークによって当該社会に触れることが可能になり，その社会とともに法も生成されてくるのであれば，法と社会を問う法社会学においても，フィールドワークの意義は決して小さくないと思われる。

　しかしながら，「人生いたるところにフィールドあり」［菅原 2006：3頁］とはある人類学者の言葉であるが，そのフィールドで誰もがフィールドワークを理想的な形で実行できるわけではない。またその成果の公表については，一定の手続を必要とするということは繰り返し述べておかねばならない。すなわち，法社会学でのフィールドワークは人を相手とするものであるので，その相手との「相性」というものは多かれ少なかれついて回る。過去の著名なフィールドワーカーのなかには，こういった点については楽観的に述べていた者もいたが，その「相性の悪さ」は「精神論」や単なる「心構え」では克服できない場合もある。あるいは，フィールドでは，ちょっとした「行き違い」から相手との信頼関係が「こじれる」場合もある。

　「相性の悪さ」に関しての明確な対処は難しいが，かつて末弘巌太郎が人間の行う裁判についての不安に関して述べていたことが示唆的である。末弘は，人間であるなら「不合理」な面もあるが，「合理的」な面もあるのであるから，むしろ裁判官の「合理的」な面を信頼するべきであると述べていた［末弘

1952：114頁]。ここでの「不合理」を「相性の悪さ」に置き換えれば，フィールドで出会うすべての人びとと常に「相性が悪い」状況におちいり続けるわけではなかろう。また，信頼関係が「こじれる」としても，すべての場合に回復できない程に「こじれる」とは限らないであろう。

いずれにせよ，フィールドワーカーが「調査地被害」[宮本 1986：109頁]をもたらすことなく，フィールドワークを行う手法については，多くの社会学や人類学関係の著作において述べられてきた。しかし，それらの著作においても，フィールドワークの具体的方法に関しては，それぞれの経験談を述べるにとどまり，基本的事項以外は，さほどマニュアル化されていないように思われる。

このことはフィールドワーク論の限界であるのではなく，マニュアル化されていない部分があるからこそ，あるいは，あえてマニュアル化しない部分を残すことによって，各自がその現場・フィールドで臨機応変に対応していかねばならず，そのことを「身体で覚える」ことになるのであろう。そして，こういうことの習得からも「実感」や「全的認識」，「共感」などが生まれてくるのではなかろうか。

【引用・参照文献】

足立重和（2004）「常識的知識のフィールドワーク」好井裕明・三浦耕吉郎編『社会学的フィールドワーク』世界思想社

鵜飼正樹（1994）『大衆演劇への道』未来社

内山節（2010）『共同体の基礎理論』農山漁村文化協会

川島武宜（1982）「法社会学序説（講義）」『川島武宜著作集第二巻』岩波書店

——（1983）「志摩漁村の寝屋婚・自由婚」『川島武宜著作集第十巻』岩波書店

クリフォード, J.／マーカス, G. 編（1996）『文化を書く』（春日直樹ほか訳）紀伊國屋書店

桜井厚（2003）「社会調査の困難」『社会学評論』53巻4号

——（2012）『ライフストーリー論』弘文堂

佐藤郁哉（1993）「書とパソコンを持ってフィールドワークに出よう」『別冊宝島176 社会学・入門』宝島社

末弘嚴太郎（1952a）『法学入門』日本評論社

——（1952b）「調査方針等に関する覚書」『中国農村慣行調査 第1巻』岩波書店

菅原和孝（2006）『フィールドワークの挑戦』世界思想社

坪井伸広ほか編著（2009）『現代のむら』農山漁村文化協会

中川善之助（2001）『民法風土記』講談社
中野卓（1975a）「社会学的調査における被調査者との所謂『共同行為』について」『未来』102号
―― (1975b)「社会学的調査における方法と調査者・被調査者との関係」『未来』103号
似田貝香門（1974）「社会調査の曲がり角――住民調査後の覚え書き」『UP』24号
―― (1977)「運動者の総括と研究者の主体（上・下）」『UP』55号，56号
唄孝一（1993）「志摩漁村における親族組織と結婚慣行」『唄孝一・家族法著作選集4巻』日本評論社
林研三（2013a）『下北半島の法社会学』法律文化社
―― (2013b)「法社会学とフィールドワーク論」『札幌法学』24巻2号
フット，ダニエル・H.（2009）「審議会の参与観察」太田勝造ほか編『法社会学の新世代』有斐閣
藤本亮（2004）「社会調査の技法」和田仁孝ほか編『法と社会へのアプローチ』日本評論社
法社会学会（1954）『法社会学』5号
松田素二（1998）「フィールドワークをしよう・民族誌を書こう」船曳建夫編『文化人類学のすすめ』筑摩書房
―― (2009)『日常的人類学宣言』世界思想社
村山眞維（1990）『警邏警察の研究』成文堂
―― (2009)「法現象の経験科学」太田勝造ほか編『法社会学の新世代』有斐閣
宮本常一（1986）『宮本常一著作集 第31巻』未来社
六本佳平（1986）『法社会学』有斐閣
山口弥一郎（1972）「本州最果ての風光」『山口弥一郎選集第1巻』世界文庫
好井裕明（2004）「『調査するわたし』というテーマ」好井裕明・三浦耕吉郎編『社会学的フィールドワーク』世界思想社
渡辺洋三（1959）『法社会学と法解釈学』岩波書店
和田安弘（1994）『法と紛争の社会学』世界思想社
和田仁孝（1997）『法社会学の解体と再生』弘文堂

＊付記　本稿の一部は拙稿「法社会学とフィールドワーク論」（札幌法学24巻2号）と重複することをお断りしておきたい。

【林研三】

†Person 4　オイゲン・エールリッヒ (1862～1922年)　「法の存在形態」を中心にして

　オイゲン・エールリッヒは1862年にオースリー・ハンガリー帝国ルーマニア領ブコヴィナで生まれ，ウィーン大学で法律学を学んだ。後に故郷の大学でローマ法を教えていたが，当時の自由法運動の担い手の１人である。1913年に公刊された彼の『法社会学の基礎理論』については，古くは川島武宜らによる部分訳はあったが，1986年に河上倫逸らが新たな翻訳を出版している。これ以外の翻訳されている彼の著作では『権利能力論』や『法律的論理』がある。

　エールリッヒは「全ての法は社会の法」という「社会的法律観」をいだいていた。これは「全ての法は国家の法」という概念法学的な「国家的法律観」に対する批判のなかで展開されてきた考えである。社会から法が生まれるとすれば，それは国家が制定した法には限定されないことになろう。エールリッヒは，法の存在形態として「生ける法」，「裁判規範」，「法命題」の三つをあげている。

　最初の「生ける法」はエールリッヒの独自の概念であり，日常生活を規律する法として考えられていた。この場合，我々は何らかの「社会的団体」に属して生活しているのであるから，日常生活もそういった「社会的団体」のレベルでの生活ということになろう。この「社会的団体」には家族や地域社会，企業や政党，宗教団体，さらには契約当事者も含まれるのであるから，各個人はいくつかの「社会的団体」に属することになる。そして，「生ける法」はその「社会的団体」内での法となり，その意味で「生ける法」は社会的団体の「内部秩序」でもあろう。

　しかしながら，「生ける法」は基本的に「守られている法」であるので，それが破られた時や想定外の事態が生じた時の対処方法は予定されていない。そこで次の「裁判規範」が必要となる，これはそういった対処方法を内容としており，違反者・逸脱者にどのような制裁を科すべきか，その手続はどうであるか等を規定している法である。この裁判規範は「生ける法」に比すると，固定的であり融通性がきかないということはあり得るが，この規範がその性質上安定化を志向する以上，その傾向は不可避であろう。

　裁判規範をより抽象化した法が「法命題」（「法規」とも翻訳されている）である。「法命題」は直接裁判規範として機能することは少ないが，「生ける」や「裁判規範」にも法曹を媒介にして一定の影響を与えることはあり得よう。

　エールリッヒの三つの法はそれぞれ相互に影響しあっているが，その原初形態は「生ける法」であり，その「生ける法」の前提に「法の事実」を設定している。これは事実と法の接点に位置し，常に「生ける法」への移行を可能とする事実であるが，エールリッヒはそれを「支配」，「慣行」，「占有」，「意思表示」の四つにまとめている。

　「法の事実」から「生ける法」が生まれ，「生ける法」から「裁判規範」，さらには「法命題」が生じるとともに，「法命題」や「裁判規範」はそれぞれそれ以前の法や「法の事実」にフィードバックすることもあり得るとされている。そしてこの生成過程やフィード

バックを担っている者に法曹は含まれており，その法曹を通じた社会の影響もそれぞれの法に作用し得るのである。

　エールリッヒは法の存在形態の一つとして「生ける法」をあげているが，こういった法の存在形態に留意するようになったのは，彼の故郷ブコヴィナでの生活によるところが大きいと思われる。というのは，当時のブコヴィナは東ヨーロッパの「片田舎」であり，諸々の民族集団が生活しており，その生活規範は相互に異なっていた。当地はオーストリア帝国の領域であったので，公式法としてはオーストリア民法が施行されていたが，その民法ともこれらは異なっていたのである。この体験が「生ける法」を生みだす土壌となっていたように思われる。

　ただ，「生ける法」は「実生活に浸透した」法規範であるゆえに，他の社会規範との差異があいまいであるという批判がよせられていることも指摘しておかねばならない。この点についてここで詳しく論じる余裕はないが，「あいまい」であることを「生ける法」のメリットとして考える余地はないのかとの指摘はしておきたい。

　エールリッヒは，第一次世界大戦時にスイスに亡命していた。その時に末弘嚴太郎等の日本の法学者と出会っており，それが一つのきっかけとなって彼の法社会学が日本に紹介されるようになった。末弘によると，当時スイスには第一次世界大戦のためドイツへの留学を断念した日本の法学者達が滞在しており，そういった法学者達にエールリッヒはドイツ語を教えていたという。これらの法学者達はエールリッヒを「ドイツ語の先生」と思っていたようだとは，末弘の言うところである。

　末弘嚴太郎の「社会の法律」や「法的慣行」は，「生ける法」を自家薬籠化したものとして考えられている。また，太平洋戦争敗戦後に形成された民主主義的な法秩序と一般の日本人の意識や行動様式のズレが注目された時に，彼の「生ける法」概念は大いに役立った。そのこともあって彼の法社会学はわが国の法社会学に大きな影響を与えてきた。

【主要参考文献】
エールリッヒ（1943）『権利能力論』（川島武宜・三藤正訳）岩波書店
　──（1952）『法社会学の基礎理論　第一分冊』（川島武宜訳）有斐閣
　──（1984）『法社会学の基礎理論』（河上倫逸他訳）みすず書房
　──（1987）『法律的論理』（河上倫逸他訳）みすず書房
六本佳平（1986）『法社会学』有斐閣
石村善助（1983）『法社会学序説』岩波書店
磯村哲（1975）『社会法学の展開と構造』日本評論社

【林研三】

7章　フクシマを生きる

はじめに　原発災害は終わらない

　2013年9月，7年後に東京で開催される「復興五輪」の話題でマスコミは大いに賑わった。招致に成功するか否か⁉　各国メディアの反応は⁉　ドキドキワクワクと動向を伝える新聞の地方版の片隅に，東京電力福島第一原発事故後避難生活を送っている飯舘村民の声が紹介されていた。

　　「復興のためといいながら，外国の客を増やしたいだけに見える。福島のことも忘れないでほしい」(『朝日新聞』福島地方版2013年9月7日「五輪招致　語られぬ福島」)

　読者の中には，「2020東京オリンピック」が華々しく伝えられた紙面の端に，「原発事故　東電前会長ら不起訴」という記事が掲載されていたのを覚えている人がいるかもしれない(『読売新聞』2013年9月10日付［写真7‐1］)。原発事故で被害を受けた福島県民らにより結成された福島原発告訴団は，2012年6月，東京電力の幹部や国の関係者らの刑事責任を問う告訴・告発状を福島地方検察庁に提出した。第一次告訴に名を連ねた福島県民の数は，県外に避難中の人も含め1,324人，第二次告訴も含めると全国・海外合わせて14,716人という過去最大規模の刑事告訴となった［福島原発告訴団 2013］。不起訴という結果に対し告訴団は，「東電に強制捜査もせず，捜査を尽くしたとはいえない」として，2013年10月，検察審査会に審査申立てを行った。告訴団はまた，福島原発事故に伴う放射能汚染水海洋放出に関し，東京電力とその新旧幹部32人を「人の健康に係る公害犯罪の処罰に関する法律」違反容疑で告発している。

　2011年3月11日の東日本大震災，それに続く福島第一原発事故から3年が経

▼ ［写真7-1］ 2013年9月10日読売新聞（朝刊）より

　過し，全国的にマスコミで取り上げられることも少なくなったが，いまなお約15万人の福島県民が県内外での避難生活を余儀なくされており，避難区域の住民が「ふるさと」に帰るどころか，地元の農産物を安心して食べる，子どもが自由に屋外で遊ぶ，など当たり前の日常を取り戻すことができないまま日々を過ごしている。

　もはや「復興」という言葉も手垢にまみれ，その本来の意味が忘れ去られているようにみえる。かつて1923年の東京大震災の際，ある経済学者が「復興事業の第一は，人間の復興でなければならぬ。人間の復興とは，大災によって破壊せられた生存の機会の復興を意味する。……道路や建物は，この営生の機会を維持し擁護する道具立てに過ぎない」（福田徳三『復興経済の原理及若干問題』）と述べたように，まさに「復興」とは生活者としての人間一人ひとりの復興であるはずだが，福島では，その前提となる被災者の生活再建の道筋さえも不透明なまま，除染やインフラ復旧など「道具立ての復興」のみが加速化されている現状にある。

〈3・11〉以降，福島の人びとが直面した苦難はいったいどのようなものだったのか。それを端的に示すものとして，福島原発告訴団団長の武藤類子さんが2011年9月「さようなら原発集会」（東京・代々木公園）で行ったスピーチの一部を紹介しよう。

「大混乱の中で，私たちにはさまざまなことが起こりました。
　すばやく張りめぐらされた安全キャンペーンと不安のはざまで，引き裂かれていく人と人とのつながり。地域で，職場で，学校で，家庭の中で，どれだけの人々が悩み悲しんだことでしょう。
　毎日，毎日，否応なくせまられる決断。
　逃げる，逃げない。食べる，食べない。洗濯物を外に干す，干さない。子どもにマスクをさせる，させない。畑をたがやす，たがやさない。なにかに物申す，だまる。さまざまな苦渋の選択がありました。
　そして，いま。半年という月日のなかで，次第に鮮明になってきたことは，
　真実は隠されるのだ。国は国民を守らないのだ。事故はいまだに終わらないのだ。福島県民は核の実験材料にされるのだ。ばくだいな放射性のゴミは残るのだ。大きな犠牲の上になお，原発を推進しようとする勢力があるのだ。
　私たちは棄てられたのだ。」　　　　　　　　　　　　　［武藤 2012：11～15頁］

「見殺しにされた」，「見捨てられた」は，〈3・11〉以後の困難に直面した福島の住民の多くに共通した感情であろう。原発事故直後，ドイツやノルウェーなどは，気象シミュレーションによる放射性物質の拡散予想をいち早くインターネットで公開したが，日本のSPEEDIなどによる放射能についての情報公開や避難指示は大幅に遅れた。国民の生命を保護する責務があるはずの政府を信頼していた住民は，何も知らされないまま無用な被ばくを余儀なくされたのである。

「少しでも早く逃げるのを助けてほしかったと思います。見殺しにされたという思いが消えません」（川内村村民）　　　　［『国会事故調報告書』2012：349頁］

「情報の公開や対応の速度は，我々が求めるものと違いすぎた。いつも後追いの印

象で，住民の不安な気持ちに対して誠実に向き合っているとは思えなかった。放射線管理区域以上の高い放射線量であるにもかかわらず，『がんばろう福島！負けないぞ福島！』を繰り返して安全性をアピールし，無理矢理その不安感を打ち消そうとしているかのようであった。住民あってこその国であり行政であるはずなのに，いったいどこをみて誰のために動いているのだろうと感じることが多かった。避難や賠償費用が膨らむことを恐れているのか，住民の気持ちを蔑ろにするかのような態度の連続ではなかったか」（福島大学生—当時—）　　　　　　　　［大和田・北澤編 2013：229頁］

事故後，放射線被ばくに関する安全基準が緩和され，事故前であれば避難することが必要な土地でも住み続けることが可能となり，国の指定した避難区域外の住民が避難するのは「自主避難」とされた。

「私たち自主避難者と呼ばれる人々は，勝手に逃げたのではありません。親として，危険だと判断したからこそ，子どもを連れ，夫と離れ離れになることも覚悟で福島を離れたのです。……今も歯をくいしばって私は生きています。子供の未来のためにです」（避難元：いわき市，40代女性）　　　　　　［『賃金と社会保障』2012：34頁］

また，強制避難区域から出て避難先の借り上げ住宅で暮らすある女性は，子どもがいじめられたり，差別されたりするのではないかという不安から，自分たち家族が避難者であることを周辺住民には明かしていないという。避難生活が長引くなか，「補償金をもらっていい思いをしている」，「働かずに毎日パチンコで遊んでいる」といった陰口がたたかれたり，駐車場では強制避難区域住民の車が傷つけられたりするなどの嫌がらせが発生した。原発事故被害に対する補償金の有無やその金額の高低が新たな分断の源泉となっている。

「私達は見捨てられています。地域分断も今，現実になっています。被害者同士なのに，なぜか後ろめたい生活をしています」（南相馬市市民）

［『国会事故調報告書』2012：356頁］

他方，原発立地自治体の住民に対しては，「自ら望んで原発を誘致して，原発マネーでいい思いをしてきたのだから自業自得ではないか」という冷ややか

なまなざしが向けられている。福島原発事故の「責任」は東京電力や国だけが負うのではなく、避難者・被災自治体にも押しつけられ、そして地震、津波と原発事故でもっとも深刻な被害を受けた強制避難者たちの声が避難先では封じられ、沈黙させられている。

　「私たちは全国の人たちから、『お前たちが原発を誘致しておいて被害者面するな』という批判を受けている。私たちはどこにいても本当の居場所がない今、苦悩に負けそうになりながら必死に生きている」（双葉町前町長　井戸川克隆氏）［双葉町ホームページ「町民の皆様へ」2013年1月23日付］

　原発災害は、人々の暮らしの様々な局面において、苛烈な分断状況を引き起こした。避難指示区域においては、地域住民全員が長期にわたって避難せざるを得なくなり、家族・親族、近隣の人々が空間的な分離を強制された。避難指示が出されなかった地域においても、「逃げる／逃げない」、「農作業をする／しない」、「外で遊ばせる／遊ばせない」、「地元産物を食べる／食べない」など、不完全な情報のもとで「望まない選択」が強要され、その過程によって生じた様々な利害対立は、人間関係、地域コミュニティを解体させていく。

1 ── 放射性被ばくの基準をどう考えるか

1　基準値はどのように作られるのか──学校再開問題から

　福島の住民が政府や専門家に対する不信感を強め、抜きがたい不安を抱えるに至ったのは、放射性被ばく基準の緩和問題が大きく関与している。端緒となったのは、学校再開問題だった。

　原発事故直後の2011年春、4月からの新学期を予定通り行うかどうかという問題の検討を迫られた文部科学省は、4月6日、原子力安全委員会に対し学校再開についての助言を依頼した。安全委員会は、「①福島第一原発から20 kmから30 kmの範囲内の屋内退避区域については、学校を再開するとしても屋外で遊ばせることが好ましくないこと、②それ以外の地域についても空間線量率の値が低くない地域においては、学校を再開するかどうか十分検討すべき」と

回答し,「空間線量率の値が低くない地域」を決める際の参考値として,「公衆の被ばくに関する線量限度は1ミリシーベルト／年である」(シーベルトとは,放射線被ばくによる人体への影響の度合いを表す単位)との助言を行ったという〔『国会事故調報告書』2012:427-430頁〕。

　しかし,福島県内の学校・保育所は,すでに4月6日,7日に新学期が始まっていたことから,文科省は,検討すべき論点を学校再開の可否ではなく,学校の再開を前提とした校舎・校庭等の利用判断基準の問題へと変更した。4月19日に示された「福島県内の学校等の校舎,校庭等の利用判断における暫定的考え方」では,被ばく線量1～20ミリシーベルト／年を暫定的な目安とし,被ばく線量20ミリシーベルト／年(3.8マイクロシーベルト／時に相当)以上が計測された学校等についてのみ児童・生徒の屋外活動の利用を制限することとした。

　ここで政府が基準の参考にしているのは,ICRP(国際放射線防護委員会・International Commission on Radiological Protection)が2007年に出した勧告「線量限度遵守の原則」である。ICRPは,人が受ける放射線(被ばく)を,①計画的に管理できる平常時(計画被ばく状況),②事故や核テロなどの非常事態(緊急時被ばく状況),③事故後の回復や復旧の時期等(現存被ばく状況)の3つに分けて,防護の基準を定めている〔佐々木 2011〕。平常時には,身体的障害を起こす可能性のある被ばくがないように防護対策を計画し,その上で,「将来起こるかもしれないがんのリスクの増加もできるだけ低く抑える」ことを放射線防護の目的として,一般人の被ばくは年間1ミリシーベルト以下になるようにし(公衆の線量限度),また,放射線を扱う業務に従事し,被ばく線量を常時観測できる人には,5年間に100ミリシーベルトという被ばく線量限度を定めている(職業被ばくの線量限度)。この値の基礎となっているのは,年間100ミリシーベルト以下の被曝でも線量に比例して健康に影響が出るとする「線形しきい値なし(LNT)モデル」である。日本でもこの勧告に従い,「労働安全衛生法」や「放射性同位元素等による放射線障害の防止に関する法律」(放射線障害防止法),「核原料物質,核燃料物質及び原子炉の規制に関する法律」(原子炉等規制法)などにより規制が行われている。

　一方,事故や核テロにより大量の放射性物質が環境に漏れるような非常事態

が起こった場合には，緊急時被ばく状況として「重大な身体的障害を防ぐ」ことを重視し，一般人の場合で年間20〜100ミリシーベルトの間に目安線量（参考レベル）を定め防護活動を実施するとしている。その後の回復・復旧の時期に入ると，緊急時の目安線量よりは低く平常時の線量限度よりは高い，年間1〜20ミリシーベルトの間のできるだけ低い値に抑えることとされている。

　学校での放射線量の目安は，ICRPの「復旧期」の指標のうち，上限にあたる年間20ミリシーベルトと設定された（4月19日）。しかし，その数値は，4月22日の計画的避難区域設定の基準（20ミリシーベルト／年）と同じだったため，避難指示の目安と同等の数値を子どもの安全を図る基準値とすることに対し，市民は強く反発した。

　4月29日には，内閣官房参与の小佐古敏荘東大教授が涙の辞任会見を行い，子どもに20ミリシーベルトを設定することに次のような批判を行った。

> 「……緊急時には様々な特例を設けざるを得ないし，そうすることができるわけですが，それにも国際的な常識があります。それを行政側の都合だけで国際的にも非常識な数値で強引に決めていくのはよろしくないし，そのような決定は国際的にも非難されることになります。……年間20 mSv（＝ミリシーベルト）近い被ばくをする人は，約8万4千人の原子力発電所の放射線業務従事者でも，極めて少ないのです。この数値を乳児，幼児，小学生に求めることは，学問上の見地からのみならず，私のヒューマニズムからしても受け入れがたいものです。」
> 　　　　　　　　　　　　　　　　　[NHK「かぶん」ブログ2011年4月29日付]

　福島県内で子育てをする親たちで結成された「子どもたちを放射能から守る福島ネットワーク（子ども福島ネット）」等による校庭20ミリシーベルト撤回運動を受け，文科省は「福島県内における児童生徒等が学校等において受ける線量低減に向けた当面の対応について」（平成23年5月27日付文部科学省事務連絡）を公表し，「年間1ミリシーベルトから20ミリシーベルトを目安とし，今後できる限り，児童生徒等の受ける線量を減らしていくという基本に立って，今年度，学校において児童生徒等が受ける線量について，当面，年間1ミリシーベルト以下を目指す」とした。そして，福島県内のすべての学校と保育所に対し

▼ ［写真7-2］ 現在，福島のあちこちで目にする除染作業中の看板

て，積算線量計を配布すること，および空間線量率が毎時1マイクロシーベルト以上の学校については除染費用の財政支援を行うことを発表した。

その後，平成23年8月26日文部科学省通知「福島県内の学校の校舎・校庭等の線量低減について」は，除染が進んだことなどにより，毎時3.8マイクロシーベルト以上の空間線量率が測定される学校がなくなったとして，目安値を年間1ミリシーベルトに変更し，目標に向けて低減していく取り組みを進めていく必要があるとした。しかし，学校以外の区域では年間20ミリシーベルトでも生活可能とするなど複数の基準（ダブルスタンダード）が用いられている。

除染［写真7-2参照］に関しては，2011年8月に「平成23年3月11日に発生した東北地方太平洋沖地震に伴う原子力発電所の事故により放出された放射性物質による環境の汚染への対処に関する特別措置法」（放射性物質汚染対処特別措置法）が議員立法により制定され，続いて「除染推進に向けた基本方針」（原子力対策本部），「除染に関する緊急実施基本方針」（原子力災害対策本部）が策定された。

本法では，国が除染の第一次的な責任を負うことを明らかにしたうえで，基本方針や基準を設定し，除染特別地域（警戒区域と計画的避難区域に相当する地域）を指定して土壌や廃棄物の除去などの処理を行い，それ以外の地域は，汚

染状況重点調査地域に指定して監視・測定を行い，その結果に基づいて自治体が除染実施計画を策定することとした。

国は，「除染なくして福島の復興なし」というスローガンのもと事故後1兆3千億円に上る費用を投じてきたが，実際には除染計画通りには進捗しておらず，除染作業が終了した地区でも限定的な効果しか得られていないところが少なくない。その理由としては，汚染廃棄物を管理・処分する中間貯蔵施設の建設地の選定が難航していることに加えて，地域によって汚染の度合いや除染対象の面積等が異なるにもかかわらず，詳細な測定による汚染情報（放射能汚染マップ）が整備されないまま一律に作業を終えようとしていることや，除染方法や効果の評価基準が体系化されていないことが問題点として指摘されている［小山・小松編著 2013：38-40頁］。

2　「年20ミリ帰還案」はどのようにして決まったのか

上で述べた基準値緩和は，福島原発で緊急作業にあたる作業員の被ばく線量についても行われ，2011年3月14日，緊急作業の場合は計100ミリシーベルトが上限であったのが，省令の改正により特例措置として250ミリシーベルトに引き上げられた（2011年12月16日にこの特例は廃止された）。また，食品の規制値に関しては，審議会の答申に基づき放射性セシウムは500ベクレル/kg（ベクレルとは，放射性物質が放射線を出す能力を表す単位）とされ，2012年4月の食品衛生法に基づく新基準値の設定（一般食品100ベクレル/kg）まで1年近く「暫定値」が維持された。

これらの基準の多くは，「有識者」による審議会での議論に基づき，省令や通達，通知で決定される。審議会の構成メンバーは，いわゆる「振り付けがきく」委員が多数を占めるように選ばれているといわれ［日隅 2012：44-45頁］，規制基準や安全基準は，「科学的知見」という衣を着せた「政策的判断」に過ぎず，リスク管理も他の便益との比較考量の一要素に過ぎない。

以下では，避難区域再編方針の決定過程をみていこう。2011年12月16日に国は原発事故の収束宣言を出し，これを契機に国の施策は早期帰還対策にシフトしていくことになった。原発事故後，警戒区域，計画的避難区域および避難指示準備区域に指定されたのは，福島県内の13市町村（原発の立地する双葉，大熊，

富岡,楢葉の4町と福島第一原発事故で避難区域となった南相馬,田村,いわき,浪江,広野,川俣,飯舘,葛尾,川内の9市町村)であったが,2012年4月から2013年8月にかけて,11市町村(上記よりいわき市,広野町を除く)が年間積算線量を基準として避難指示解除準備区域(20ミリシーベルト以下),居住制限区域(同20ミリシーベルト超・50ミリシーベルト以下),帰還困難区域(同50ミリシーベルト超)に再編された。

　避難指示解除の方針として,国は,①年間積算線量が20ミリシーベルト以下になり,②日常生活に必要なインフラや生活関連サービスが概ね復旧し子どもの生活環境を中心とする除染作業が十分に進捗し,③県・市町村・住民との協議が整った地域については,避難指示を解除すると決定し,2012年9月,「原子力発電所の事故による避難地域の原子力被災地・自治体に対する国の取組方針(グランドデザイン)」を策定した。早期帰還を目指す避難指示解除準備区域の設定では,ICRP勧告における「復旧期」の上限20ミリシーベルト／年が採用された。年間20ミリシーベルト近くあっても帰還させるという方針はこれまでの原発事故の中でも初めての例である。

　この決定の根拠となったのは,政府の有識者会議「低線量被ばくのリスク管理に関するワーキンググループ」の答申であった。このワーキンググループは,2011年12月,「年間20ミリシーベルト以下であれば,他の発がん要因(喫煙,ストレス)のリスクの方が大きい」として,避難住民が帰還できる放射線量を20ミリシーベルト／年と決定したが,新聞報道によれば,有識者会議の開催前から「20ミリ」とする政府の方針は決まっていたという(『朝日新聞』2013年5月25日付)。すなわち,2011年10月の閣僚会合において,「20ミリ」案は事故直後の校庭の利用基準として反発を招いた経緯があるため懸念が示され,また,「1ミリ」案では県民が全面撤退になるため,「5ミリ」案が新たに検討された(ちなみに,チェルノブイリ事故では,発生から5年後に5ミリシーベルトの基準で住民を移住させている。また,日本では年換算5.2ミリシーベルトを超える地域は放射線管理区域に指定され,原発労働者が同量の被ばくで白血病の労災認定をされたこともある)。しかし,当時「5ミリ地帯」は福島県内の13％に当たり,地元自治体は避難区域が拡大して人口流出が拡がることを心配していたという。閣僚会合の出席者の一人は「5ミリ案では人口が減り県がやっていけなくなることに

加え，避難者が増えて賠償額が膨らむことへの懸念があった」と証言している。

　一方，住民に対しては，「他の発がん要因によるリスクと比較して十分に低い」と安全性を強調するにとどまり，それでもなお不安を述べる者に対しては，住民の側の「放射線リテラシーの不足」の問題とされた。

　原発事故から3年が経過し，一部の市町村では避難指示が解除されて帰還が始まっているが，原発事故の収束がなく，除染をしても放射線量の十分な低減が見られないことなどの不安もあり，住民の帰還は一部にとどまっている。復興庁が2013年2月に公表した双葉町の住民意向調査結果によれば，放射線量が低下すれば戻る意思のある町民のうち51.4％が「町全域が1ミリシーベルト以下」なら戻ると回答しており，とくに若い世代には，「汚染の程度が明確に安全なレベルにまで低下しない限り帰還したくない」という声が多い［復興庁, 2013］。

　しかしこのような住民の声が公式に受け止められることは少なく，また，除染による線量低減の効果や限界に関する情報公開も十分に行われないため，政府・行政への不信が広がっている。故郷が原発事故で失われ，賠償内容もあいまいなまま，事故の「風化」が進むなかなし崩し的に被害が「切り詰められていく」ことへの住民の不安は大きい。住民間の対立や住民と自治体間の対立・分裂もさらに深まりつつある。

3　チェルノブイリの教訓をどう生かすのか

　被災地住民の健康と安全に関わる基準が，「霞ヶ関」の官僚と「国寄り」の専門家の判断によって政治的に決定されることをどう考えるべきだろうか。楽観論的な専門家の見立てに従って早期帰還を主張する首長も出る中，国による一方的な基準設定に異議申立てを行った一人の首長がいた。井戸川克隆前双葉町長である。

　福島第一原発が立地していた双葉町は，原発事故直後，埼玉県加須市の旧騎西高校校舎に集団避難を行い，双葉郡町村のなかでどこよりも遠くに逃げた自治体である［舩橋, 2012］。かつては原発推進派の政治家であった井戸川氏は，原発立地自治体としての「反省」と「責任」として，住民の健康への影響を最

大限に考慮すべきとし、性急な区域再編計画や中間貯蔵施設の調査に一貫して抵抗する姿勢を示してきた。2012年1月、井戸川氏は、帰還の目安を年間20ミリシーベルト以下としていることに関し、野田首相（当時）に対して次のように述べた。

　「私たち双葉郡民を日本国民と思っていますか。法の下に平等ですか。憲法で守られていますか」（『河北新報』2012年1月9日付）。

　2012年6月、国と県、双葉郡8町村の協議に際して、井戸川氏は、「『低線量被ばくでは健康被害を発症しない』と外部の人に言われたくない。我々自身が決定して進まないといけない」として、被災自治体が被ばく線量の独自基準を作る方針を示し、国の帰還の目安年間20ミリシーベルト以下に対し、年間1ミリシーベルトを基準とすべきであると訴えた。
　そして翌7月に避難指示区域の再編案が国から提示されたのを受け、井戸川氏は、年間被ばく線量が1ミリシーベルト以上の地域に住む住民に移住の権利を認めた「チェルノブイリ法」（1991年に、ロシア、ウクライナ、ベラルーシの3カ国で成立）の考え方を今後の避難指示区域の見直し作業に反映させるよう国に求めた。さらに10月には国連人権理事会でスピーチを行うなど、チェルノブイリでの健康被害の現状をふまえ、将来の健康被害への懸念とその予防措置の必要性を強く主張したが、中間貯蔵施設の立地調査受け入れや避難区域再編等をめぐって町議会とたびたび衝突し、2013年1月辞職に至った。
　避難にともなうリスクの方が放射線被ばくのリスクより高いと考える人も少なからず存在するなかでは、放射線被ばくの健康影響について唯一の解を出そうとすると、欠如モデル（一般市民は科学や技術の知識が欠如しており、専門家が正しい知識をわかりやすく伝えることが重要とする）に基づくパターナリスティックなリスクコミュニケーションになりがちであり、住民たち相互の分断・亀裂をさらに深めることになりかねない。他方、たとえ個々人の意向を尊重した選択の自由が確保されたとしても、不十分な情報のもとで選択を強要される福島の住民にとっては、その選択の結果は「自己責任」として重くのしかかる。
　こうした状況を乗り越えるために、住民それぞれの自己選択の尊重を土台に

して，どの選択肢を選んでも十分な支援が受けられる仕組みを制度化することが考えられる。そうした問題意識にたち，「チェルノブイリ法」をモデルに，「子ども福島ネット」等の市民団体と法律家集団とが協働して法制化に取り組んだ結果，2012年6月に議員立法により成立したのが以下に述べる「原発事故子ども・被災者支援法」である。

2 ── 原発事故と「新しい権利」　　「原発事故子ども・被災者支援法」の成立と課題

1　市民団体と法律家との協働

　主として小・中学校の放射能汚染の実態解明や「文科省・子ども20ミリシーベルト通知」撤回などに取り組んできた市民団体「子ども福島ネット」は，「福島の子どもたちを守る法律家ネットワーク」（SAFRLAN）と共同で，「原発事故によって生じた放射線被ばくの被害者に対する恒久的な対策立法の制定を求める立法提言」を2012年2月に提出した。およそ40人の弁護士有志によって結成されたSAFRLANのメンバーは，ボランティアで法律相談に訪れた福島市や郡山市で，自分たちと同じ子育て世代が低線量被ばくの現実の中で苦悩している姿に直面し，いわゆる自主避難者の支援のための法律家団体を立ち上げるに至った［中手・河﨑 2012年：154頁］。彼らの働きかけにより与野党の国会議員らが「チェルノブイリ法」の研究や子ども妊婦支援法制定の活動を始め，「東京電力原子力事故により被災した子どもをはじめとする住民等の生活を守り支えるための被災者の生活支援等に関する施策の推進に関する法律」（「原発事故子ども・被災者支援法」）が全会一致で成立・公布された。

2　「被ばくを避ける権利」，「避難する権利」

　この法律では，放射線量が避難指示基準を下回るが一定基準以上の地域を「支援対象地域」（8条1項）とした上で，「被災者一人一人が支援対象地域における居住，他の地域への移動及び移動前の地域への帰還についての選択を自らの意思によって行うことができるよう，被災者がそのいずれを選択した場合もあっても適切に支援するものでなければならない」（2条2項）としている。これは，一定の線量以上の放射線被ばくが予想される地域の住民は，自らの行

動を選択するために必要な情報を受け，そして避難を選択した場合には必要な経済的・社会的支援を受ける権利が認められるということを意味する。すなわち「被ばくを避ける権利」，「避難する権利」，そして「帰還する権利」を認め，これらへの個々人の自己決定を尊重し，国が責任をもって支援することを明記した点がこの法律の第一の特徴である。

　本法が参考とした「チェルノブイリ法」は，年間積算被ばく量が5ミリシーベルト以上の区域は「義務的移住ゾーン」，また，年間1ミリシーベルト以上5ミリシーベルト未満の区域は「移住権付与ゾーン」と設定し，被災者は非汚染地域へ移住するか汚染地域で暮らし続けるかを選択することができるとしている。そして避難者と在留者の双方に医療，住居，食料，仕事などの現物支給を含む補償を国が行うこととしており，区域設定の基準も日本より保護レベルが高い。

　「チェルノブイリ法」の「避難する権利」は，当時チェルノブイリ周辺は社会主義体制下にあり「移動の自由」が認められておらず，また，土地は国有のため，移動に伴う補償が容易であったことが背景にある。一方，日本では，憲法22条で「居住移転の自由」が認められているとはいえ，現実的には，十分な経済力をもつ者しかその権利を利用することはできない。これまでの避難指示をめぐる住民と政府との間の交渉過程では，政府側担当者は，「避難したければご自由に」という姿勢を貫いたが，避難することを国が邪魔しないだけでは不十分であって，避難を選択した人にはそれを可能にするための支援がなされる必要がある。国への請求権としての「避難する権利」はこれを保障しようとするものである［河﨑ほか 2012：59頁］。

　なお，本法で「避難する権利」を前面に出した背景には，それまでの除染一辺倒だった政府の施策に対して，移住という選択肢による生活再建とそれへの支援を公的に認めさせるというねらいがあったという。他方，「チェルノブイリ法」では認められていない「帰還する権利」を，「原発事故子ども・被災者支援法」は明記しており，除染が終了し故郷に帰ることを被災者が選択した場合，国は必要な支援を行うとした。

3 「予防原則」の導入

　本法の第二の特徴は，健康被害の未然防止＝予防原則の観点から，放射線量の低減・健康管理を含め，子どもや妊婦に対して特別の配慮をすると明記した点にある（2条3項・同5項）。法が施行されれば，健康管理の責任主体は県から国に移り，生涯の健康診断や医療費減免措置などの施策は国が講ずるものとされている。

　予防原則（precautionary principle）とは，「環境に脅威を与える物質または活動と，環境への損害とを結びつける科学的証明が不確実であっても，環境に悪影響を及ぼさないようにすべきであるとする原則ないし法原則」である［大塚2010：56頁］。これは1970年代後半に当時の西ドイツ国内の環境政策において「事前配慮原則」という概念が用いられたことを端緒として，EU諸国や種々の国際条約で用いられるようになり，なかでも「環境と開発に関するリオ宣言」（1992年）第15原則では，「深刻な，あるいは不可逆的な被害のおそれがある場合においては，完全な科学的確実性の欠如が，費用対効果の大きな対策を延期する理由として使われてはならない」とする予防原則が定式化された。

　予防原則において重要な点は，環境劣化や危害の防止が因果関係の科学的不確実性を理由として妨害されてはならないということであり，また，潜在的な危険を創出する者には安全性の立証責任を課し，それらの活動によって重大な損害が発生することが確定的に立証されないとしても事前の規制を必要とするという考え方を定着させたことである。

　なお，予防原則が問題とされるケースについては，科学的不確実性の中で政策決定をするため，情報公開と，あらゆるステークホルダーの参加が特に必要とされている［大塚 2010：63頁］。潜在的リスク評価が複雑な場合，行政上の政策形成過程では，科学的知見の限界を補充するために市民参加によって対応の正当性の根拠が補われることから，通常の環境問題以上に参加の視点が重要となる。

　「原発事故子ども・被災者支援法」では，国は基本方針を策定して，支援の内容を具体化することが定められている（5条）が，基本方針を策定するときは，「その内容に東京電力原子力事故の影響を受けた地域の住民，当該地域から避難している者等の意見を反映させるために必要な措置を講じるものとす

る」（5条3項）とし，被災当事者の参加を定めている。

4　原発事故子ども・被災者支援法の課題

　以上のように，この法律は画期的な側面を持っているといえるが，同時に根本的な課題も抱えている。すなわち，施策に関する条項については「支援に関する施策その他の必要な施策を講ずるものとする」としているだけであり，具体的な施策は，政府の定める「基本方針」に基づいて行われることになっている。この「基本方針」は，しかしながら，国会への報告，公表が定められる（5条4項）のみであり，国会によるチェック機能は十分果たされず，行政による裁量の余地がきわめて大きいとされる。

　さらに，「原発事故子ども・被災者支援法」成立後，この「基本方針」の策定は長く放置され続けた。たとえば，同じく議員立法で成立した「放射性物質汚染対処特別措置法」（1節の**1**）の場合，具体的な施策は内閣の定める「汚染対処の基本方針」（7条）に基づいて行われることになっており，この基本方針は，法律が制定されてから2ヵ月半で策定されている。それに対して，同じく放射能汚染対策を主要な内容とする「原発事故子ども・被災者支援法」の方針策定は1年以上も放置されたままであった。

　2013年3月には，復興庁の担当者が，被災地や住民を揶揄したツイッターにより更迭されるという事態を生み（『毎日新聞』2013年6月13日付），ついに8月22日には，福島県の自主避難者らが国に基本方針の早期策定を求めて東京地裁に提訴した。その直後の8月30日，同法に示された被災者の公聴会等は開催されないまま「基本方針」案が公表されたが，同案の支援内容はきわめて不十分であり，とくに支援対象地域を決定するにあたっての放射線量の基準を決めないまま，対象地域を福島県内33市町村だけに限定したことに対しては，福島県以外の自治体から異議を申立てる意見書が多く提出されている。

　また，一般に，行政の裁量によって執行の中身が大きく左右される裁量的政策の問題に対して，行政機関の裁量基準の根拠となっている「通達行政」から，政策立案に国民や議会が関与する「法律に基づく行政」に転換し，国会によるチェック機能を十分に働かせることの必要性が指摘されている。とくに，予防原則が問題とされるケースでは，意思形成過程の透明性と国民の参加手続

を重視しなければならない。

　2013年5月に公表された「健康に対する権利」の国連人権理事会勧告（「グローバー勧告」）では、「日本政府は、全ての避難者が、帰還するか、避難を続けるかを自分で決定できるように、全ての避難者に対する財政的援助及び給付金を提供しつづけるべきである」と述べ、「避難区域、及び放射線の被ばく量の限度に関する国家の計画を、最新の科学的な証拠に基づき、リスク対経済効果の立場ではなく、人権を基礎において策定し、年間被ばく線量を1ミリシーベルト以下に低減すること」と勧告している。また、勧告の最後に、「原発の稼働、避難区域の指定、放射線量の限度、健康管理調査、賠償額の決定を含む原子力エネルギー政策と原子力規制の枠組みに関する全ての側面の意思決定プロセスに、住民、特に社会的弱者が効果的に参加できることを確実にするよう、日本政府に要請する」と住民参加による政策決定の必要性を示している。

　上記勧告を待つまでもなく、原発事故被災者・避難者の生活支援に関する基本法である「原発事故子ども・被災者支援法」の実効性を確保することは重要である。とくに今後、避難指示が解除されれば、国の指示で避難させられた人たちも、「避難する権利」や「被ばくを避ける権利」を求めていくことになろう。避難基準であり帰還基準でもある年20ミリシーベルト以下になったからといって、帰還が強制されることはあってはならず、避難者自らの健康を守るための「避難する権利」が保障されなければならないし、同時に、帰還した人たちにも、日常生活のなかで「被ばくを避ける権利」が保障され続けなければならない。

3 ── 被災当事者による基準づくり　ローカルのつながりを再建する試みから

1　市民自らが測定することの意味

　これまで見てきたように、福島第一原発事故後、安全基準の緩和の際に利用されたのは、「専門家」による「科学的知見」であった。低線量被ばくの健康に対する影響に関して、行政が招聘した専門家は「安全」「安心」を訴え続けたが、原発事故の対応過程で信頼を失った行政や専門家が「安全」「安心」を喧伝しても、それは逆効果にしかならない。誤ったリスクコミュニケーション

によって，かえって不安を煽られた市民の中には，ソーシャルネットワークなどを通じて情報を収集し，自ら放射線量を測定する人も少なくなかった。

まず空間線量を計測し住む場所の危険性を認知して外部被ばくを防ぐこと，そして農作物の汚染度を把握し，食品による内部被ばくを予防することによる「脱被ばく」が，福島の住民にとっては最優先の課題となった。こうした取り組みの一例として，市民が自発的に食品や環境中の放射線濃度を測定し，結果を公開するCRMS市民放射能測定所（Citizens' Radioactivity Measurement Station）の活動が挙げられる。2011年8月に福島市内に設立されたCRMSは，「市民が放射線防護に関する知識にアクセスし，放射能の測定法を学ぶことで自律的に防護できる」ためのツールの提供を使命とし，農家の自給用野菜なども含めた食品を測定して，食品別，地域別にデータを公開するとともに，ホールボディカウンターによる内部被ばく量の測定も行っている。スタッフは30人以上のボランティアによって支えられているが，物理学や原子工学を専門的に学んだ者はおらず，一般市民が高校の物理と化学の教科書で勉強しながら，測定作業に従事している。

この中心メンバーに農業者が多いのは，農業県福島ならではの特徴であろう。その一人であった佐藤幸子さんは，前出の「子ども福島ネット」の一員として文科省との交渉や避難・保養の支援等に取り組んできたが，2011年11月，西日本産を中心とした無農薬・有機栽培野菜を販売する「野菜カフェはもる」を福島市内にオープンさせた。原発事故でずたずたに切り裂かれた人々のつながりがいつの日か再生するようにという願いを，「はもる」＝「ハーモニー」という店名に込めたという。この店では子どもたちの免疫力を上げるために，放射性物質はいうまでもなく，農薬・食品添加物などの化学物質が入っていない食品を提供している。

佐藤さんは，震災前は川俣町に開設した「やまなみ農場」で自然農（耕さない農法）に取り組んでおり，同じく自然農を目指す全国の人々とのネットワークを拡げていた。日本の農政が推進する規模拡大型農業とは異なる「もう一つの農業」を追求したのは，「買う人を増やすより，作る人を増やしたい」という思いが強くあったからという。〈3・11〉の事故がなければ，娘とともに無農薬・無化学肥料の食事を提供するレストランをオープンさせる予定だった

が，その計画は「事故で吹っ飛んで」しまい，その代わりに誕生したのが，「野菜カフェはもる」であった。

「はもる」は避難・保養等の情報センターや交流サロンとしても機能しており，「正しい情報が欲しかった」，「家族など周囲との温度差が大きく，胸のうちを誰かに聞いてもらいたいと思っていたので，こんな場ができてうれしい」など，小さい子どもをもつ母親たちから共感の声が寄せられているという［佐藤 2013：114-118頁］。

こうした市民レベルの動きは全国に拡がっている。「子ども福島ネット」をはじめ全国300団体以上（2013年現在）が加盟する市民団体「子どもたちを放射能から守る全国ネットワーク」（「子ども全国ネット」）は，ネットワークミーティング，省庁・大臣交渉，ロビーイング活動を行うほか，民間や自治体による放射能の測定と「見える化」の推進，給食や食品の安全を守る運動，子どもの移動教室，移動保育，保養活動，避難者支援，健康診断や相談会等の開催などを行い，リスクに対処する市民の活動能力を拡大している。

2 農業者と消費者のつながりを再建するためのローカル・ルール

(1) 「風評被害」，「食べて応援」のレトリック

原発事故により福島で起きた地域の人々の「分断」は，家族，親族，近隣社会，職場等さまざまなレベルで生じたが，農業県福島では，農業者と消費者との「分断」もまた深刻な問題となった。原発事故後，国は土壌中5,000ベクレル／kgを超える農地での作付制限，500ベクレル／kgを超える農産物の出荷停止を指示した（現行の出荷停止基準は100ベクレル／kg）が，現在に至るまで市場では福島産を避ける動きが続いており，いわゆる「風評被害」対策が福島県では大きな課題となっている。

スーパーや食品メーカー，外食産業の中には，国の基準値よりも低い値の自主基準を設けて検査を行い，自主基準を超えた食品は店頭に置かないところもある。これに対し，農水省は，2012年4月，食品産業団体の長宛てに，「過剰な規制と消費段階での混乱を避けるために自主検査においても法の定める基準値に基づいて判断するよう」通知した（2012年4月20日付「食品中の放射性物質に係る自主検査における信頼できる分析等について」24食産第445号）。民間団体が法の

定める基準よりも厳しい基準を設けて自主規制を行うことを国＝行政が制限することに対して批判の声が上がったが，農水省は，「生産者の利益および風評被害を考慮しての対応」と説明している［『国会事故調調査報告書』2012：422頁］。

「風評被害」という言葉，とくに農産物に関する「風評被害」とは，その農産物が実際には安全であるにもかかわらず，安全ではないという噂を信じた消費者が不買行動などをとることによって，農業者に不利益をもたらすことを意味する。しかし，放射線被害では，どの程度の放射線量までなら安全なのかが明らかではない以上，国の基準値を下回るから安全だと言い切ることはできず，また，放射能汚染の現状把握も検査体制も情報公開も不十分な状況では消費者の不安は高まらざるをえない。このようななかで，できるだけ放射性物質の摂取量を減らそうとする消費行動を「風評被害」と呼び，消費者を加害者扱いすることは果たして妥当といえるだろうか［内山 2011：57-58頁，小山・小松編著 2013：28-41頁］。

「風評被害」とは逆の意味合いをもつ「食べて応援」という言葉も，放射能汚染により生産者がこうむった被害を，「風評被害」という言葉を使うことによって消費者に責任転嫁し，健康上のリスクを負ってでも消費者は，「食べて応援」すべきであるとして，消費者と生産者の間で加害者役と被害者役を押しつけ合うことになる。

いま，福島では，「風評被害」や「食べて応援」というレトリックに違和感をもち，独自に食と農の安全を再生しようとする農業者や農業団体が少なからず存在する。彼らは，チェルノブイリ事故に直面したベラルーシ共和国やウクライナ共和国での取り組みを参考に，農地や農作物の汚染を自主的に測定してその結果を公開し，独自の食品基準値を設定するなど，消費者との信頼関係の再構築に努めている。

以下では，福島県東部の丘陵地帯に広がる阿武隈地域の農業者による取り組みを紹介しよう。彼らは，震災前から地産地消やスローフード運動，有機農業による提携・産直運動など，食と農をベースとした地域づくりに長く取り組んできていた。里山の丘陵地帯のため大規模農業に向かず，原発や工業団地などの都市的開発からも取り残され，いわば「地域振興のはざま」に置かれていた阿武隈地域の農業者にとって，有機農業や産直により消費者と直接結びつき，

顔と顔の見える信頼関係のなかで農産物を提供する経営スタイルは，中山間地域農業の維持・存続を図るうえで欠かせない取り組みであったのである。

(2) 「知ることは生きること」——NPO 法人東和ふるさとづくり協議会

二本松市旧東和町で道の駅と農産物直売所を経営する「NPO 法人ゆうきの里とうわ」は，福島県県北地方の直売所の中で最も早く（2011年8月），放射性物質の自主検査を開始した。事故直後，直売所の会員農家から営農を継続することに不安の声が相次いだことから，NPO 事務局は，「里山再生・災害復興プログラム」を策定し，専門家の支援を受けながら農地，山林，河川の放射能汚染の実態の調査に取り組んだ。GIS（地理情報システム）により細かいメッシュで圃場ごとの汚染マップを作成し，田畑の表面放射線量，水源山林の放射線調査を実施するとともに，ベクレルモニターを導入して，出荷品目の測定結果を店頭や CRMS 市民放射能測定所（前出）のホームページで公開している。さらに，ベラルーシやウクライナの食品基準値を参考に，放射性セシウム50ベクレル/kg という独自の基準値を設け，基準値以下のものにのみ「東和げんき野菜」の認証シールをつけて販売している。この取り組みを契機として，直売所での自主検査を求める声が拡がり，2012年には，産地での自主検査を支援する福島県事業「ふくしまの恵み安全・安心推進事業」の一つとして，「農産物直売所における自主検査体制の整備」が導入された［小山・小松編著 2013：153-159頁］。

農業者にとっては，砂ぼこりを吸い込むことなどによる農作業時の被ばくも不安材料の一つである。NPO では，人体への影響を把握するためにホールボディカウンターの測定に補助金を出して会員の参加を促すとともに，「農作業被ばくと食事被ばくの生活影響度アンケート調査」を独自に実施して，土壌，農産物，人体を関連させて放射能汚染の実態を突き止めようとしている。アンケート調査結果によれば，内部被ばくに対する不安を多かれ少なかれ感じている人は8割を超え，原発事故後不満や悩みなどのストレスを抱えているという人も6割を超えている。具体的なストレスの内容として多く挙げられたのは，「原発事故への怒りと不安」，自分と家族の「健康問題」であり，「そんな中で心の支えになったのは」という問いに対してもっとも多かった回答は，「家族や仲間とのつながりや消費者の励まし」であり，続いて，「信頼できる情報」，

「放射線に関する知識」、そして「営農の継続」が挙げられている。

「ゆうきの里東和」でいち早く汚染実態調査・検査体制の整備が進んだ背景には、震災以前から残留農薬等に関する独自の栽培基準を設け、安全管理を行う体制が整っていたことが大きい。有数の養蚕地帯であった同地では、殺虫剤散布を避けてきた土地柄でもあったことから、80年代初頭より有機農業が積極的に展開されてきた。同NPOの理事は団塊世代の壮年農業者が中心となっているが、彼らは、農業後継者の時代から青年団活動で仲間意識を強め、有機農業研究会等の組織化を通じて生協や流通団体との取引を行ってきた。2009年4月には、地域コミュニティと農地・山林の再生を目指した「里山再生プロジェクト」を策定して耕作放棄地の解消に取り組み、桑の加工による特産品開発など里山環境を生かした地域活性化がようやく実を結びはじめ、地域づくり関連の表彰を相次いで受賞していた矢先に原発事故が起きた。

NPOのメンバーは、「知ることは生きること。地域の主人公は地域の住民だ。けっして国や県ではない。国の復興の指示を口を開けて待つわけにはいかない」として、主体的に汚染実態調査に取り組んできたが、被災者自らが調査を行い結果を分析する際の留意点として、「この地域に住み続けると決めた自分たちにとっては、都合のいいデータのみを過剰評価したり、逆に都合の悪いデータは無視してしまったりしがちだが、それは意識して避けなければならない」という。NPOでは、「測定」して現実を「知る」ことを復興の起点とし、この地を子や孫に自信をもって引き継ぐことができるのかどうかの検討を行い続けている。

(3) 避難女性農業者による自主基準値の設定——「かーちゃんの力・プロジェクト」

震災前、阿武隈地域は、首都圏から比較的近く高速道路網や新幹線が整備されているという立地条件もあって、都市から農村への新規移住者や二地域居住者が増加しており、また、中山間地域総合整備事業等の導入により交流施設（活性化センター）が各地で建設され、その管理主体として設立された住民組織が、農産物直売所の運営、特産品加工事業、都市農村交流事業等を積極的に展開していた。

これら地域づくりの中心的担い手は女性農業者であり、たとえば、「までいな村づくり」で知られる飯舘村では、村内の宿泊施設に隣接してオープンした

▼ [写真7-3] かーちゃんの店わぃわぃ

直売所「まごころ」のほか、どぶろく特区による農家レストランや女性農業委員の経営する農家民宿などが地域活性化に大きく貢献していたし、近隣の葛尾村や浪江町、川内村でも、営利法人や企業組合として法人化を果たした女性起業グループが活躍し県内外から高く評価されていた。

　原発事故により彼女らは地域外への避難を余儀なくされ、これまでの経験や生活技術を発揮する場を奪われてしまった。そこで2011年10月、女性農業者と福島大学小規模自治体研究所との協働により「かーちゃんの力・プロジェクト」が発足し、地域づくりの蓄積を今後の復興支援に生かそうと活動を開始した。福島市内のNPO法人の協力を得て農産加工施設を市内に確保し、様々なイベントの実施や加工品販売、仮設住宅で暮らす高齢者向けの弁当販売等に取り組み、避難住民のみならず広く福島で暮らす被災住民を支援する活動を行っている。

　活動の立ち上げに当たってはまず、散り散りになった仲間を集めなければならない。飯舘村から避難していた女性農業者の渡辺とみ子さんが、知り合いの

女性農業者の避難先を一軒一軒訪問して聞き取り調査をしたところ，「今のままじゃだめだと思っている」，「もう，もらうだけの支援ではなくて動き出すための支援が欲しい」，「一人じゃどうにもならないけれど，つながれば動き出せる」などの前向きな声が得られたことで，プロジェクトの発足に踏み出した。
　プロジェクトには，福島市や二本松市，三春町の民間借り上げ住宅や応急仮設住宅で避難生活を送っている女性農業者が参加し，故郷の味の弁当や加工品の販売・提供を通じて，仮設住宅の高齢者の安否確認，見守り活動を行うとともに，福島駅前商店街の空き店舗をリニューアルした「かーちゃんの店　わいわい」［写真7-3参照］での加工品や弁当の販売，情報発信を通じて，阿武隈地域の食の伝承活動を行っている。
　プロジェクトの開始にあたって最も問題になったのは，販売する食品の「安全・安心」の確保であった。これまでの起業活動においても「身体にいいもの，安全・安心な食べ物を消費者に提供したい」というこだわりをもっていたメンバーからは，「加害者になりたくない」という声が多く出された。そこで，チェルノブイリ支援を行ってきたNPOのアドバイスを参考に，プロジェクトで提供する食品の原材料や農産加工品はすべて放射性物質測定検査を実施し，検査結果は消費者に公開することとした。その際，ウクライナの食品基準値を参考にして独自基準（20ベクレル／kg）を設定し，それをクリアした商品のみにロゴシールを貼付することを取り決めた。
　「かーちゃんの力・プロジェクト」は，身近な他者との間に承認と支援の関係と形成することを通じて，ひとりひとりの「自立」の場を作り出そうとしている。あるメンバーは，子ども連れの若い母親から「きちんと測定してあるものは安心して子どもに食べさせることができる」と感謝されたことに対して，「震災後，助けてもらってばかりだったけど，こうして人の助けに少しでもなった」と涙を流した。これまでは「支援される」側であった被災者が，食の安全・安心へのこだわりという自らの信念に基づき能力を発揮することで，「支援する側」へと転換したのである。こうした被災当事者による被災者支援の取り組みは，被災者と地域社会・他地域の住民との新たなつながりを豊かに育みながら，地域性と人間性に根差した等身大の復興への歩みを進めている。

おわりに

1 「怯えの時代」に生きる

東日本大震災と引き続く福島第一原発事故は，私たちが個人の力ではどうにもならない巨大なリスクと隣り合わせの生活を送っている現実をつきつけた。資本主義的な拡大再生産を目指して作り上げられた巨大技術や巨大システムというものは，それが進歩すればするほど人間は無力な存在となり［内山 2009：142頁］，物質的な豊かさの影で，私たちは途方もない危険の予兆に怯えながら暮らしている。

ドイツの社会学者ウルリヒ・ベックは，チェルノブイリ事故が起きた1986年に出版された『危険社会』において，科学技術の進歩と予測不可能性が結びつく近代化の段階を「再帰的近代化」と呼び，致命的な環境破壊をもたらす現代の危険と，それらを生みだした産業社会の仕組みとの関わりについて論じた［ベック 1986=1998］。近代化の進行に伴う知識や科学技術の発展は，より一層の予測可能性と確実性の強化へと結びつくとみなされてきた。しかし今日では，科学技術の進歩が新たなリスクをもたらし，ひとたび事故が発生すると，その被害は莫大なものとなる。被害範囲もグローバルに拡大し，保険制度のような既存の問題解決の仕組みだけでは大規模災害には対応できない。「私たちは，着陸するための専用滑走路ができていない飛行機に乗せられ，離陸してしまったようなものです。あるいは，自転車用のブレーキしかついていないジェット機に乗せられたともいえるかもしれない」（ベックへのインタビュー「原発事故の正体」『朝日新聞』2011年5月13日付）。

さらに，現代のリスクは五感では知覚不能なことが多く，しばしば専門家の間でもリスク評価は大きく分かれる。そして，リスクに関わる企業活動や科学の営み，司法，メディアなどあらゆる領域が「政治化」し，すべてが政治的な意味を持つようになる（「サブ政治化」）という。

ベックは，こうした段階においてリスクをコントロールするためには，立法府や行政官僚制といった近代的な政治システムではなく，専門家の見解に対する対抗専門家，オルタナティブな職業活動，企業や職種内部における自由な議

論，リスクの監視に取り組む市民運動といった，「危険に対して闘うサブ政治」の影響力をはぐくみ，法的にこれを保障することが重要であるという。何がリスクで何がリスクではないのかを決定する権限を専門家や行政官僚に独占させるのではなく，意思決定プロセスに市民が関与することが重要とされており，そこで期待される法の役割は，手続的正統性を重視し，リスクに対する決定をより民主的に行うことで熟議の質を高めることである。

　その一つの例として挙げられるのが，ドイツで実現した脱原発政策への転換である。日本の原発事故を受け，ドイツでは，メルケル首相がリードして2022年末までの全原発停止の閣議決定を行ったが，これには，ウルヒリ・ベックや環境政治学者ミランダ・シュラーズなど17名の委員からなる「安全なエネルギー供給に関する倫理委員会」の答申が大きな役割を果たした。そのキーコンセプトは，「持続可能性と，生態系に対する，また将来世代に対する私たちの責任」であった。持続可能性については，〈環境が損なわれないこと〉，〈社会正義の実現〉，〈健全な経済〉の3項目を柱とし，随所で，エネルギー政策の決定過程への市民参加の意義を説いている［長谷川 2012：838頁］。

　私たちは果たしてどんな社会を未来世代に手渡したいのだろうか。「より安全な」巨大堤防を建設し，「より安全な」原発を開発することで，「より安全な」システムに依存する社会を復旧させるのか，それとも，等身大の人間の関係が主導権を握れるような社会を構築するのか。私たちはいま転換点に立っている。

2　立ち上がる人びと

　大震災はその地域が震災前から抱えていた矛盾を顕在化させる。東日本大震災で改めて浮き彫りになったことの一つは，東北地方の第一次産業を中心とした疲弊状況と原発産業に依存する地域経済の問題であった。

　東北地方は，日本の近代化＝産業化の過程において，労働力，食料，エネルギーの供給地帯であった。戦後，「高度経済成長」を進めた池田政権時の経済計画目標は「所得倍増計画」であるが，それを支えた構造政策は，重化学工業開発を内容とする「全国総合開発計画」（1962年）と農業基本法（1961年）体制であった。この農業基本法は，日本経済の高度成長に対応すべく「経済的に自

立可能な近代的家族経営」像を打ち出し，圃場整備事業や近代化施設建設等の公共事業（構造改善事業）を各地で実施し，農業の近代化＝大型機械化・化学農業化を進めた。高度経済成長（工業化）を促進し，内需を農村に創出するため，農業の自給経済的側面は後退させられ，生産面においては，大型機械化と相まって余剰労働力を圃場から排出し，工場労働力に振り向けられていった。

その結果，若い働き手は都市に流出し，農山漁村は過疎化の一途をたどった。その苦境につけ込むように原子力発電所の立地が進められた。立地自治体は，国からの交付金によって一時は潤ったかにみえたが，自律的な地域づくりにはつながらず，地域経済が原発依存体質から脱却することは困難となった。その原発が大事故を起こした時，最も深刻な被害を受けたのは，電力を享受してきた大企業や都市住民ではなく，農山漁村の人々であった。そして，事故の後始末のため命がけの作業に従事している原発作業員の多くもまた地元の人々である。

福島原発事故は，都市生活を支える電力供給というものが途方もないリスクを過疎地域に押しつけて成り立つという構造を露わにした。かつて1970年代，九州電力豊前火力発電所建設の反対運動の中心となった松下竜一氏は，著書『暗闇の思想を』で次のように書いている。

「電力会社や良識派と称する人びとは，『……電力は絶対必要なのだから』という大前提で，［発電所の（引用者補注）］公害を免罪しようとする。国民すべての文化生活を支える電力需要であるから，一部地域住民の多少の被害は忍んでもらわねばならぬという恐るべき論理が出てくる。本当はこういわねばならぬのに――誰かの健康を害してしか成り立たぬような文化生活であるのならば，その文化生活をこそ問い直さねばならぬと。」［松下1974，引用は2012：125頁］。

そして，福島原発事故以後の状況に向き合う反原発の科学者小出裕章氏は，「原発を絶対に認められない」理由を以下のようにいう。

「原発は差別の象徴です。自分で始末できない毒物を作り，それを子々孫々に押しつけるものです。事故が起きれば大変です。だから過疎地に押しつける。被ばくは誰もしたくない。被ばく労働は下請けに押しつける。このような原発を私はとうてい認

められない」[http://www.youtube.com/watch?v=9FiwgKYdwrg]

　原子力被害は，避難に伴う不動産評価の問題や健康被害の問題にとどまらない。それぞれの地域で長い歴史をかけ営々と築き上げられてきた自然と人，人と人との関係性が根底から破壊されるのである。その被害は甚大であり，放射能との闘いは世代を超えて果てしなく続く。受難の地・福島もまた，これまでの公害事件と同じように，見捨てられ，切り捨てられていくのだろうか。

　しかし，いま，福島では，ただ諦めて黙り込むのではなく，あるいは楽観論に身を沈めて思考停止するのではなく，被災当事者自身が厳しい現実を見つめ，自然や身近な人たち，外部の支援者との確かな関係の中から知恵を出し合って困難を乗り越えていこうとする「小さな自治」の営みが生まれている。自ら汚染の度合を計測し，その結果を共有し，複数の専門家の意見を参考にしながら判断し，行動する「普通」の市民たちがいる。また小さな子どもの親であるという共感関係をベースにして，福島の若い親たちと弁護士たちの協働により新しい法律が生み出されている。風評被害という言葉に逃げ込まず，消費者との顔の見える関係を築き，国の基準値より厳しい自主基準値を自らに課し，信頼関係を育てていこうとしている農業者がいる。日本の法律とグローバル・ルールと，ローカルな基準とがぶつかりあうなか，「福島を生き抜く」ために，人々は声をあげ，ネットワークを紡ぎ始めている。町の中の測定所や田んぼの中の直売所のような小さな場所から，生の回復に向けた実践行為が生まれている。そこでは，「受難者起点で考えるということ……それから受難者同士の共生と共助がすべての関係づくりの始点」になっている［栗原 2012：54頁］。

　司法の場で権利回復を求めて立ち上がった人も数多い。冒頭に取り上げた東電役員等に対する刑事告訴のほか，東電等に対する多数の損害賠償請求訴訟，株主代表訴訟，福島の子どもたちを避難させるよう求める訴訟など，数多くの訴訟が提起されている。現在の被害補償のあり方を問い直し，加害責任を追及する被害者たちの取り組みも広がっている［除本 2013］。原発事故により自然環境や地域コミュニティ，生きがいや夢や人生設計を根こそぎ奪われた多くの避難者にとって，その生活再建とは，まさに日本国憲法が保障する基本的人権

を回復していくプロセスにほかならない。

　そして，このことは，強制避難区域の周辺にとどまった住民にも当てはまる。住み続けている場所，そこは原発事故前と全く同じ地域ではない。「避難するかその場にとどまるかは，本件事故による放射能汚染を前にして，それぞれが強いられた究極の選択である。これらの間に軽重があるべきではない」[秋元 2012]。

　福島の住民有志が弁護士の協力を得ながら策定した「福島人権宣言」は，こう述べている。

「福島人権宣言（抜粋）
　一．私たちには，憲法で保障された幸福追求権があります。
　一．避難する，しないを自分で選択する自己決定権があります。
　一．放射線被害について，私たちが納得いくまで情報を得る，知る権利があります。
　一．差別のない，自由かつ平等な社会を求める権利があります。
　一．健康な身体を持ち，福島の自然を愛し，楽しむ生活を送る権利があります。
　一．財産が放射能汚染により侵害された場合には完全な補償を求める権利があります。
　一．私たちが愛した元の福島を返してほしい。そう主張する権利があります。
　　　何も考えずに水が飲みたい。おいしい米，野菜，果物，魚，肉，これらを何の不安もなく食べることのできる，元の福島に戻してほしい。
　　　放射能のことなど考えないで子どもの笑顔を見守り，家族や近所の人たちが笑顔を交わして仲良くできる，昔の福島に戻してください。
　一．元の福島に戻すことが無理ならば，私たちが納得のいくまで，その償いを求める権利があります。
　　　私たちは立ち上がることをここに宣言します。本当の笑顔と人権を取り戻すため。」

（2013年9月18日版　http://home.v05.itscom.net/ans-law/nomuralaw/ren_quan_xuan_yan.html）

3 「地を這う視点」からの学び

　水俣病患者救済に力を尽くし，2012年に亡くなった医師・原田正純は，「公害が新たな差別を生み出すのではない。差別があるところに公害が生まれた」といい，水俣の教訓を残してゆくために提唱した「水俣学」について以下のように述べている。

> 「水俣学は学際的，かつバリアフリーで，学閥，分野，領域，枠組みを超えた学問を目指す。その中でも重要なことは，いわゆる「専門家」と「素人」（非専門家）の壁を取り払い，市民や労働者，被害者自身も参加する学問であることである。……水俣学は現場に依拠し，現場に学ぶことを主眼とする学問を目指す。私はこの間，現場の当事者の発言がいかに真実を伝えていたかを多く経験した。また，専門家が現場を離れることで真実を見失っていく状況を……いくつもみてきた。……「水俣学」は「学問は何のためにあるか」，「学問は誰のためにあるのか」，「なぜ，人は学ぶのか」といった根源的な問いかけを，水俣病を通じて若者たちと共に考える素材を提供するものである」［原田 2007：124-126頁］。

　原田は，水俣病患者たちとの共同研究により，被害をエスノグラフィカルな形でとらえることで，その全体像を明らかにしようとした。こうした原田の姿勢をとりあげ，環境倫理学・科学技術社会論を専門とする鬼頭秀一は，人間を総体としてとらえる「地を這う視点」から被害の本質を把握することの重要性を述べている［鬼頭2013］。すなわち，公害事件被害者の「被害」観は，健康の被害にとどまらず，人格の被害や差別も含めた社会的な構造の破壊など，その人間の総体に及ぶ「全体性」の構造をもつのに対し，加害者の「被害」観は，特定の健康の被害に限定され，とりわけ，狭い意味での医学・生理学的な領域に限定されて捉えられるという「部分的」構造をもつ。その中で科学やアカデミズムが陥る「政策論的な視点」は，問題を「客観的で中立的な」形で捉えようとするあまり，「被害」を総体として捉えることを排除し，結果的に公害の被害者を抑圧し，社会的不公正を引き起こしてしまう。公害事件の原因究明や調停，被害認定などのさまざまなレベルで，科学やアカデミズムが中立的な第三者になろうとしても結果的に加害者になってしまうことを，原田と同様

に水俣病を追い続けた公害研究者宇井純は,「公害に第三者はいない」という言葉で表現した［宇井 1971，引用は 2012：106-107頁］.

　現場と被害者に向き合い，現場と被害者から学ぶ姿勢を貫いた原田が提唱した「水俣学」は，足尾鉱毒事件をヒントにして構想されたという．田中正造は，国会議員の職を捨て，強制破壊された谷中村の掘っ立て小屋に移り住んで農民を指導，教育しようとした．だが次第にその姿勢は変わり，実は教育されたのは自分たちだと気づく．田中は，被害民から学ぶことを「谷中学」と呼び，民衆から学ぶことの重要性を語っていた．

　田中の死後，10年を経ずして起きた関東大震災に際して，被災者救済の先頭に立った末弘嚴太郎（後掲†Person 5 参照）は，東京帝国大学セツルメントを組織し以下のように述べていた．

　　「先づ社会を調査する事が必要である．……学徒自らが平常自ら接するを得ざりし環境の中に定住し，以て，親しく社会の実相を直視し其の人と生活とを知ることでなければならぬ．かくすることによってのみ真に学問は活きるであろう」［末弘 1924「セツルメント趣意書」，福島・川島編 1963］

　学生に対し，「諸君は手と足で働け，何となれば君らは頭をもっているからだ」と説いた末弘は，足にゲートルを巻き学生と共にいそがしくがれきの中を歩き回ったという．「法律は人間のために存するもの」であり，「合理によって合理の上に」立とうとした末弘は，セツルメント活動を通して，「地を這う視点」を失わない法学徒を育てようとしたといえるだろう．

　「科学のための科学」から脱皮し，「社会のための科学」としてのあり方が問われている現在，科学者は「市民社会の一員として，市民の不安に共感し，それを共有しつつ，他方で手に入れている明証された科学的知見を提供し，かつ，可能なかぎりの合理的な解決手段を提案し，市民とともに困難な課題の解決に向かう」［広渡 2012：86頁］ことが求められている．ここに示した先人たちの問題提起は〈3・11〉以後を経た今日なお生き続けているといえよう．

【引用・参照文献】

秋元理匡（[1971] 2012）「原子力損害賠償――被害救済法理の試み」『自由と正義』7月号
宇井純（2012）『新装版合本 公害言論』亜紀書房
内山節（2009）『怯えの時代』新潮選書
── （2011）『文明の災禍』新潮新書
NHK「かぶん」ブログ（http://www9.nhk.or.jp/kabun-blog/）
大塚直（2010）「リスク社会と環境法――環境法における予防原則について」日本法哲学学会『法哲学年報 リスク社会と法』
大和田武士・北澤拓也編（2013）『原発避難民 慟哭のノート』明石書店
開沼博（2011）『フクシマ論 原子力ムラはなぜ生まれたのか』青土社
河﨑健一郎ほか（2012）『避難する権利，それぞれの選択』岩波ブックレット839
鬼頭秀一（2013）「『現場』と向き合うことで問われるアカデミズム」（FGF＋TGFシンポジウム「アカデミズムは原発災害にどう向き合うのか」（2013年2月11日）報告レジュメ
栗原彬（2012）「3.11論――人間の復興のために」立命館大学生存学研究センター編『生存学』vol. 5，生活書院
小出裕章（2011）『原発のない世界へ』筑摩書房
小山良太・小松知未編著（2013）『農の再生と食の安全――原発事故と福島の2年』新日本出版社
佐々木康人（2011）「放射線から人を守る国際基準〜国際放射線防護委員会（ICRP）の防護体系」首相官邸災害対策ホームページ
佐藤幸子（2013）『福島の空の下で』創森社
賃社編集室（2012）『賃金と社会保障』No. 1571
東京電力福島原子力発電所事故調査委員会（2012）『国会事故調報告書』徳間書店
中手聖一・河﨑健一郎（2012）「日本版チェルノブイリ法の可能性と『避難する権利』」現代思想7月号
長谷川公一（2012）「リスク社会と倫理」大塚直・大村敦志・野澤正充編『社会の発展と権利の創造 淡路剛久先生古稀祝賀』有斐閣
原田正純（2007）『豊かさと棄民たち――水俣学事始め』岩波書店
日隅一雄（2012）『主権者は誰か』岩波ブックレット830
広渡清吾（2012）『学者にできることは何か――日本学術会議のとりくみを通して』岩波書店
福島原発告訴団（2013）『これでも罪を問えないのですか！』金曜日
福島正夫・川島武宜編（1963）『穂積・末弘両先生とセツルメント』東京大学セツルメント法律相談部
復興庁（2013）「双葉町住民意向調査結果（速報版）」（2013年月5日公表）
舩橋淳（2012）『フタバから遠く離れて』岩波書店
ベック，ウルリヒ（1986=1998）『危険社会――新しい近代への道』（東廉・伊藤美登里訳）法政大学出版局
松下竜一（[1974] 2012）『暗闇の思想を／明神の小さな海岸にて』影書房
武藤類子（2012）『福島からあなたへ』大月書店

除本理史（2013）『原発賠償を問う——曖昧な責任，翻弄される避難者』岩波ブックレット 866

＊追記　本稿脱稿（2013年10月）後，「野菜カフェはもる」閉店の報に接した。子どもの放射線防護，避難や保養の情報拠点として，同店が果たした役割は大きい。

【岩崎由美子】

†Person 5　末弘嚴太郎（1888～1951年）　帝大セツルメントと法社会学

　末弘嚴太郎（すえひろ・いずたろう）は，1918年から2年半にわたる欧米留学中，E.エールリッヒに会い，その法社会学理論に大きな示唆を受けて，「新しい法学」を日本に導入しようとしていた。帰国早々に刊行した『物権法』上巻（1921年，有斐閣）の「自序」では次のように書いた。「法律学には『あるべき法律』を説く部分と『ある法律』を説く部分とがある。そのうち後者は現在この日本の社会に行われつつある法律の何物なるかを説くことを目的とする。……魚は水中に棲むものなる如く『ある法律』は実生活のなかに内在する。実生活の中にこれを求めずしていずこにこれを獲ることが出来ようぞ。」そして，「『事実』によって『概念』を洗え，そうしてその洗われた活きた新しい概念の上に『あるべき法律』を築かねばならぬ」（同）として，「ある法律」を判例によって明らかにすべく，東京帝国大学に民事法判例研究会を発足させた。当時の「末弘の革新的論鋒はひときわするどく，旧来の法律学の根幹を揺すぶる激しさを持っていた」［六本 2007：238頁］。

　末弘はまた，その頃激化していた小作争議や借地借家争議等の社会問題に対して，1924年には『農村法律問題』，26年には『労働法研究』を刊行し，農民や労働者の生活を守るための現実的な解決手段を提示し，彼等の生存権的欲求に具体的に応えようとした。『農村法律問題』では，「明治以来当局者の施し来った政策は多く輸入的翻訳的であった」，「農村のことは之を農村の人に聴かねばならぬ」として，農村内部の観察をつうじて「生ける法」を発見することの重要性を指摘し，社会の法を重視する立場から国家法を批判した。

　「真に人と人との平等関係を基調とした新しき時代を生れしむべく努力せねばならない」という末弘のヒューマニズムを体現した1つの活動として，関東大震災（1923年9月1日）を契機として始まったセツルメント運動が挙げられる。東京帝国大学セツルメントは，関東大震災の罹災者に対する震災救護団を基盤として，末弘嚴太郎と穂積重遠（1883-1951年）の指導のもと，1924年6月本所柳島に開設され，1938年2月に解散するまで14年間活動した学生社会事業組織である。

　セツルメント（Settlement）運動とは，1880年代のイギリスにおいて，教会関係者や学生等が都市の貧困地域（スラム）に移り住み，貧困に苦しむ人々に直接触れ，生活を共にすることによって生活状態を改善する運動として始まり，著名な例として，ロンドンのスラムに設立されたトインビーホール（1884年）やシカゴのハルハウス（1889年）などがある。帝大セツルメントの設立には，賀川豊彦（1888-1960年）の働きかけもあったという。

　震災直後より，末弘は，2千人近くの人々が避難している東京帝国大学キャンパスで救済活動に取り組み，震災救護団の活動から，セツルメントの地点選定まで，学生たちと共にいそがしく歩き回ったという。全国からの罹災住民の安否の問い合わせに応じるた

め，学生たちが作成した『帝都震災火災系統地図』は，「どの辺から火が出てどっちにどう焼けたということを入れようじゃないか」という末弘の発案が取り入れられ［福島・川島編 1963：26頁］，今日でも学問的な価値が高いと言われる［大村 2013：101頁］。

セツルメントを開設する際，「スラム街」や「最下層の地帯」よりは，「本郷からあまり遠くなく，生活に希望をもち，向上心のある労働者街」の方が学生が入るのに望ましいとして歩き回った結果，本所柳島元町（現在の墨田区横川）に約300坪の幼稚園跡地を借地することになった。末弘は，跡地を貸して貰うため，「ボスみたいなオヤジ」に膝をついて懇願したという［福島・川島編 1963：22頁］。

セツルメント・ハウス（今和次郎（1888〜1973年）の設計による）は1924年6月に完成し，成人教育部・調査部・児童部・医療部・相談部・市民教育部の6部門が置かれ，さらに末弘の発案により，託児所や労働学校，消費組合が開設された。子供たちは，「柳島地区に『大学』ができた」といって先をあらそってハウスにおしかけ，『セツルメント，セツルメント』という歌を作り，大人よりも先にこの名を覚えたという［同書：84頁］。

「智識と労働とが全く別れ別れになってしまったことは現代社会のもっとも悲むべき欠点である」という一文から始まるセツルメント設立趣意書で，末弘は以下のように続けた。「……最高学府の教授並に学生，彼等は此の意味に於て現代社会に於ける智識の独占者である。此の独占者が其の天与の幸福を感謝しつゝ其の割り得べき一日一時の余暇を彼等貧しき人々のために捧げ，以て，其の智識を彼等に分与する事は，社会国家のために大いに意義ある仕事と云わねばならぬのみならず，正に彼等幸福なる独占者当然の義務なりと云わねばならぬ。それは実に彼の『富は債務を生ず』との原則の一適用に外ならないのである」。そして「現代社会科学の最大欠点は空理徒らに進みて，之を基礎付くべき現実資料の蒐集研究が之に伴わないことである。而して此の欠点は従来ひたすらに欧米先覚の糟粕を嘗むるに汲々たりし吾学界について殊に甚しい。此の故に真に呉国の学問を活かし其の独自なる発達を期するが為めには机上の思惟に先立って，先づ社会を調査する事が必要である。」［同書：109-110頁］として，社会調査の必要性を指摘した。「社会の実相を直視し其の人と生活とを知ること」を目的としたセツルメント法律相談部には，戦後日本の法社会学を支えた人びと（福島正夫，戒能通孝，川島武宜，磯野誠一など）が多数参加している。

また，柳島消費組合と消費組合部は，「上から慈恵を与える社会事業の欺瞞性を克服するために……下からの自主的な運動に再編成すべき」として設立され，末弘の手による「資本主義は両刃の剣である，一方では生産面において搾取し，他方では消費面で搾取している」から始まる「消費組合設立の趣意」書を，消費組合部員は「どぶ臭い水たまりがある路地から路地へ，焼トタンの掘っ立て小屋1軒1軒に配って歩いた」という［同書：85-97頁］。

「この世の中の不合理から生れるあらゆる不幸な人々のためにカサブタの役目を果たそう」［同書：53-54頁］と常に説いていた末弘は，関東大震災直後の著作「所謂文化人への脅威」で次のように書く。「［都会の文化人は（引用者補注）］ひとたび水道が止り，電気が止り，ガスが止るべき場合をさえ忘れて，何らの物質的準備をもなさざるがごとく，交通通信機関の永遠不断にして順調なる運転を盲信して，歩行の力を失い，重荷を背負う

べき力をさえ失ってしまった。また彼らは，他の専門家に依頼することによって，何時といえども任意に衣食住を得べきことを盲信して，ひたすら自己に割り当てられたる特殊の仕事のみを営みつつ，自ら知らず識らずのうちに人間として必然に有すべき『最小限度』を失ってしまった。彼らは遠きを行くこともできず，重きを担うこともできず，また自ら家を建て，衣を織り，ないしはまた自己の食物をさえ作るべき能力を有せざるに至った。彼らは自ら称して『文化人』なりと誇る。しかしながら，かくのごとくにしてなお彼らは，これを完全なる人格と言い得るであろうか？」［末弘 1923。ただし，引用は川島編（1988）153-154頁］。人間として「最小限度」を失った「都会の文化人」へのこうした警句は，「重きを担う」労働者や「食物を作る」農民から学び，彼等のためにその学問を真に役立てようとした末弘の姿勢を如実に物語っている。

〔引用に際して，漢字をひらがな，あるいは現在常用の字体に改めた場合がある。〕

【主要参考文献】
末弘嚴太郎（1921）『物権法（上巻）』有斐閣
——（1923）「所謂文化人への脅威」『改造』大正12年10月号所収（引用は，川島武宜編（1988）『嘘の効用（上巻）』冨山房百科文庫）
——（1924）『農村法律問題』改造社
福島正夫・川島武宜編（1963）『穂積・末弘両先生とセツルメント』東京大学セツルメント法律相談部
潮見俊隆・利谷信義編（1975）『日本の法学者』日本評論社
福島正夫（1993）「東京帝大セツルメントをめぐって」『福島正夫著作集　第7巻』勁草書房
六本佳平・吉田勇編（2007）『末弘嚴太郎と日本の法社会学』東京大学出版会
大村敦志（2013）『穂積重遠——社会教育と社会事業とを両翼として』ミネルヴァ書房

【岩崎由美子】

索　引

あ　行

ICRP（国際放射線防護委員会）……………… *172*
IT 革命………………………………………… *4*
アベノミクス…………………………………… *9*
阿部昌樹……………………………………… *150*
アメリカ法曹協会（Amerikan Bar Association）
　………………………………………………… *48*
あらそい………………………………………… *25*
安全神話（信仰）……………………………… *6*
「家」制度…………………………………… *125*
生ける法……………………………… *120, 165*
入会慣行……………………………………… *132*
失われた10年………………………………… *5*
訴えの利益…………………………………… *32*
ADR ……………………………………… *33, 34*
エールリッヒ，オイゲン…………………… *165*
太田勝造……………………………………… *150*
大塚久雄…………………………… *132, 158*

か　行

外国弁護士による法律事務の取り扱いに関する
　　特別措置………………………………… *75*
外国法共同事業………………………… *77, 78*
外国法事務弁護士……………………… *75, 78*
解釈学的………………………………… *153, 156*
戒能通孝……………………………………… *132*
核＝原子力の時代…………………………… *3*
樫村志郎……………………………………… *121*
過程志向的裁判モデル……………………… *39*
カリスマ的支配……………………………… *18*
川島武宜………… *36, 43, 45, 120, 132, 146, 153*
川島文庫…………………………………… *121*
官から民へ…………………………………… *5*
環境と開発に関するリオ宣言……………… *181*
官尊民卑……………………………………… *132*

帰還する権利………………………………… *180*
聞き取り調査………… *139, 141, 142, 146, 157*
危険社会……………………………………… *191*
規則制定権…………………………………… *109*
共　生………………………………………… *13*
共同体的規制………………………………… *132*
近代法型裁判モデル………………… *38, 39, 41*
金融自由化…………………………………… *4*
楜澤能生……………………………………… *134*
クレーミング………………………………… *29*
グローバル型金融資本主義………………… *10*
経験的事実…………………………………… *146*
経済成長至上主義…………………………… *6*
経済のグローバル化（アメリカ化）………… *4*
警察予備隊…………………………………… *3*
経費共同型…………………………………… *64*
欠如モデル…………………………………… *178*
現代型訴訟…………………………………… *41*
原発事故子ども・被災者支援法…………… *179*
原発訴訟……………………………………… *103*
原発停廃止立法……………………………… *130*
権　利…………………………………… *36, 37*
権利意識……………………………………… *44*
権力性………………………………………… *41*
合意形成……………………………………… *13*
公益性………………………………………… *55*
公開主義……………………………………… *32*
後期小判……………………………………… *24*
公　正………………………………………… *13*
構築主義………………………………… *153, 156*
口頭主義……………………………………… *32*
公判前整理手続……………………………… *96*
合法的支配…………………………………… *18*
合理性………………………………………… *18*
国民幸福度…………………………………… *14*
国家的法律観………………………………… *165*

国家法・・・・・・・・・・・・・・・・・・・・・・・・・・・・・・・27, 28
コロンビア大学ロースクール・・・・・・・・・・・・・・50

さ 行

再帰的近代化・・・・・・・・・・・・・・・・・・・・・・・・・191
最高裁事務総局・・・・・・・・・・・・・・・・・・・・・・・112
裁　判・・・・・・・・・・・・・・・・・24, 25, 27, 30-33, 37
裁判員制度・・・・・・・・・・・・・・・・・・・・・・・・・・・・93
裁判外紛争処理→ADR
裁判官会同・裁判官協議会・・・・・・・・・・・・113
裁判規範・・・・・・・・・・・・・・・・・・・・・・・・・・・・・・24
裁判所調査官・・・・・・・・・・・・・・・・・・・・・・・・・114
サブ政治化・・・・・・・・・・・・・・・・・・・・・・・・・・191
参　加・・・・・・・・・・・・・・・・・・・・・・・・・・・・・・・・13
3・11・・・・・・・・・・・・・・・・・・・・・・・・・・・・・・・・・・1
参与観察・・・・・・・・・・・137, 146, 147, 149, 150-152
自主避難・・・・・・・・・・・・・・・・・・・・・・・・・・・・170
実　感・・・・・・・・・・・・・・・・・153, 158, 159, 163
実証主義・・・・・・・・・・・・・・・・・・・・・・・146, 153
質的調査・・・・・・・・・・・・・・・・・・・・・・・137, 156
司法官僚・・・・・・・・・・・・・・・・・・・・・・・・・・・112
司法行政権・・・・・・・・・・・・・・・・・・・・・・・・・・111
司法消極主義・・・・・・・・・・・・・・・・・・・・・・・・111
司法書士法改正大綱（案）・・・・・・・・・・・・・・80
司法制度改革審議会・・・・・・・・・・・・・・・・・・90
市民相談窓口・・・・・・・・・・・・・・・・・・・・・・・・・55
社会的価値観・・・・・・・・・・・・・・・・・・・・・・・126
社会の団体・・・・・・・・・・・・・・・・・・・・・・・・・165
社会の法律観・・・・・・・・・・・・・・・・・・・・・・・165
社会の法律・・・・・・・・・・・・・・・・・・・・・・・・・166
ジャパン・アズ・ナンバーワン・・・・・・・・・・4
収入共同型・・・・・・・・・・・・・・・・・・・・・・・・・・64
呪術からの解放・・・・・・・・・・・・・・・・・・・・・・18
守秘義務・・・・・・・・・・・・・・・・・・・・・・・・・・・・98
循　環・・・・・・・・・・・・・・・・・・・・・・・・・・・・・・・13
遵法精神・・・・・・・・・・・・・・・・・・・・・・・・・・・121
少額訴訟・・・・・・・・・・・・・・・・・・・・・21, 23, 33
昇給差別・・・・・・・・・・・・・・・・・・・・・・・・・・・113
職権探知主義・・・・・・・・・・・・・・・・・・・・・・・・31
資力要件・・・・・・・・・・・・・・・・・・・・・・・・・・・・60
新自由主義・・・・・・・・・・・・・・・・・・・・・・・・・・・5
末弘厳太郎・・・・・・・・・・123, 132, 135, 159, 162, 197
成長の限界（ローマクラブ）・・・・・・・・・・・・3

ゼロワン地域・・・・・・・・・・・・・・・・・・・・・・・・57
前近代的な法意識・・・・・・・・・・・・・・・・・・・121
線形しきい値なし（LNT）モデル・・・・・・172
全国総合開発計画・・・・・・・・・・・・・・・・・・・192
全的認識・・・・・・・・・・・・・・・・・・・・・・158, 163
線量限度遵守の原則・・・・・・・・・・・・・・・・・172
争議調停制度・・・・・・・・・・・・・・・・・・・・・・・・55
創造的復興・・・・・・・・・・・・・・・・・・・・・・・・・・・9
即　独・・・・・・・・・・・・・・・・・・・・・・・・・・66, 68
　──弁護士・・・・・・・・・・・・・・・・・・・・・・・・68
ソクラテスメソード・・・・・・・・・・・・・・・・・・50
組織内弁護士・・・・・・・・・・・・・・・・・・・・・・・・71

た 行

第一次産業革命・・・・・・・・・・・・・・・・・・・・・・・2
大規模法律事務所・・・・・・・・・・・・・・・・・・・・69
第二次産業革命・・・・・・・・・・・・・・・・・・・・・・・2
第二次世界大戦・・・・・・・・・・・・・・・・・・・・・・・2
棚瀬孝雄・・・・・・・・・・・・・・・・・・・・・・・・・・・・45
地　域・・・・・・・・・・・・・・・・・・・・・・・・・・・・・・・13
小さな政府・・・・・・・・・・・・・・・・・・・・・・・・・・・4
チェルノブイリ法・・・・・・・・・・・・・・・・・・・178
着手金・・・・・・・・・・・・・・・・・・・・・・・・・・・・・・62
中央から地方へ・・・・・・・・・・・・・・・・・・・・・・・5
中国農村慣行調査・・・・・・・・・・・・・・・・・・・159
仲　裁・・・・・・・・・・・・・・・・・・・・・・・・・・30, 34
懲戒処分・・・・・・・・・・・・・・・・・・・・・・・・・・・・52
懲戒請求・・・・・・・・・・・・・・・・・・・・・・・・・・・・51
懲戒制度・・・・・・・・・・・・・・・・・・・・・・・・・・・・51
調査拒否・・・・・・・・・・・・・・・・・・・・・・143, 145
調査地被害・・・・・・・・・・・・・・・・・・・・・・・・・163
朝鮮戦争・・・・・・・・・・・・・・・・・・・・・・・・・・・・・3
調　停・・・・・・・・・・・・・・・・・・・・・・・・・・30, 33
直接主義・・・・・・・・・・・・・・・・・・・・・・・・・・・・32
TPP（環太平洋連携協定）・・・・・・・・・・・・・・・9
鉄の檻・・・・・・・・・・・・・・・・・・・・・・・・・・・・・・18
寺西判事補分限裁判事件・・・・・・・・・・・・・115
東西冷戦終結・・・・・・・・・・・・・・・・・・・・・・・・・4
特定共同事業・・・・・・・・・・・・・・・・・・・・・・・・77
特　認・・・・・・・・・・・・・・・・・・・・・・・・・・・・・・80
都市型公設事務所・・・・・・・・・・・・・・・・・・・・58

索 引

な 行

中川善之助	137, 138
中野卓	158
日米安全保障条約（安保条約）	3
任官拒否	112
人間の復興	168
任地差別	112
認定司法書士	80
ネーミング	29
農業基本法	192
軒 弁	66, 68
——弁護士	68

は 行

唄孝一	153
畑穣	133
判検交流	113
被害者参加制度	98
非核三原則	7
避難する権利	180
被ばくを避ける権利	180
ひまわり基金	57
平 等	13
平賀書簡問題	110
広島・長崎原爆投下	3
風評被害	185
付記弁理士	80
福島復興再生特別措置法	130
福田徳三	168
ベック，ウルリヒ	191
フット，ダニエル	151
フレーミング	29
プロフェッション	47
紛 争	25-29
——交渉	39
——処理	24
——処理手続	24
分 配	13
弁護士	
経営者——（パートナー）	65
——（アソシエート）	65
——（カウンセル）	65
——職務基本規定	55, 56
——の報酬	61
——法人	64
弁論主義	32
法意識	36, 43-45
法解釈	127
法科大学院	86
法過程	124
法規範	28
放射性物質汚染対処特別措置法	174
報酬金	62
法専門家	39
法的慣行	159
法テラス4号事務所	59
法の事実	165
法律事務所	64

ま 行

前川レポート	4
マリノフスキー	156
マンハッタン計画	6
宮本常一	138
民事調停	20, 23, 33
民事法律扶助制度	60
村山眞維	151
明治民法	125
守田志郎	158

や 行

山口弥一郎	138
予防原則	181
四大公害病	3

ら 行

ラポール	137
リスクコミュニケーション	178
立法趣旨	128
立法の欠缺	127
立法の遅怠	128
理念型	19
量的観察	152
量的調査	137, 146, 148, 152, 154, 156, 158, 160, 161

205

臨時司法制度改革（臨司）……………88
隣接法律専門職………………………79
六本佳平………………………………147

わ　行

渡辺洋三………………………………146

和田安弘………………………149, 151
和田仁孝……………37, 150, 153, 159, 160

＊執筆者紹介（執筆順）

塩谷弘康（しおや・ひろやす）　福島大学行政政策学類教授
大橋憲広（おおはし・のりひろ）　東京家政大学人文学部教授
鈴木龍也（すずき・たつや）　龍谷大学法学部教授
前川佳夫（まえかわ・よしお）　中央学院大学法学部講師
林　研三（はやし・けんぞう）　札幌大学地域共創学群教授
奥山恭子（おくやま・きょうこ）　横浜国立大学名誉教授
岩崎由美子（いわさき・ゆみこ）　福島大学行政政策学類教授

Horitsu Bunka Sha

共生の法社会学
── フクシマ後の〈社会と法〉

2014年4月30日　初版第1刷発行

著　者　塩谷弘康・大橋憲広・鈴木龍也
　　　　前川佳夫・林　研三・奥山恭子
　　　　岩崎由美子

発行者　田靡純子

発行所　株式会社 法律文化社

〒603-8053
京都市北区上賀茂岩ヶ垣内町71
電話 075(791)7131　FAX 075(721)8400
http://www.hou-bun.com/

＊乱丁など不良本がありましたら、ご連絡ください。
お取り替えいたします。

印刷：共同印刷工業㈱／製本：㈱藤沢製本
装幀：白沢　正
ISBN 978-4-589-03602-5

©2014 Y. Shioya, N. Ohashi, T. Suzuki, Y. Maekawa,
K. Hayashi, K. Okuyama, Y. Iwasaki Printed in Japan

JCOPY 〈(社)出版者著作権管理機構 委託出版物〉

本書の無断複写は著作権法上での例外を除き禁じられています。複写される
場合は、そのつど事前に、(社)出版者著作権管理機構（電話 03-3513-6969,
FAX 03-3513-6979, e-mail: info@jcopy.or.jp）の許諾を得てください。

大橋憲広・奥山恭子・塩谷弘康・鈴木龍也 林 研三・前川佳夫・森本敦司著〔αブックス〕 **レクチャー法社会学** A5判・268頁・2500円	これまでの法社会学の理論展開とさまざまな社会事象の現実を読み解くことをテーマに平易に解説した入門書。「生ける法」から臓器移植・脳死やリーガルプロフェッション（法律家制度）まで今日的な課題にアプローチする。
和田仁孝編〔NJ叢書〕 **法　社　会　学** A5判・296頁・3200円	かつてない分岐を迎える現代法社会学。その錯綜した方法論と学問領域の多様性を「法と社会の構造理解」「実践的問題関心」「方法論的アプローチ」という3つの次元から的確にマッピングする知的刺激にみちた教科書。
村上一博・西村安博編〔HBB〕 **史料で読む日本法史** 四六判・314頁・3100円	学生の知的好奇心を刺激するトピックを選び，現代の法的問題とも結び付く法意識や裁判の観点から日本法史の世界を探検する。具体的史料から法制度の意義をわかりやすく説き，西洋法史からみた日本法史の特質もコメントする。
和田仁孝・樫村志郎・阿部昌樹編 **法社会学の可能性** A5判・370頁・5800円	緻密・繊細な思考で法社会学界をリードしてこられた棚瀬孝雄教授の還暦を記念した企画。「法の理論と法主体」「法意識と法行動」など全5部17論文より構成。法社会学の多彩な発展の可能性を追求。
林 研三著 **下北半島の法社会学** ―〈個と共同性〉の村落構造― A5判・288頁・7000円	本書は，下北半島の諸地域における村落組織や家族・親族慣行と生業の関係について調査を行い，〈個と共同性〉をテーマに資料分析を行ったものである。戦後法社会学の正統派手法を受け継いだ研究書。
トーマス・ライザー著／大橋憲広監訳 **法社会学の基礎理論** A5判・478頁・10000円	ドイツの代表的な法社会学者による体系書。社会学の一分野として，また法学の分肢としての法社会学という二重の役割を浮き彫りにし，法社会学の知見の体系化を試みる。広渡清吾氏による解説「ライザー教授の法社会学」を所収。

法律文化社

表示価格は本体（税別）価格です